AF462483

HISTOIRE DE FRANCE

(COURS MOYEN)

AVERTISSEMENT

Voici quelle est, dans ce livre, la part des deux auteurs :

M. Debidour a rédigé les pages 1 à 87 et 177 à 257.

M. Aulard a rédigé les pages 88 à 176.

312-97. — Corbeil. Imprimerie Ed. Crété.

HISTOIRE DE FRANCE

(COURS MOYEN)

OUVRAGE CONTENANT

74 GRAVURES ET 18 CARTES

A L'USAGE

DES ÉCOLES PRIMAIRES ET DES CLASSES ÉLÉMENTAIRES
DES LYCÉES ET COLLÈGES

PAR MM.

F.-A. AULARD
PROFESSEUR A LA FACULTÉ DES LETTRES
DE PARIS

A. DEBIDOUR
INSPECTEUR GÉNÉRAL DE L'INSTRUCTION
PUBLIQUE
DOYEN HONORAIRE DE LA FACULTÉ
DES LETTRES DE NANCY

PARIS
LÉON CHAILLEY, ÉDITEUR
8, RUE SAINT-JOSEPH, 8

INTRODUCTION

RÉSUMÉ DE L'HISTOIRE DE FRANCE JUSQU'A L'AVÈNEMENT DE LOUIS XI

CHAPITRE I

LA GAULE JUSQU'A LA CHUTE DE L'EMPIRE ROMAIN

SOMMAIRE (1). — La **Gaule**, peuplée par les *Ligures*, les *Ibères* et surtout les *Celtes*, colonisée en partie par les *Phéniciens* et les *Grecs*, ne parvient pas, malgré sa demi-civilisation, à former un corps de nation. Des désordres permettent aux *Romains* de l'entamer au second siècle avant Jésus-Christ, et, au siècle suivant, de la conquérir entièrement sous **Jules César**.

Ce pays est transformé par l'*administration impériale* et prospère pendant plus de deux siècles. Le *christianisme* s'y établit et ne tarde pas à y devenir persécuteur. De son côté, l'administration romaine devient oppressive et impopulaire; et la Gaule est, au ve siècle de notre ère, la proie de plusieurs *peuples barbares* (**Burgondes, Wisigoths**, etc.) venus du centre et de l'est de l'Europe.

Limites de l'ancienne Gaule. — Notre pays s'appelait dans l'antiquité la **Gaule**.

La Gaule, comprise entre l'Océan, les Pyrénées, la Méditerranée, les Alpes et le Rhin, renfermait, outre la **France** d'aujourd'hui, la **Belgique**, le **Luxembourg**, une partie de l'**Allemagne** et une partie de la **Suisse**.

Ses premiers habitants. — Ses premiers habitants vivaient misérablement de pêche et de chasse et habitaient des cavernes ou des huttes bâties au milieu des marais pour se préserver des bêtes sauvages. Ils n'avaient

(1) Les sommaires sont les seules parties de ce livre qui doivent être apprises par cœur.

pour armes ou pour instruments de travail que des pierres éclatées ou des pierres polies.

Invasions en Gaule. — A diverses époques, toutes très reculées, des peuples étrangers envahirent la Gaule et s'y fixèrent. Du midi vinrent les **Ligures**, qui s'établirent sur les côtes de la Méditerranée, et les **Ibères**, qui occupèrent le pays situé entre les Pyrénées et la Loire; de l'est, les **Celtes** que l'on peut diviser en deux nations: 1° les **Gaels** ou **Galls**, qui s'emparèrent du centre, de l'ouest, et refoulèrent les Ibères jusqu'à la **Dordogne**; 2° les **Belges**, qui demeurèrent dans le nord (et lui donnèrent leur nom).

De ces quatre groupes, le plus puissant et le plus connu fut bientôt celui des Galls. C'était un peuple belliqueux, plein de fougue et d'audace, très porté aux aventures.

Conquêtes des Gaulois. — Certaines de ces tribus gauloises allèrent, plusieurs siècles avant Jésus-Christ, guerroyer jusqu'au centre et à l'est de la *Germanie* (l'*Allemagne* actuelle), d'où elles poussèrent jusqu'en *Grèce* et même en *Asie Mineure*.

D'autres pénétrèrent en *Italie* et restèrent longtemps maîtresses du nord de cette contrée, qu'on appela la **Gaule cisalpine**.

Leur religion. — Leur état social. — Les Gaulois adoraient, comme les Romains et les Grecs, un grand nombre de dieux. Ils leur sacrifiaient parfois des victimes humaines qu'ils brûlaient dans de grands mannequins d'osier.

Ils avaient un grand respect pour leurs prêtres qu'ils appelaient *druides*, et qui étaient à la fois chez eux chefs de la religion, juges, médecins et instituteurs. Après eux venaient les *nobles* ou *guerriers*, puis les hommes libres, qui pratiquaient le commerce ou l'industrie; enfin, le petit peuple, qui cultivait le sol et vivait dans une sorte d'esclavage.

Colonies grecques en Gaule. — Les Gaulois avaient été de bonne heure en rapport avec des nations très civilisées, notamment avec les *Phéniciens*, ensuite les *Grecs*, qui fondèrent **Marseille** (an 600 avant J.-C.), puis beaucoup d'autres villes, et qui peu à peu répandirent leurs arts dans l'intérieur du pays.

Dès le second siècle avant Jésus-Christ, la nation gauloise avait déjà de grandes et riches cités et avait atteint un assez haut degré de civilisation. Mais elle était divisée en un grand nombre d'États qui se jalousaient, se combattaient les uns les autres, et dans la plupart desquels les rois, les nobles et le peuple se disputaient le pouvoir

Conquête romaine. — Aussi ne put-elle résister aux **Romains**, peuple fort bien discipliné, bien armé, qui avait déjà conquis une bonne partie de l'Europe et de l'Asie, et qui, s'étant introduit dans la Gaule à la faveur de ses discordes, y fonda d'abord *Aix* et *Narbonne*, puis entreprit la conquête de tout le pays

Cette conquête fut accomplie en huit ans (58-50 avant J.-C.) par **Jules César** **Vercingétorix**, qui avait héroïquement défendu l'indépendance gauloise, se rendit noblement quand la résistance ne fut plus possible. Le vainqueur eut la froide cruauté de le faire périr après six ans de captivité

Transformation de la Gaule. — La Gaule, une fois soumise, ne fit pas de tentatives sérieuses pour redevenir libre Elle se trouva bien de la domination romaine qui la transforma et qui l'enrichit.

Les *empereurs romains* lui firent facilement adopter la langue latine, qui, en moins de trois siècles, fit disparaître presque entièrement les anciens idiomes du pays et qui, en s'altérant, devait plus tard devenir le français.

Ils l'accoutumèrent aussi au culte de leurs dieux qui, peu à peu, remplacèrent ceux de l'ancienne Gaule, et ils l'obligèrent de renoncer au druidisme.

Ils l'habituèrent aux lois et aux coutumes romaines, si bien qu'en peu de temps elles lui devinrent aussi chères qu'à l'Italie elle-même

Par de belles routes, bien entretenues, ils ouvrirent le pays au commerce, qui bientôt y fut d'autant plus prospère qu'ils savaient y faire régner la paix par une sage administration et par de bonnes mesures de défense pour les frontières.

La Gaule sous l'Empire romain. — La Gaule était, au commencement de l'empire, divisée en quatre *provinces* (**Narbonnaise, Aquitaine, Lyonnaise, Belgique**). Vers la fin elle en comprenait dix-sept, subdivisées en cent vingt *cités* (on donnait ce dernier nom à des territoires à peu près de l'étendue de nos départements). Elle comptait des villes fort grandes et fort populeuses; par exemple : **Lyon**,

Arles, **Toulouse**, **Bordeaux**, **Rouen**, **Trèves**, etc. (**Paris**, l'ancienne **Lutèce**, n'occupait guère encore qu'une petite île de la Seine, qu'on appelle aujourd'hui la *Cité*.) Ses temples, ses écoles étaient célèbres. C'était la partie la plus riche et peut-être la plus heureuse de l'Empire.

Mais l'Empire en tombant devait l'entraîner dans sa ruine.

Le Christianisme en Gaule. — Du IIe au IVe siècle de notre ère, le *christianisme* s'introduisit, progressa et finit par devenir prépondérant en Gaule. Maltraité par moments, il ne garda aucune mesure dans la vengeance quand il fut le plus fort.

Prenant pour modèle l'administration romaine, l'*Église* eut des *archevêques* dans les chefs-lieux des provinces, des *évêques* dans les chefs-lieux des *cités* (comme elle eut son principal chef, le *pape*, dans la capitale de l'empire). Dès le IVe siècle, elle fonda en Gaule des *couvents*, qui ne tardèrent pas à s'y multiplier

Elle s'attacha pendant bien des années, avec une rigueur impitoyable, à détruire tout ce qui pouvait rappeler les anciennes religions.

En outre, le clergé catholique commença à persécuter avec violence les sectes même chrétiennes qui s'écartaient des croyances adoptées par lui, notamment celle des *Ariens*, qui était alors répandue dans notre pays.

Comme ce qu'il faisait en Gaule, il le faisait aussi ailleurs, il en résulta de grands troubles dans tout l'empire.

Décadence de l'Empire. — D'autre part, le gouvernement impérial s'était corrompu et affaibli. Les impôts s'étaient accrus ; l'administration était devenue dure et tracassière pour les populations des provinces.

Dans les campagnes, le peuple avait été réduit peu à peu à la condition du *colonat*. Les colons étaient des espèces de fermiers payant des redevances aux propriétaires et n'ayant pas le droit de quitter la terre qu'ils cultivaient.

Les *cités*, sous la surveillance et le contrôle des agents impériaux (*comtes* ou *ducs*, relevant du *préfet* des Gaules), s'étaient longtemps administrées assez librement, grâce à des assemblées appelées *curies*, qui nommaient les principaux magistrats ; mais au IVe siècle leur condition devint fort rigoureuse ; les impôts s'aggravaient sans cesse. Comme ils étaient souvent mal payés, on déclara que les *curiales*, ou membres des curies, donneraient de leurs biens ce qui manquerait. Et comme ils ne demandaient qu'à quitter des fonctions qui les ruinaient, on les contraignit à les garder.

Puissance du clergé. — Les cités, très maltraitées par les gouverneurs, obtinrent sous les derniers empereurs le droit de nommer des magistrats appelés *défenseurs*, qui devaient les protéger contre ces fonctionnaires. Presque partout les évêques furent élus *défenseurs*.

Aussi, quand l'Empire tomba, l'Église se trouva toute puissante dans la plupart des villes. Son influence ne fit que croître pendant les invasions et sous les rois barbares.

Les Barbares. — Sur les frontières de l'Empire, les peuples *barbares*, c'est-à-dire à demi-sauvages, de la Germanie, qui, fort misérables chez eux, étaient toujours tentés par les richesses de l'Empire, devinrent fort menaçants à partir du IVe siècle.

Les *Empereurs* n'avaient presque plus d'armées à leur opposer. Longtemps ils crurent écarter le danger en payant certains de ces peuples, non seulement pour ne pas attaquer les frontières, mais pour les défendre.

Il vint un moment où les *Barbares* aimèrent mieux prendre pour eux les provinces romaines que de les garder pour d'autres.

Les grandes invasions. — Alors eurent lieu les grandes invasions du Ve siècle, qui détruisirent l'Empire et qui furent en particulier si funestes à la Gaule.

A partir de 406, plusieurs peuples en armes se ruèrent sur ce malheureux pays et le mirent à feu et à sang, notamment les **Suèves** et les **Vandales**, qui n'y restèrent pas, et les **Burgondes**, qui s'établirent dans le bassin du Rhône et de la Saône (d'où le nom de *Burgondie* ou *Bourgogne*).

Puis, vinrent les **Wisigoths**, qui, sous prétexte de rétablir l'autorité impériale, s'emparèrent pour leur compte de tout le pays compris entre la Loire et les Pyrénées (sans parler d'une grande partie de l'Espagne).

Un moment, tous ces peuples s'unirent aux troupes de l'Empire, pour repousser les **Huns**, horde féroce venue d'Asie et qui, sous **Attila**, le **fléau de Dieu** (comme il s'appelait lui-même), s'était avancée jusqu'à Orléans. Attila fut vaincu près de *Châlons* (451) et chassé de la Gaule.

Mais, peu de temps après, l'Empire d'Occident, dont ce pays faisait partie, acheva de tomber (476).

QUESTIONNAIRE (1).

1. Quelles étaient les limites de la Gaule?
2. Par quels peuples était-elle habitée avant la conquête romaine?
3. Quels étaient le caractère, les mœurs, la religion des Gaulois?
4. A quelle époque et comment la Gaule fut-elle conquise par les Romains?
5. Quels furent les effets de la domination romaine en Gaule?
6. Comment le christianisme s'établit-il dans cette contrée et quel usage fit-il de sa victoire?
7. Qu'est-ce qui rendit le gouvernement impérial impopulaire?
8. Quels sont les peuples barbares qui s'établirent les premiers en Gaule au ve siècle?

CHAPITRE II

LES MÉROVINGIENS

Sommaire. — Les **Francs**, peuplade avide et belliqueuse venue de la *Germanie*, se font à leur tour une grande place en *Gaule* dans la seconde moitié du ve siècle. Ils conquièrent presque entièrement cette contrée sous **Clovis** et sous ses quatre fils.

La *dynastie mérovingienne* s'affaiblit vers la fin du vi[e] siècle par ses divisions. Après **Dagobert Ier** (638) commence pour elle la période des *rois fainéants*. Les *maires du palais* s'emparent de tout le pouvoir.

Le triomphe de l'*Austrasie* sur la *Neustrie* (687) amène l'avènement d'une nouvelle dynastie, qui s'empare du trône avec **Pépin le Bref** (752), grâce à l'appui de l'Église.

A cette époque le *clergé catholique* est tout puissant en Gaule. Mais à côté de lui se forme une *noblesse héréditaire*, qui deviendra bientôt la *féodalité*.

Les Francs. — C'est alors que la Gaule fut conquise par un petit peuple d'origine germanique, les **Francs**, qui, divisés en plusieurs tribus, s'étaient établis entre le Rhin et l'Escaut.

Les **Francs**, comme la plupart des peuplades germaniques de ce temps-là, étaient encore païens. Ils ado-

(1) Les questionnaires que nous plaçons à la fin de chaque chapitre peuvent servir en même temps de sujets de devoirs.

raient, entre autre divinités, *Odin*, dieu de la guerre, croyaient à un paradis nommé le *Wallala*, où les *Walkyries*, sortes de fées, emportaient les guerriers morts. Chez eux, le travail était laissé aux esclaves. Très avides et très durs après la victoire, ils étaient d'ordinaire très vaillants pendant le combat. Ils avaient pour armes défensives un bouclier, pour armes offensives l'épée, une petite pique appelée *frâmée*, la *francisque*, hache à deux tranchants qu'ils lançaient avec beaucoup d'adresse, etc. Ils faisaient si peu de cas de la vie humaine que, d'après leurs lois, la peine du meurtre pouvait toujours se racheter à prix d'argent.

Clovis (481-511). — En 481 ils avaient plusieurs rois, un à *Thérouanne*, un à *Cambrai*, un à *Cologne*, un à *Tournai*. Ce dernier s'appelait **Clovis**. Il commandait aux *Francs Saliens*.

Quoique fort jeune, il n'hésita pas à attaquer ce qui restait de troupes romaines en Gaule, les vainquit à *Soissons* (486) et, en peu d'années, étendit sa domination jusqu'à la Loire. Les *évêques*, devenus puissants, l'aidèrent à faire ces conquêtes, dans l'espérance de le convertir au catholicisme.

En effet, il épousa d'abord, grâce à eux, la catholique **Clotilde**; puis, vainqueur à *Tolbiac* des **Alamans**, qui inquiétaient les Francs de *Cologne*, il se fit baptiser à Reims par l'évêque **saint Rémy**, avec 3 000 de ses *leudes* ou fidèles (496). Dès lors, le clergé le soutint sans réserve dans toutes ses entreprises.

En 500, poussé par Clotilde, il alla dicter des lois aux *Burgondes*. Sept ans plus tard, il attaqua les *Wisigoths*, tua leur roi à la bataille de *Vouillé* et conquit en quelques mois presque tout le pays entre la Loire et les Pyrénées.

Les quatre cinquièmes de la Gaule étaient à lui. Il se débarrassa par le meurtre de tous les autres rois francs.

Il mourut peu après (511), chargé de crimes et tout-puissant.

Les fils de Clovis. — Il laissait quatre fils qui, suivant la coutume germanique, se partagèrent son royaume. C'étaient **Thierry**, **Childebert**, **Clotaire** et **Clodomir**, qui prirent pour capitales *Metz*, *Paris*, *Soissons* et *Orleans*.

Ambitieux, violents et perfides, ils faisaient la guerre en sauvages, brûlant les moissons, incendiant les villes, massacrant les populations ou les emmenant en esclavage.

Il n'y avait que l'*Église* qui obtînt d'eux un peu de respect.

Ils achevèrent de détruire le royaume *des Burgondes.* Mais l'un d'eux, Clodomir, ayant été tué, Childebert et Clotaire égorgèrent ses enfants et s'emparèrent de son royaume.

Thierry alla conquérir une grande partie de la *Germanie.* Sous son fils et son petit-fils (**Théodebert** et **Théodebald**), les Francs allèrent guerroyer et piller jusqu'en *Italie.* Après eux, le royaume de Metz fut partagé entre Clotaire et Childebert.

Enfin, ce dernier étant mort sans enfants, Clotaire demeura seul roi des Francs (558). Il mourut lui-même peu de temps après avoir fait brûler un de ses fils qui s'était révolté (561).

Il lui en restait encore quatre (**Caribert, Sigebert, Chilpéric, Gontran**), qui devinrent rois de *Paris*, de *Metz*, de *Soissons* et d'*Orléans* (ou de *Bourgogne*). Le premier ne vécut guère. Le dernier se tint à peu près tranquille dans ses terres. Quant aux deux autres, ils furent en guerre presque constante. Ils avaient épousé **Brunehaut** et **Galswinthe**, toutes deux filles d'un roi des Wisigoths. Galswinthe périt assassinée par son mari, Chilpéric, sur le conseil d'une favorite, **Frédégonde**, qui devint aussitôt reine à la place de sa victime.

Brunehaut et Frédégonde. — La rivalité de Brunehaut et de Frédégonde ensanglanta toute la fin du VIe siècle. Sigebert et Chilpéric périrent de mort violente. Enfin, après quarante ans de guerres atroces, il ne resta plus comme roi qu'un seul descendant de Clovis, c'était **Clotaire II**, fils de Chilpéric. Il fit périr Brunehaut en l'attachant à la queue d'un cheval indompté et régna quelque temps sur toute la nation franque.

Dagobert. — Après lui, son fils **Dagobert,** maître de toute la Gaule et d'une grande partie de la Germanie, parut le plus puissant de tous les rois mérovingiens (628-638).

Mais, à la mort de Dagobert, commence la rapide décadence de la première dynastie franque.

Opposition de la Neustrie et de l'Austrasie. — Cette décadence avait des causes déjà visibles. La principale était l'opposition de la **Neustrie** et de l'**Austrasie,** que la lutte personnelle de Frédégonde et de Brunehaut avait déjà rendue très violente.

On appelait *Neustriens* les Francs de l'Ouest, qui habitaient près de la Seine et de la Loire. Ils avaient pris la langue et les mœurs de la population vaincue et se soumettaient assez volontiers à l'autorité royale. Les *Austrasiens*, ou Francs de l'Est vivaint près de la Meuse et du Rhin ; ils étaient restés beaucoup plus barbares. Chez eux, les *leudes* du roi, c'est-à-dire les grands, étaient

beaucoup plus hardis et voulaient que ce fût la noblesse qui dominât.

Les rois fainéants et les maires du palais. — Les Mérovingiens qui succédèrent à Dagobert furent presque tous des enfants ou de fort jeunes gens, qui moururent à la fleur de l'âge. On les appelle les *rois fainéants*, parce qu'en réalité ils n'eurent pas le pouvoir, qui fut exercé en leur nom par les *maires du palais* ; ces fonctionnaires n'avaient été tout d'abord que les intendants de la maison royale.

Les plus célèbres de ces maires du palais furent au VIIe siècle **Pépin de Landen, Ebroïn, Saint Léger** et **Pépin d'Héristal**.

Famille d'Héristal. — Après des guerres longues et atroces, les Austrasiens, vainqueurs à *Testry* (687), demeurèrent maîtres de toute la Gaule franque, qui fut de nouveau pillée et dévastée comme au temps de Clovis. Ce fut une seconde conquête du pays par les Barbares.

Pépin d'Héristal, qui commandait les Austrasiens, étendit sa domination fort avant dans la Germanie, qu'il essaya de convertir au christianisme.

Charles-Martel et les Arabes. — Après lui son fils **Charles-Martel** vainquit les Neustriens et les Aquitains révoltés, mais s'illustra surtout à la bataille de *Poitiers*, qu'il gagna sur les *Arabes* en 732. Les Arabes, poussés par la religion de **Mahomet** (l'*Islamisme*), avaient conquis le nord de l'Afrique, l'Espagne, et s'étaient avancés jusqu'au milieu de notre pays. Complètement défaits, ils ne tardèrent pas à repasser les Pyrénées.

Avènement de Pépin le Bref. — Enfin **Pépin le Bref**, fils de Charles-Martel, s'entendit avec le *pape*, qui avait besoin de son secours et qui le reconnut comme roi. Il enferma dans un couvent le *dernier des Mérovingiens*, qui bientôt y mourut, et prit ouvertement sa place sur le trône (752).

Dès lors la royauté appartint à sa famille, qu'on appelle la *dynastie carlovingienne* et qui doit son nom à **Charlemagne** (ou **Charles le Grand**), successeur de Pépin le Bref.

Le clergé sous les Mérovingiens. — C'est grâce à l'appui de l'*Église* et de l'*aristocratie* militaire que les maires du palais étaient parvenus à s'emparer du trône.

L'Église avait acquis sous les Mérovingiens une puissance redoutable. Ces rois l'avaient respectée et flattée dès le début, parce qu'ils la voyaient populaire. Ils avaient comblé de bienfaits tant les évêchés que les *abbayes* ou *couvents* (qui s'étaient multipliés en Gaule à partir du VIe siècle).

Grâce à leurs dons et à ceux des particuliers, le clergé en vint à posséder dans notre pays une grande partie des terres. Il ne payait pas d'impôts. Il habitua aussi les fidèles à lui donner la *dîme*, c'est-à-dire la dixième partie des produits de l'agriculture. Et cet impôt, d'abord volontaire, allait devenir obligatoire à partir de Charlemagne.

Les rois laissèrent l'Église attirer à ses tribunaux presque tous les procès de quelque importance. Sur leurs propres affaires ils consultaient fréquemment les évêques et les abbés. Ils les laissaient en outre tenir de nombreux *conciles* ou assemblées, qui faisaient des lois non seulement pour l'administration de l'Église, mais pour le gouvernement de la société tout entière.

Origine de la noblesse. — A côté de la puissance ecclésiastique, il s'était formé peu à peu une *noblesse* barbare avec laquelle les rois étaient obligés de compter.

Par suite du bouleversement de l'empire, les anciens impôts avaient été presque tous abolis. Jamais les rois francs, malgré bien des tentatives, ne purent les rétablir. Ils n'eurent donc à peu près d'autres revenus que ceux des terres dont ils s'étaient emparés et qui formaient leurs domaines.

Les leudes ; les bénéfices. — Comme l'argent leur manquait pour lever des armées et faire la guerre, ils durent, pour être assurés de trouver des soldats, distribuer à leurs *leudes*, c'est-à-dire à leurs compagnons, des portions importantes de ces domaines, à la condition qu'ils feraient le *service militaire* et qu'ils viendraient au besoin assister le roi comme *conseillers* ou comme *juges*.

Ces dons de terres s'appelaient des *bénéfices*. A l'origine le roi pouvait les reprendre. Mais dès la fin du VIe siècle ils étaient devenus pour toujours la propriété des familles nobles. C'était ce que les Francs appelaient *fiefs* ou *féod* (d'où est venu le mot *féodalité*).

Comtes et ducs. — En outre, les rois Francs eurent de bonne heure l'habitude de choisir les *comtes* et les *ducs*, chargés de gouverner les provinces, parmi les plus riches propriétaires de ces provinces. Cela devint même une règle à partir de l'an 615.

Il en résulta que bientôt ces fonctionnaires se trouvèrent être dans leurs gouvernements beaucoup plus puissants que le roi, qu'on ne connaissait pas et qui était loin. Aussi travaillèrent-ils à rendre *viagers*, puis *héréditaires* leurs emplois, qui d'abord n'avaient été que temporaires, comme ceux de nos préfets d'aujourd'hui.

Ce changement ne s'opéra pas en un jour. Mais il était

déjà en grande partie accompli vers la fin du VIIIe siècle; et il devait s'achever rapidement après Charlemagne.

QUESTIONNAIRE.

1. D'où venaient les Francs? Quelles étaient les mœurs de cette nation ?
2. Comment Clovis conquit-il la Gaule et par qui fut-il secondé?
3. Que se passa-t-il sous les fils de Clovis?
4. Que se passa-t-il sous les fils de Clotaire ?
5. Dites ce que vous savez de Brunehaut et de Frédégonde.
6. Qu'était-ce que la Neustrie? que l'Austrasie ?
7. Qu'est-ce que les *rois fainéants ?*
8. Comment les *maires du palais* s'emparèrent-ils du pouvoir?
9. Par qui fut renversée la dynastie mérovingienne?
10. De quels avantages jouissait l'Église sous les Mérovingiens?
11. Quelles sont les origines de la féodalité ?

CHAPITRE III

LES CARLOVINGIENS

SOMMAIRE. — **Charlemagne** (768-814) étend sa domination sur la *Gaule*, la *Germanie*, l'*Italie*, une partie de l'*Espagne*. Mais son empire, qu'il avait gouverné avec beaucoup de fermeté, ne tarde pas à se diviser après lui.

Le **royaume de France**, qui n'en est qu'un débris, est ravagé au IXe siècle par les **Normands**, dont les invasions facilitent l'établissement de la *féodalité*. Les rois perdent rapidement presque toute autorité.

Une nouvelle dynastie, celle des **comtes de Paris**, réduit peu à peu à l'impuissance les *Carlovingiens* et arrive à les supplanter avec **Hugues Capet**, qui monte sur le trône en 987.

Charlemagne; ses guerres. — **Charlemagne** (768-814) fut le plus puissant souverain de son temps. Après avoir soumis à ses lois toute la *Gaule*, il conquit en *Italie* le royaume des **Lombards**, fit en *Germanie* une guerre acharnée à la grande nation des **Saxons**, qu'il convertit de force au christianisme, triompha du côté du Danube des **Bavarois** et des **Avares**, guerroya aussi contre les **Arabes** en *Espagne* où il fut obéi jusqu'à l'Èbre, et se fit en l'an 800 proclamer par le pape **Léon III**, son protégé, **empereur d'Occident**.

Charlemagne ; son gouvernement. — Charlemagne s'efforça de rendre son empire stable par sa vigilance et sa fermeté administratives. Chaque année il faisait dans ses réunions d'automne avec un certain nombre d'évêques et de hauts dignitaires des lois qui nous sont restées sous le nom de *capitulaires* et qu'il imposait ensuite aux chefs de la nation dans les grandes assemblées du *Champ de mai*. Il faisait surveiller sévèrement les comtes et les ducs par des inspecteurs ambulants. Enfin il avait réglé avec beaucoup de soin tout ce qui avait rapport au service militaire.

Mais son empire renfermait trop de peuples différents pour pouvoir rester longtemps uni. En outre, les *grands* et les *évêques* y étaient si puissants qu'il eût fallu, pour être obéi d'eux, que le souverain eût toujours un caractère très ferme.

Démembrement de l'empire. — Le contraire arriva sous **Louis le Débonnaire** (814-840), prince faible, qui fut renversé deux fois et mourut combattu par ses propres enfants.

En 843 l'empire de Charlemagne fut partagé en trois grands États : la **Germanie** ou l'**Allemagne** à l'est, la **Lotharingie** avec l'**Italie** au centre, et à l'ouest la **France** entre la Meuse, la Saône, le Rhône et l'Océan.

Les Normands. — Le **royaume de France** fut troublé pendant tout le IXe siècle par l'invasion et les ravages des **Normands** ou hommes du Nord.

C'étaient des pirates *danois*, *norvégiens* ou *suédois*, encore *païens*, qui arrivaient par mer, pénétraient dans l'intérieur du pays par les fleuves et mettaient tout à feu et à sang. Ils détruisirent presque entièrement le peu qui restait encore chez nous de monuments anciens, surtout les églises et les couvents. Ils vinrent en 885 assiéger *Paris*, qui se défendit héroïquement.

A la longue ils se firent chrétiens. Un roi de France finit par leur céder en 912 la partie de la *Neustrie* qui de leur nom s'appelle encore la **Normandie**.

La féodalité. — Comme les rois n'étaient pas assez forts pour défendre tout le pays contre ces barbares, les paysans et les simples hommes libres durent, pour avoir des protecteurs, se soumettre aux grands propriétaires, qui bâtirent partout des *châteaux forts* sur les hauteurs et commandèrent en maîtres chacun dans leur canton. Les *comtes*, *marquis* et *ducs* qui n'avaient été jusque-là que des gouverneurs ou des généraux au service du roi, s'emparèrent des provinces et prirent l'habitude de transmettre leurs dignités à leurs enfants. Les rois durent y consentir, et c'est ainsi que s'établit, vers la fin du IXe siècle, le *régime féodal*.

Charlemagne.

Il y eut dès lors en France un très grand nombre de seigneurs qui, tout en reconnaissant le roi comme leur *suzerain*, se comportaient dans leurs domaines absolument comme s'ils avaient été rois eux-mêmes.

Ils y exerçaient en effet les pouvoirs royaux, c'est-à-dire qu'ils levaient des impôts et des troupes, faisaient la guerre, rendaient la justice, battaient monnaie, etc.

Les fiefs, les comtés, les duchés étaient devenus héréditaires. Les petits propriétaires libres, incapables de se défendre, avaient dû se *recommander*, c'est-à-dire se soumettre aux grands.

Suzerains et vassaux. — La noblesse féodale était formée de seigneurs propriétaires, qui étaient les uns par rapport aux autres *suzerains* ou *vassaux*.

Entre le suzerain et le vassal il y avait un contrat, des

conditions qu'ils ne pouvaient violer ni l'un ni l'autre sous peine de perdre leurs droits.

Le vassal, avant de prendre possession de son domaine, devait en faire *hommage* à son suzerain, à qui il jurait fidélité, s'engageant en outre à le servir à la guerre et à l'assister dans son conseil et son tribunal. Il lui devait aussi dans certains cas quelques secours en argent.

En revanche, le suzerain était obligé de lui rendre justice et de le protéger lui et les siens contre leurs ennemis.

Roturiers. — Quant a la population non noble, ou *roturière*, elle comprenait l'immense majorité du peuple qui, dispersé dans les villages, ignorant, misérable et sans armes, ne comprenait pas ses droits ou n'avait pas les moyens de les faire valoir. C'était la foule des gens qui travaillaient pour vivre, les *vilains* ou les *manants*, comme on les appelait.

Quelques-uns étaient demeurés libres, mais la plus grande partie était tombée dans le servage.

Le servage. — Les *serfs*, comme les anciens *colons* romains, étaient attachés à la terre qu'ils cultivaient et ne pouvaient la quitter. Ils ne pouvaient ni se marier, ni acheter, ni vendre, ni faire leur testament sans la permission du propriétaire, c'est-à-dire du seigneur, qui la vendait d'ordinaire fort cher. Ils devaient payer au maître toutes les *tailles* (ou impôts) qu'il lui plaisait d'exiger, faire pour lui par *corvée* tous les travaux qu'il jugeait bon de leur ordonner. On les vendait avec la terre. Bref, s'ils n'étaient pas tout à fait esclaves, il ne s'en fallait de guère. Et c'étaient eux surtout qui pâtissaient d'ordinaire des affreuses guerres féodales.

Chute des Carlovingiens. — Par suite des progrès de la féodalité, les descendants de Charlemagne en vinrent bientôt à n'avoir plus presque aucune autorité.

Aussi ne tardèrent-ils pas à être détrônés. Parmi les grandes familles seigneuriales ou féodales était celle des **comtes de Paris** ou **ducs de France**, qui s'étaient illustrés en combattant les Normands. Deux de ses chefs, Eudes et Robert, furent proclamés rois : l'un à la fin du IXe siècle, l'autre au commencement du Xe.

Les Carlovingiens luttèrent encore quelque temps, mais **Hugues le Grand,** fils de Robert, leur fit encore perdre du terrain. Enfin **Hugues Capet**, fils de Hugues le Grand, les renversa pour toujours en 987. Élu par les grands et par les évêques, il fut le chef de la dynastie de rois qui, sous les noms de *Capétiens directs*, de *Valois* et de *Bourbons*, a régné en France plus de huit siècles.

QUESTIONNAIRE.

1. Que savez-vous des guerres accomplies par Charlemagne ?
2. Donnez une idée de son gouvernement.
3. Que devint son empire sous ses premiers successeurs ?
4. D'où venaient les Normands et quelle était leur façon de faire la guerre ?
5. Comment s'établit le régime féodal ? En quoi consistait-il ?
6. Comment et par qui furent renversés les Carlovingiens ?

CHAPITRE IV

LES CAPÉTIENS DIRECTS

SOMMAIRE. — Sous les quatre premiers **Capétiens** (987-1108), la *féodalité* domine en France et l'autorité royale est encore très faible.

Elle commence à se fortifier au XIIe siècle par l'effet des *Croisades*, grandes guerres religieuses dont un des principaux résultats est d'affaiblir la féodalité et de faciliter la *révolution des communes*.

Le *domaine royal* s'agrandit considérablement au XIIIe siècle par les conquêtes de **Philippe-Auguste** et de ses successeurs.

L'*administration monarchique* s'organise et devient prépondérante en France surtout sous **saint Louis** (1226-1270) et sous **Philippe le Bel** (1285-1314).

Les premiers Capétiens. — Au début et pendant plus de cent ans, les **Capétiens** ne furent guère rois que de nom. Ils ne pouvaient se faire obéir que dans leur propre domaine, qui ne comprenait que l'*Ile de France* et l'*Orléanais* (à peu près six de nos départements). Encore même sur ces territoires y avait-il beaucoup de seigneurs rebelles.

Les grands vassaux. — Au dehors, ils avaient affaire à de *grands vassaux*, dont chacun était aussi puissant qu'eux-mêmes (ducs *de Bourgogne*, *de Normandie*, *d'Aquitaine*, comtes *de Flandre*, *de Champagne*, *de Toulouse*, etc.), ou aux *évêques*, qui possédaient aussi d'immenses domaines et qui pouvaient lancer ou faire lancer contre eux par le pape l'*excommunication*, peine très redoutée des souverains à cette époque.

Ils n'étaient pas assez forts pour empêcher les seigneurs de se faire la guerre entre eux. Ceux-ci étaient bientôt devenus de véritables brigands, qui attaquaient sans cesse leurs voisins, arrêtaient les marchands et les voyageurs, commettaient mille atrocités, ne laissaient aux pauvres gens aucune tranquillité et rendaient presque impossibles le commerce et l'agriculture. Aussi la misère n'a-t-elle jamais été plus profonde en France qu'aux Xe et XIe siècles.

L'Église au XIe siècle. — L'*Église*, qui était alors beaucoup plus forte que les rois, essaya d'entraver dans une certaine mesure les guerres féodales en instituant la *trève de Dieu* (1041), qui ne fut jamais très bien observée.

Les croisades. — Elle fut plus heureuse en cherchant à détourner au moins ce fléau vers des pays lointains au moyen des *croisades*.

Les *croisades* furent de grandes expéditions entreprises en commun par les nations chrétiennes d'Europe, sur l'ordre des *papes*, pour reconquérir sur les *musulmans Jérusalem* et la *Palestine*. On appelait croisés ceux qui y prenaient part, parce qu'ils portaient une croix rouge sur l'épaule ou sur la poitrine comme signe de leur engagement.

Elles commencèrent en 1095. Il y en eut huit principales, dont la dernière eut lieu en 1270. Pendant près de deux siècles les seigneurs de France (et parfois les rois eux-mêmes, comme **Louis VII, Philippe-Auguste, saint Louis**) consacrèrent à ces entreprises lointaines une bonne partie de leur temps et de leurs ressources.

Ces guerres, qui coûtèrent la vie à bien des milliers d'hommes, n'étaient point justes ; car elles avaient pour but principal de forcer des peuples à changer de religion.

Elles échouèrent du reste en définitive, et eurent pour résultat de rendre plus violente cette haine des *musulmans* contre les *chrétiens*, qui est encore aujourd'hui si regrettable.

Croisade des Albigeois. — D'ailleurs les papes, après avoir prêché des croisades contre les musulmans, en vinrent à en ordonner aussi contre des *chrétiens*. C'est ainsi que les **Albigeois**, population du midi de la France, qui ne comprenait pas la religion chrétienne comme les catholiques et qui en avait bien le droit, furent exterminés au commencement du XIIIe siècle, par la volonté d'**Innocent III**, à la suite d'une guerre abominable, où les croisés se comportèrent en sauvages ou en bêtes féroces.

Résultats des croisades d'Orient. — Les *Croisades d'Orient* produisirent pourtant, du moins indirectement, quelques bons effets.

Outre qu'elles élargirent beaucoup le *commerce* de l'Europe et particulièrement de la France, elles firent connaître à l'Occident des *cultures*, des *arts*, des *inventions* qui devaient l'enrichir et l'éclairer.

Elles donnèrent naissance aux règles de la *chevalerie*,

qui, sans guérir la noblesse de ses vices, l'obligea du moins à les contenir quelquefois par courtoisie ou par amour-propre.

Enfin elles facilitèrent dans notre pays l'*affranchissement du peuple*, qui avait jusque-là vécu dans le *servage*, condition presque aussi dure que l'esclavage proprement dit.

Dans certains cas les seigneurs, ayant besoin d'argent pour leurs croisades, durent, pour en obtenir, faire des concessions aux villes qui dépendaient d'eux, dans d'autres les villes profitèrent de leur absence. Parfois aussi les bourgeois se soulevèrent contre les seigneurs et leur imposèrent leurs conditions.

Révolution des communes. — C'est ainsi que dans le courant du XIIe siècle eut lieu ce qu'on appelle la *révolution des communes*. La *Commune* était l'association formée par les habitants d'une ville qui, ayant obtenu du seigneur une *Charte*, n'étant plus soumis à son bon plaisir, sachant bien désormais ce qu'ils lui devaient, nommaient eux-mêmes leurs magistrats, administraient librement leur cité et se chargeaient de la défendre.

Voilà comment naquit la bourgeoisie française, ou le **Tiers-État**. Quant aux paysans, disséminés dans les villages et les hameaux, par conséquent plus faibles, ils devaient rester serfs encore à peu près deux siècles.

Les rois pouvaient se faire de nombreux amis dans le peuple, s'ils favorisaient les communes. C'était un moyen d'affaiblir la féodalité.

Louis VI, le cinquième des Capétiens, qui régna de 1108 à 1137, le comprit fort bien. Aussi, tout en combattant avec énergie les seigneurs, soutint-il les droits d'un certain nombre de villes, qui lui en furent reconnaissantes.

Capétiens et Plantagenets. — Sous son fils **Louis VII** (1137-1180), la *dynastie capétienne* fut mise en grand péril par une puissante famille féodale, celle des *Plantagenets*.

Un des vassaux du roi de France, **Guillaume le Conquérant**, s'était emparé du royaume d'*Angleterre* en 1066. Le comte d'Anjou et de Touraine, **Henri Plantagenet**, qui descendait de lui par sa mère, put, vers le milieu du XIIe siècle, joindre l'Angleterre et la Normandie aux provinces qu'il tenait déjà de son père.

Peu après, le même personnage épousa **Éléonore**

d'Aquitaine, qui, mariée d'abord au roi Louis VII, venait d'être répudiée par lui, et qui avait comme patrimoine une grande partie des provinces situées entre la Loire et les Pyrénées. Il soumit aussi indirectement la Bretagne à sa domination.

Il se trouva alors que le roi de France eut pour vassal un souverain étranger, qui, par son *royaume d'Angleterre*, était tout à fait indépendant de lui et qui possédait en France l'équivalent de *plus de 40 de nos départements actuels*, tandis que le domaine du roi était six ou sept fois plus petit.

Aussi, à partir de cette époque, les Capétiens travaillèrent-ils sans relâche à s'emparer des provinces que les rois d'Angleterre possédaient dans notre pays.

Louis VII ne cessa de soutenir les fils de Henri Plantagenet révoltés contre leur père.

Philippe-Auguste et Jean sans Terre. — Son successeur, **Philippe-Auguste**, parvint à enlever à l'un d'eux, **Jean sans Terre**, la *Normandie*, le *Maine*, l'*Anjou*, la *Touraine* et le *Poitou* (1204-1205). Vainement Jean s'allia contre lui à d'autres seigneurs français et à l'*empereur d'Allemagne*. Philippe-Auguste, grâce aux milices des communes, triompha de ses ennemis à la grande bataille de *Bouvines* (1214).

La *guerre des Albigeois* agrandit encore le domaine royal d'une moitié du *Languedoc* (1229).

Progrès de l'autorité royale. — A cette époque, l'*autorité royale*, si faible au temps de **Hugues Capet**, avait fait de grands progrès et était déjà prépondérante en France.

Au xe siècle, le roi était bien, sans doute, le suzerain des plus grands seigneurs. Mais comme il n'avait qu'un très petit domaine, il n'était pas de force à se faire obéir. Puis il avait été élu, et, pour obtenir que son fils le fût, il était obligé de ménager ses grands vassaux, qui s'intitulaient ses *pairs*, c'est-à-dire ses égaux.

Affermissement de la dynastie. — Mais Hugues Capet et ses cinq premiers successeurs prirent tous la précaution de faire *élire* et reconnaître leurs successeurs *de leur vivant*. En outre, ils voulurent que seul le *fils aîné* du roi héritât de la couronne, pour éviter les partages qui avaient été si funestes aux Mérovingiens et aux Carlovingiens.

Enfin, étroitement alliés à l'Église, ils adoptèrent l'usage de se faire *sacrer* solennellement par elle (cette cérémonie avait lieu généralement dans la cathédrale de Reims) et devinrent ainsi aux yeux des populations des espèces de représentants de Dieu sur la terre.

A partir du règne de Philippe-Auguste, on était si bien habitué en France à la *dynastie capétienne*, que le régime de l'élection fut de fait complètement abandonné.

L'autorité du roi grandit aussi rapidement avec son domaine. Les guerres privées, déjà fort entravées par Philippe-Auguste, allaient l'être plus encore par saint Louis, en attendant qu'elles fussent tout à fait interdites par Philippe le Bel (1).

Gouvernement et administration. — Tant que les souverains n'avaient eu qu'un petit domaine à administrer, ils n'avaient eu pour ministres que leurs officiers domestiques (le *Sénéchal*, le *Chancelier*, l'*Échanson*, le *Pannetier*, le *Connétable*, etc.). Pour délibérer et pour juger (en toutes matières), la *Cour du roi*, composée de ses officiers et, au besoin, d'un certain nombre de grands vassaux, leur avait largement suffi.

Quand ils eurent à gouverner de nombreuses provinces, ils durent employer d'autres moyens.

Ils divisèrent leur nouveau domaine en *grands bailliages* ou *sénéchaussées*, à la tête desquels furent placés des gouverneurs qui n'étaient pas, comme les anciens comtes ou ducs, pris parmi les propriétaires de la province et qui étaient, en outre, fréquemment renouvelés et sévèrement inspectés.

La justice. — Au-dessous des grands-baillis et des sénéchaux étaient les *prévôts* royaux, qui pouvaient aussi être révoqués. On appelait de leurs jugements à leurs supérieurs et de ceux de ces derniers à la cour du roi.

Les seigneurs durent consentir à ce qu'on appelât aussi de leurs tribunaux à ceux du roi. Et même ces derniers en vinrent, aux XIIIe et XIVe siècles, à les empêcher de juger un certain nombre d'affaires graves, que l'on appela les *cas royaux*.

(1) Louis IX ou saint Louis (1226-1270), roi sage et pieux, mais très ferme à l'occasion, combattit avec succès, à plusieurs reprises, les seigneurs ligués contre lui, fit respecter la *quarantaine-le-roi* (trêve obligatoire de quarante jours), instituée par Philippe-Auguste pour rendre les guerres privées plus difficiles et s'efforça même de les rendre impossibles.

Les seigneurs durent permettre, sous saint Louis, que la *monnaie* du souverain eût cours dans tout le royaume, tandis que les leurs ne l'avaient que dans l'étendue de leurs seigneuries.

Cour du roi. — Les plus grands d'entre eux furent obligés de se soumettre, à partir de Philippe-Auguste, à la *Cour du roi.* C'est ainsi que **Jean sans Terre** vit ses plus belles provinces confisquées en 1204.

La *Cour du roi* ne comprenait à l'origine que des nobles et des gens d'Église. On y introduisit, surtout à dater du règne de saint Louis, des bourgeois, dont la profession était d'étudier les lois (des *légistes*) et qui, étant profondément dévoués à l'autorité royale, cherchèrent par tous les moyens à la faire prévaloir. Peu à peu ils s'y multiplièrent et finirent par y occuper la plus grande place. Ils eurent pour charge principale de rendre la justice. Cette Cour du roi, au commencement du XIVe siècle, fut divisée en trois pouvoirs distincts : le *Parlement*, qui eut pour mission la justice; la *Chambre des comptes*, qui avait la haute main sur les officiers de finances; et le *Grand conseil*, auquel étaient réservées l'administration et la politique.

Puissance de la royauté sous Philippe le Bel. — Philippe le Bel établit de nouveaux impôts et prît l'habitude d'exiger des nobles de l'argent pour tenir lieu de leur service militaire. Il lui fallait un trésor garni, pour lever des troupes mercenaires, dont il était beaucoup plus maître que des milices féodales.

Il mit la papauté, on peut le dire, à son service, et il fut assez fort pour faire supprimer, en 1312, le puissant ordre des *Templiers*, dont il s'appropria en grande partie les richesses. Il se querella avec le pape **Boniface VIII**, qui l'excommunia en vain.

Aussi, au commencement du XIVe siècle, la royauté était-elle devenue très puissante en France et commençait-elle à faire trembler la *féodalité.*

Les États généraux. — **Philippe le Bel**, qui avait pour lui le peuple des villes, réunit en 1302 une grande assemblée qu'on appela les **États généraux** et où, à côté des députés du *clergé* et de la *noblesse*, siégeaient ceux de la *bourgeoisie.* Cette assemblée lui donna complètement raison contre le pape.

La papauté à Avignon. — Les agents du roi allèrent braver jusque dans son palais **Boniface VIII**, qui en mourut de dépit. Quelque temps après, Philippe fit élire pape un Français, **Clément V**, qui lui était tout dévoué, et l'établit non à Rome, mais à *Avignon*, où lui et ses successeurs, également Français, demeurèrent plus de 70 ans. On peut dire qu'à cette époque, la papauté fut la servante des rois de France.

Nouveaux agrandissements. — Le domaine royal, qui n'avait cessé de grandir jusqu'à saint Louis, s'accrut sous Philippe III du *comté de Toulouse*, et sous Philippe le Bel de la *Champagne*, de la *Navarre*, d'une partie de la *Guyenne* et de la *Flandre*, de l'*Angoumois*, de la *Marche*, du *Lyonnais*.

Les fils de Philippe le Bel. — Après Philippe le Bel, montèrent successivement sur le trône ses trois fils : **Louis X le Hutin**, **Philippe V le Long**, et **Charles IV le Bel**, sous lesquels la royauté, un moment arrêtée dans ses progrès, maintint en somme ses conquêtes. Mais, après la mort du dernier (1328), la *guerre de Cent ans* allait l'ébranler profondément et faire renaître en France tous les désordres de l'époque féodale.

QUESTIONNAIRE.

1. Quel rôle jouèrent les premiers Capétiens ?
2. Donnez une idée de l'état de la France au XIe siècle.
3. Qu'est-ce que les Croisades ? Combien de temps ont-elles duré ? Qu'ont-elles produit ?
4. Qu'est-ce en particulier que la croisade des Albigeois ?
5. Qu'entend-on par la *révolution des communes ?*
6. Qu'est-ce qui amena la rivalité des Capétiens et des Plantagenets ?
7. Quelles sont les acquisitions de Philippe-Auguste ?
8. Comment s'établit l'hérédité dans la dynastie capétienne ?
9. Qu'était-ce que la *Cour du roi ?*
10. Quels étaient sous Philippe-Auguste et saint Louis les principaux agents de l'autorité royale ?
11. Quels progrès les rois firent-ils au XIIIe siècle sous le rapport de l'autorité judiciaire ?
12. Que savez-vous du gouvernement de Philippe le Bel ?
13. Quelles guerres eut-il à soutenir ?
14. Quels furent ses rapports avec la papauté ?
15. Quelle est l'origine des États généraux ?

CHAPITRE V

LES VALOIS ET LA GUERRE DE CENT ANS

Sommaire. — Les progrès de la *royauté* sont arrêtés par la *guerre de Cent ans*. Cette guerre a pour cause la **rivalité des Valois** et des **Plantagenets**, qui se disputent la couronne de France.

Sous **Philippe VI** (1328-1350) et **Jean le Bon** (1360-1364), les Français subissent de grandes défaites (*Crécy*, *Poitiers*). Les Anglais se font céder une bonne partie de notre pays par le *traité de Brétigny* (1360).

Charles V (1364-1380), secondé par le vaillant **du Guesclin**, les chasse presque entièrement de son royaume.

Mais la folie de **Charles VI** (1380-1422) et la guerre civile des *Armagnacs* et des *Bourguignons* leur permettent d'y reprendre l'avantage. La victoire d'*Azincourt* (1415) et le *traité de Troyes* (1420) semblent même devoir leur en assurer la possession.

Heureusement, sous **Charles VII** (1422-1461) l'héroïque dévouement de **Jeanne d'Arc** (1429-1431) surexcite le *patriotisme français*. Les Anglais sont de nouveau expulsés et notre pays redevient indépendant.

Origine de la guerre de Cent ans. — **Charles IV** étant mort, son cousin **Philippe**, comte de Valois, lui succéda sous le nom de **Philippe VI** (1328). Mais, quelques années après, la couronne lui fut disputée par **Edouard III**, roi d'Angleterre, qui, par sa mère, était petit-fils de **Philippe le Bel**, et qui avait été exclu du trône par la *loi salique*.

Crécy et Calais. — La guerre commença entre eux dès 1337. Après différents engagements dans les *Pays-Bas* et en *Bretagne*, les Anglais, favorisés par la trahison, envahirent la Normandie, passèrent près de Paris et, atteints près de *Crécy*, en Picardie, par l'armée française, y remportèrent une grande victoire, après laquelle la ville de *Calais*, assiégée pendant une année, fut obligée de leur ouvrir ses portes (1347).

Nouvelles acquisitions. — Philippe VI compensa au moins ces malheurs par l'acquisition du *Dauphiné* et de *Montpellier* (1349).

Malheurs de Jean le Bon.—Mais, après lui, **Jean II,** si improprement surnommé le *Bon* (1350-1364), roi batailleur, prodigue et maladroit, ruina le royaume par ses dépenses, le troubla par ses démêlés avec son gendre **Charles le Mauvais**, roi de *Navarre*, et surtout faillit le perdre par la défaite qu'il subit à *Poitiers* (1356), où il fut non seulement vaincu, mais fait prisonnier par les Anglais, que commandait le **prince de Galles** (appelé souvent le **prince Noir**), fils aîné d'Edouard III.

Les États généraux et Etienne Marcel. — Pendant sa captivité, les *États généraux,* qui avaient été déjà réunis en 1355 et qui le furent encore plusieurs fois en 1356, 1357 et 1358, essayèrent, sous l'inspiration d'**Etienne Marcel**, prévôt des marchands de Paris, de faire la loi à son fils aîné, le dauphin **Charles**, lieutenant-général du royaume (1). Ce prince s'enfuit de la capitale. Mais, Marcel ayant été massacré, il y rentra peu après et gouverna pendant l'absence de son père.

Traité de Brétigny. — Fin de Jean le Bon. — Ce dernier ne recouvra sa liberté qu'après le *traité de Brétigny* (1360), qui cédait aux Anglais le *Poitou*, la *Marche*, le *Limousin*, l'*Angoumois*, l'*Aunis*, la *Saintonge*, la *Guyenne*, la *Gascogne*. Et il trouva encore le moyen de démembrer ce qui lui restait de son domaine en attribuant comme apanages à ses trois derniers fils l'*Anjou*, le *Maine*, le *Berry*, la *Bourgogne* (1363).

Charles V. — Son successeur **Charles V**, dit le *Sage* (1364-1380), a mérité son surnom par sa politique habile, qui réussit en grande partie à délivrer la France des Anglais.

Du Guesclin en Normandie, en Bretagne et en Espagne. — Tout d'abord, grâce à un vaillant capitaine breton, **Bertrand Du Guesclin**, qui s'était voué comme lui à cette tâche, il pacifia la *Normandie* et la *Bretagne*, depuis longtemps troublées par des guerres intérieures (1364-1365), et débarrassa le royaume des *grandes compagnies*, c'est-à-dire de l'armée de brigands qui le pillait et qui alla en *Espagne* aider un allié de la France, **Henri de Transtamare**, à monter sur le trône de *Castille* (1365-1369).

Expulsion des Anglais. — Puis, il recommença la

(1) Les États généraux auraient voulu que les rois les réunissent périodiquement, qu'ils ne créassent pas d'impôt sans leur consentement et qu'ils partageassent avec eux le gouvernement. C'est ce qu'ils demandèrent surtout en 1355, 1356 et 1357. C'était fort juste, mais les rois furent effrayés de ces exigences. Aussi, à partir de Jean le Bon, les convoquèrent-ils le moins possible. Et ils ne les appelèrent plus que pour leur demander de l'argent ou pour leur faire approuver des projets de guerre ou des traités.

guerre contre les Anglais qui, en moins de dix ans, furent presque entièrement chassés de notre pays, où de toutes parts le *patriotisme* naissant se soulevait contre eux.

Grand schisme d'Occident. — La fin de son règne fut malheureusement troublée par le *grand schisme d'Occident*, qui se prolongea bien longtemps après lui.

Pendant près de trois quarts de siècle, la *papauté* était restée à *Avignon*, sous la protection, et, on peut le dire, sous la surveillance des rois de France. Mais, en 1378, deux papes furent élus à la fois : pour l'un, qui alla se fixer à Rome, se prononcèrent les Italiens et tous les ennemis de la France ; tous nos amis se déclarèrent avec nous pour l'autre, qui s'établit à Avignon. Ce *schisme* (c'est-à-dire cette division) de l'Église dura près de quarante ans. Le *Concile de Constance* y mit fin.

Minorité de Charles VI; sa folie. — Après la mort de Charles V, la guerre anglaise avait été de fait assez longtemps suspendue (1). Mais la France ne s'en était pas beaucoup mieux trouvée. **Charles VI** (1380-1422) n'avait que douze ans en montant sur le trône. Pendant sa minorité, ses oncles, qui gouvernaient en son nom, ne travaillèrent que pour eux-mêmes Il les renvoya en 1388; mais, peu d'années après, il devint *fou* (1392). Comme il vécut longtemps encore, qu'il ne guérit jamais et qu'il resta toujours nominalement roi, sa maladie fut cause que la France tomba rapidement dans l'anarchie.

Les Armagnacs et les Bourguignons — Le **duc d'Orléans**, son frère, et le **duc de Bourgogne**, un de ses oncles, se disputèrent le gouvernement Ce dernier eut pour successeur, en 1404, son fils **Jean sans Peur**, qui, en 1407, fit assassiner le duc d'Orléans Ce meurtre donna naissance à l'effroyable guerre civile des **Armagnacs** et des **Bourguignons**. La France se divisa entre ces deux factions qui, à partir de 1409, la mirent à feu et à sang

Henri V et le traité de Troyes. — Pour comble de malheur, les *Anglais*, que des discordes intérieures avaient longtemps empêchés de recommencer leurs attaques contre la France, reparurent avec **Henri V**, qui, vainqueur à *Azincourt* (1415), conquit rapidement la *Normandie*. Ses succès ne mirent point un terme à nos

(1) Par suite des troubles et des révolutions dont l'Angleterre était alors le théâtre.

dissensions. Les Bourguignons, maîtres de Paris, y massacrèrent un grand nombre de leurs ennemis (1418). Les Armagnacs, à leur tour, assassinèrent Jean sans Peur (1419). Et, pour venger ce prince, le nouveau duc

Jeanne d'Arc.

de Bourgogne, **Philippe le Bon**, ne rougit pas de s'allier étroitement aux Anglais.

Par le honteux *traité de Troyes*, la reine **Isabeau de Bavière**, qui faisait cause commune avec eux, reconnut Henri V comme héritier de la couronne de France. Notre indépendance nationale parut perdue (1420).

Heureusement Henri V mourut, ne laissant qu'un enfant en bas âge, **Henri VI** ; Charles VI ne lui survécut que deux mois.

Charles VII et Jeanne d'Arc. — **Charles VII**, fils de ce dernier (1422-1461), ne posséda d'abord que quelques provinces du centre et du midi. Il perdit même du terrain pendant plusieurs années. Sa cause ne commença à se relever que lorsque **Jeanne d'Arc**, inspirée par son ardent *patriotisme*, fut venue au secours d'*Orléans* investi par les Anglais et eut fait lever le siège de cette ville (1429).

C'était une jeune paysanne des *Marches de Lorraine*, ignorante, extatique; elle adorait la France et voulait la sauver. Après la levée du siège d'Orléans, elle battit les Anglais à *Patay*, mena Charles VII à *Reims*, où il fut sacré, et voulut prendre *Paris*. Mais, mal secondée, elle échoua devant cette ville et fut prise en 1430 à *Compiègne*. Les Anglais, exaspérés contre cette héroïne et voulant la déshonorer, la livrèrent à un tribunal ecclésiastique, dont les membres, qui étaient hélas ! tous Français, la condamnèrent et la firent brûler comme *hérétique* et *relapse* à Rouen, le 30 mai 1431 Elle montra jusqu'au bout le plus noble courage. Sa vie et sa mort fortifièrent l'âme de la France.

Soumission du duc de Bourgogne. — Le duc de Bourgogne ne tarda pas à rentrer dans le devoir en abandonnant le parti des Anglais (1435).

La Pragmatique sanction. — Charles VII, qui avait rallié à sa cause la plus grande partie de la noblesse française, gagna aussi le clergé du royaume par la *Pragmatique sanction* de Bourges, publiée en 1438.

Cette loi fort sage portait principalement que la France ne reconnaissait pas au pape une autorité supérieure à celle des Conciles ; qu'il n'avait pas le droit de lever d'impôts sur le clergé français; et que ce clergé devait de recruter librement, par élections, comme aux premiers siècles du christianisme.

Fin de la guerre de Cent ans. — Charles VII, qui était maintenant maître de la plus grande partie du royaume, réorganisa l'*administration*, les *finances*, l'*armée*. La *Normandie* et la *Guyenne* furent reconquises (1449-1451). A partir de 1453, les Anglais ne possédèrent plus en France que *Calais*.

Mais, à la mort de Charles VII (1461), la France était affaiblie par cette guerre plus que séculaire. Sa population avait diminué de près de moitié depuis 1328. Des centaines de villes et de châteaux avaient été détruits. Une grande partie des terres était en friche, et il y avait une misère profonde dans tout le royaume.

Les institutions monarchiques aux XIVe et XVe siècle. — Les **Valois** s'appliquèrent à assurer la transmission et l'exercice régulier de l'autorité royale par de nouvelles institutions (*Loi salique*, *régence*, etc.).

En matière de finances ils augmentèrent les revenus de l'État par de nouveaux impôts (*Traites*, *Gabelle*, *Aides*, *Taille* permanente, etc.) et complétèrent l'organisation de la *Chambre des Comptes*.

Après plusieurs essais, ils créèrent au xve siècle une *armée permanente*, firent un grand usage de l'artillerie et s'efforcèrent de donner à la France une marine.

En ce qui concerne la *justice*, ils cherchèrent à fortifier les juridictions royales, créèrent de nouveaux *parlements*, publièrent des *ordonnances* générales et songèrent à faire publier les *Coutumes*.

QUESTIONNAIRE.

1. Quelle est la première cause de la guerre de Cent ans ?
2. Quels furent les résultats des batailles de Crécy et de Poitiers ?
3. Quel rôle jouèrent les États généraux sous Jean le Bon ?
4. Qu'est-ce que le traité de Brétigny ?
5. Quelle fut la politique de Charles V pendant les premières années de son règne ?
6. Comment débarrassa-t-il la France des Anglais ?
7. Qu'est-ce que le *grand schisme d'Occident* ?
8. Qu'est-ce qui facilita aux Anglais de nouveaux succès sous le règne de Charles VI ?
9. Qu'est-ce que la guerre des Armagnacs et des Bourguignons ?
10. Qu'est-ce que le traité de Troyes ? Par quels événements fut-il amené ?
11. Qu'était-ce que Jeanne d'Arc ? Quel service rendit-elle à la France ? quelle fut sa fin ?
12. Qu'est-ce que la Pragmatique sanction ?
13. Comment se termina la guerre de Cent ans.
14. Quelles furent les principales institutions des Valois ?

CHAPITRE VI

LES LETTRES, LES ARTS ET LES SCIENCES EN FRANCE JUSQU'AU MILIEU DU XVe SIÈCLE

SOMMAIRE. — Sous les Mérovingiens, les lettres, les sciences et les arts s'éclipsent presque entièrement. Mais ils reparaissent à partir du règne de Charlemagne et des croisades. Il y a des *chansons de gestes*, sortes de poèmes épiques populaires, et on bâtit de belles églises.

Le goût des *lettres*, très développé en Gaule au temps de l'*empire romain*, s'affaiblit beaucoup pendant la *période barbare des mérovingiens*, mais se releva singulièrement à partir du *règne de Charlemagne* et surtout de l'époque *des croisades*. **L'Université de Paris**, fondée sous Philippe-Auguste, jeta beaucoup d'éclat et devint le modèle sur lequel beaucoup d'autres furent instituées dans les siècles suivants.

La poésie populaire, cultivée par les *troubadours* et les *trouvères*, produisit un grand nombre de *chansons de gestes*, sortes de poèmes épiques, dont le plus célèbre est la *Chanson de Roland*. L'art dramatique naquit avec les *mystères* et les *moralités*. La langue vulgaire fut employée par les *chroniqueurs* à partir du XIIIe et du XIVe siècle (**Villehardouin, Joinville, Froissart**, etc.).

Dans le domaine des *arts*, les belles constructions romaines furent presque entièrement détruites par les Barbares. L'*architecture* renaquit après Charlemagne et couvrit la France de *monuments religieux* et de *châteaux* dont le caractère se transforma peu à peu du Xe au XVe siècle. La *sculpture*, la *peinture* et la *musique* étaient encore en enfance.

Le progrès des *sciences*, retardé longtemps par *la superstition*, s'accéléra après les croisades. La France, comme toute l'Europe chrétienne, emprunta d'importantes découvertes aux *Arabes*. L'*Astronomie*, la *Chimie*, la *Physique* s'essayaient encore péniblement. Mais l'invention de l'*Imprimerie*, due à Jean **Gutenberg**, qui vivait dans la première moitié du XVe siècle, allait donner une impulsion irrésistible à toutes les connaissances humaines.

QUESTIONNAIRE.

1. A quelle époque le goût des lettres renaquit-il en France ?
2. Qu'était-ce que l'Université de Paris ?
3. Que savez-vous du développement des lettres, des arts et des sciences dans notre pays à la fin du moyen âge ?

PREMIÈRE PARTIE

PROGRÈS DE LA ROYAUTÉ FRANÇAISE de 1461 à 1559

CHAPITRE I

LOUIS XI

Sommaire. — A la fin du règne de **Charles VII**, la *féodalite* est encore très forte et très remuante en France, où elle est surtout représentée par les grandes familles *apanagées* (*Bourgogne*, *Anjou*, *Orléans*, etc.).

Louis XI, prince intelligent, actif et autoritaire, lutte pendant la plus grande partie de son règne contre cette aristocratie, dont le chef est **Charles le Téméraire**, duc de Bourgogne. Il en triomphe par force et par ruse et accroît le domaine royal par d'importantes acquisitions. Il meurt redouté de tous ses sujets en 1483.

Les mœurs féodales au XVe siècle. — Pendant la guerre de Cent ans, les *seigneurs* français n'avaient pas fait moins de mal au pays que les Anglais. L'affaiblissement de la royauté les avait rendus plus audacieux et plus violents que jamais.

Ils parlaient beaucoup d'honneur, de *chevalerie*, brillaient dans les fêtes et se montraient en paroles courtois envers les dames. Mais en réalité beaucoup d'entre eux n'étaient que de simples brigands, prenant des châteaux par trahison, ne reculant ni devant le guet-apens ni devant l'assassinat, s'embusquant sur les routes pour détrousser les voyageurs ou les marchands, terrorisant les paysans pour se faire fournir des vivres, tuant ou torturant souvent les pauvres gens par férocité pure. Un d'eux, **le sire d'Albret**, disait tristement : « Tout nous est mort », parce qu'il ne pouvait plus piller. Un autre, le **maréchal de Retz**, aussi imbécile que cruel, faisait égorger des petits enfants, dont le sang lui était, croyait-il, nécessaire pour le succès de ses opérations de sorcellerie. Ce n'est guère que vers la fin du règne de **Charles VII** que la royauté put, jusqu'à un certain point, faire rentrer dans l'ordre ces bandits féodaux.

Mais les plus puissants d'entre eux continuaient à la braver. C'étaient les seigneurs *apanagés*.

Les princes apanagés. — On appelait *apanages* des parties du domaine royal, des provinces entières, que nos souverains, surtout depuis 1328, avaient eu le tort de donner à des princes de leur famille, qui s'en étaient parfois servis pour accroître sans mesure leurs possessions.

C'est ainsi que, vers le terme de la guerre de Cent ans, on comptait en France, entre autres maisons apanagées, celles d'**Alençon** (avec le duché de ce nom), de **Bourbon** (avec le Bourbonnais, la Marche, l'Auvergne, le Forez, le Beaujolais, etc.), d'**Anjou** (avec l'Anjou, le Maine et le Perche), d'**Orléans** (avec l'Orléanais, l'Angoumois, le Valois), et enfin de **Bourgogne**.

Maison de Bourgogne. — Cette dernière était la plus redoutable de toutes. Outre le duché dont elle portait le nom, elle possédait en France le *Charolais*, l'*Artois*, la *Flandre*, une partie de la *Picardie*, etc., et hors du royaume la plus grande partie des *Pays-Bas* (qui forment aujourd'hui les trois États de *Belgique*, de *Hollande* et de *Luxembourg*). Le duc de Bourgogne passait pour le prince le plus riche de l'Europe. Il était à lui seul à peu près aussi puissant que le roi de France. On l'appelait le grand duc d'Occident.

Louis XI; son caractère. — Louis XI, fils et successeur de Charles VII, avait trente-huit ans en 1461. C'était un prince intelligent, instruit, qui connaissait déjà bien la guerre et le gouvernement.

Très brave quand il le fallait, il ne recherchait pas les combats et préférait, quand il était dans l'embarras, s'en tirer par la parole ou par la plume.

Il avait beaucoup d'esprit et parlait admirablement. Très simple d'ordinaire dans son costume et dans ses façons, familier dans ses propos, n'aimant pas les fêtes coûteuses et inutiles, il recherchait les bourgeois et savait leur plaire, bien qu'il se montrât parfois assez dur à leur égard.

Il voulait fermement que tout le monde dans le royaume obéît au roi. Il trouvait les seigneurs encore trop puissants et tenait à les mettre hors d'état de faire renaître les guerres civiles, qui eussent permis aux étrangers d'envahir et de désoler de nouveau la France.

Louis XI.

Très actif et très vigilant, il était aussi fort soupçonneux et dissimulé. « Qui ne sait dissimuler, disait-il, ne sait pas régner. » Il ne tenait pas toujours sa parole. Mais il était entouré de traîtres, qui étaient bien plus perfides que lui. Et généralement, c'est lui qui était trompé le premier.

Charles le Téméraire. — Ses premiers projets de réformes ne tardèrent pas à mécontenter la haute noblesse. Elle avait alors pour chef **Charles**, comte de Charolais, fils de **Philippe le Bon** (à qui bientôt il succéda comme duc de Bourgogne).

Ce prince, que l'histoire a surnommé **le Téméraire**, était un homme violent et batailleur, féroce à l'occasion, plein d'orgueil et d'entêtement. Très ambitieux, il ne songeait qu'à se rendre indépendant et, quoique Français, tenait si peu à voir la France unie et pacifiée, qu'il eût voulu qu'elle fût partagée en six royaumes.

Ligue du bien public. — Dès 1464, il organisa avec le **duc de Berry**, frère du roi, le **duc de Bretagne**, le **duc de Bourbon** et beaucoup d'autres grands seigneurs, ce qu'ils appelèrent la *Ligue du bien public*. Titre mensonger, car aucun d'eux ne songeait à améliorer le sort du peuple.

Louis XI battit ces révoltés à *Montlhéry*. Mais, assiégé peu après par eux dans Paris, il dut, par deux traités, leur accorder à peu près tout ce qu'ils demandaient. Il donna notamment la Normandie à son frère (1465).

Bientôt, profitant de ce que les grands ne s'entendaient plus entre eux, il reprit cette province et fut approuvé par les *États généraux* (1468).

Louis XI à Péronne. — Mais, ayant eu l'imprudence de se rendre à une entrevue qu'il devait avoir à *Péronne* avec **Charles le Téméraire,** il fut retenu prisonnier par ce dernier, qui lui avait pourtant donné un sauf-conduit et qui, après avoir eu l'idée ou de le mettre à mort ou de le détrôner, ne le relâcha qu'en l'obligeant de promettre la *Champagne* à Charles de Berry et de venir avec lui saccager la ville de *Liège*, amie dévouée du roi de France (1468).

Louis XI, Charles le Téméraire et Edouard IV. — Rentré chez lui, Louis XI fit accepter à son frère la *Guyenne* au lieu de la Champagne. Ce jeune prince mourut, du reste, en 1472, et comme il ne laissait pas d'enfants, ce grand territoire fut de nouveau réuni au domaine royal.

Le duc de Bourgogne, quelque temps détourné par les affaires d'Angleterre, reprit les armes et envahit l'*Ile de France*, qu'il mit à feu et à sang. Arrêté devant la ville de *Beauvais*, à la défense de laquelle s'illustra une jeune fille (**Jeanne Hachette**)', il s'en alla heureusement chercher d'autres aventures et d'autres guerres en *Allemagne*.

Mais, en 1475, il reparut et appela en France le roi d'Angleterre **Edouard IV**, qui était son beau-frère, et dont Louis XI avait soutenu les ennemis.

Ce souverain descendit à *Calais* et s'avança jusqu'en *Picardie* avec son armée. Mais le roi de France le gagna par des politesses et de bonnes paroles et, moyennant quelque argent, le détermina à retourner en Angleterre.

Fin de Charles le Téméraire. — Charles le Téméraire, dépité, se tourna contre la Lorraine, qu'il conquit, puis alla s'attaquer aux *Suisses*, montagnards pauvres, mais soldats énergiques, qui, encouragés par Louis XI, lui résistèrent et le battirent cruellement à *Granson* et à *Morat* (1476). Charles perdit non seulement ses troupes et son artillerie, mais son immense trésor, que les vainqueurs se partagèrent à pleins boisseaux.

Pendant ce temps, la Lorraine avait repris son duc légitime. Charles le Téméraire voulut du moins reconquérir *Nancy*, mais il fut tué devant cette ville au commencement de 1477.

Succession de Bourgogne. — Aussitôt Louis XI prit tout ce qu'il put prendre de son grand héritage (la *Bourgogne*, la *Franche-Comté*, la *Picardie*, l'*Artois*).

Il aurait bien voulu avoir le reste en amenant la princesse **Marie**, fille unique de Charles le Téméraire, à épouser son fils, le *dauphin*. Mais il se fit détester d'elle, et elle aima mieux se donner à l'archiduc **Maximilien d'Autriche**, fils de l'empereur **Frédéric III**.

C'est de ce mariage qu'est sortie **la longue rivalité** des deux maisons de *France* et d'*Autriche*.

Maximilien et **Louis XI** se firent la guerre plusieurs années sans grands résultats. Enfin il se réconcilièrent par le *traité d'Arras*, en vertu duquel la petite princesse Marguerite, fille de l'archiduc, était fiancée au **dauphin Charles** (1482).

Acquisitions diverses de Louis XI. — Louis XI, déjà maître de la *Bourgogne*, acquit aussi en 1480, par héritage, les vastes domaines de la maison d'Anjou, c'est-à-dire l'*Anjou*, le *Maine* et la *Provence* (sans compter des droits sur le *royaume de Naples*).

Il occupait depuis 1462 le *Roussillon* et la *Cerdagne*, comme gage d'une somme qu'il avait prêtée au roi d'Aragon et il comptait que ni lui ni ses successeurs n'auraient jamais à les rendre.

Il avait en outre, de 1474 à 1477, confisqué les domaines de plusieurs grands seigneurs qui, comblés de ses bienfaits et plusieurs fois pardonnés après leurs révoltes, avaient sans cesse recommencé à le trahir : le **comte d'Armagnac**, le **duc d'Alençon**, le **connétable de St-Pol**, le **duc de Nemours** ; le premier fut tué dans un de ses châteaux, le second mourut en prison, les deux derniers périrent sur l'échafaud.

Tous avaient mérité leur sort. Il valait mieux faire tomber ces têtes coupables que d'exposer le peuple de France à de nouveaux malheurs en les épargnant.

Enfin Louis XI avait fait épouser à ses deux filles le **duc d'Orléans** et l'héritier du **duc de Bourbon**. Des grandes maisons féodales, il ne restait que la *Bretagne* sur laquelle il n'eût pas mis la main.

Louis XI au Plessis-lès-Tours. — Dans les quatre dernières années de sa vie, ce roi, qui se sentait vieux et malade, devint de plus en plus inquiet et méfiant. Il ne voyagea presque plus. Il s'enferma, loin des siens et même de son jeune fils, dans le triste château du *Plessis-lès-Tours*, où il se faisait garder comme dans une prison. Des *chausses-trappes* étaient semées tout à l'entour. Quiconque s'approchait trop des murailles risquait de recevoir une flèche ou d'être pendu par ordre du terrible prévôt **Tristan l'Ermite**. Le roi n'avait plus guère confiance que dans son barbier, **Olivier le Daim** (ou le diable), et surtout dans son médecin, **Coittier**, car il avait grand peur de mourir, ce dont ce dernier abusait pour lui arracher chaque jour de nouveaux dons. Il avait toujours été très superstitieux ; il le devint davantage en approchant de la mort. Il suppliait sans cesse les saints et les saintes, dont il portait les médailles autour de son chapeau, de lui rendre la santé. Il fit venir du fond de la Calabre un pauvre ermite, nommé **François de Paule**, qui passait pour faire des miracles, et s'agenouilla devant lui, en le conjurant de prolonger sa vie. Ce brave homme ne put jamais lui faire comprendre que tout ce qu'il pouvait, c'était de prier pour lui. Malgré tout, il lui fallut bien, comme dit un de ses historiens, passer où les autres avaient passé avant lui. Mais, quand il se sentit près de sa fin, il retrouva tout son courage. Il mourut le 30 août 1483, après un règne troublé, mais qui avait été en somme très avantageux à la France.

QUESTIONNAIRE.

1. Quelles étaient les habitudes de la féodalité au xve siècle ?
2. Qu'appelait-on *apanage ?* Et quelles étaient en 1461 les principales maisons apanagées ?
3. Quel était le caractère de Louis XI ?
4. Qu'était-ce que Charles le Téméraire ?
5. Quelle fut la politique de Louis XI à l'égard des grands et particulièrement du duc de Bourgogne ?
6. Comment finit la maison de Bourgogne ?
7. Quelles sont les principales acquisitions territoriales de Louis XI ?
8. Comment Louis XI passa-t-il ses dernières années ?

CHAPITRE II

CHARLES VIII, LOUIS XII ET LES GUERRES D'ITALIE

SOMMAIRE.— Sous **Charles VIII** (1483-1498) la France est d'abord gouvernée de fait par **Anne de Beaujeu**, qui réunit les *États généraux*, réprime de nouvelles révoltes féodales et fait épouser à son frère **Anne de Bretagne**.

Charles VIII, livré à lui-même, sacrifie imprudemment plusieurs des acquisitions de son père pour pouvoir aller conquérir en Italie le *royaume de Naples*. Il s'en empare sans peine, mais le perd très rapidement (1494-1495) et meurt jeune, avant d'avoir pu renouveler son expédition.

Son successeur **Louis XII** (1498-1515) épouse à son tour **Anne de Bretagne**, conquiert le *Milanais*, partage le *royaume de Naples* avec **Ferdinand le Catholique**, éprouve ensuite la mauvaise foi de ce prince, subit l'onéreux *traité de Blois* (1504), s'unit pour combattre Venise (1508) au **pape Jules II**, qui se retourne ensuite contre lui en organisant la *Sainte-Ligue* (1510), perd tout ce qu'il possédait en Italie (1513) et ne préserve qu'à grand'peine la France de l'invasion.

Gouvernement d'Anne de Beaujeu. — Charles VIII, fils et successeur de Louis XI, n'avait que treize ans. C'était un enfant léger, ignorant et de peu d'esprit. Il fut gouverné plusieurs années par sa sœur aînée **Anne**, femme très sensée, très clairvoyante et très ferme, vraie fille de Louis XI.

États généraux de 1484. — Tout le monde demandait les *États généraux*. Louis XI ne les avait convoqués qu'une fois, en 1468, et uniquement pour faire approuver la reprise de la Normandie. Anne de Beaujeu les réunit à Tours en 1484.

Cette assemblée, où pour la première fois, les paysans étaient représentés comme les bourgeois et où le clergé, la noblesse et le tiers-état délibérèrent en commun, examina pendant deux mois toutes les affaires du royaume. Elle demanda que le roi ne pût lever d'impôts nouveaux sans le consentement des États généraux, que ces États fussent réunis tous les deux ans, etc. Elle voulait en somme que les députés de la nation gouvernassent avec le roi.

Mais Anne de Beaujeu, après s'être servie de la nation, se garda bien de lui abandonner le pouvoir. Elle demeura tout à fait maîtresse après le départ des États généraux.

Révolte du duc d'Orléans. — Les seigneurs, sous la conduite du **duc d'Orléans**, qui aurait voulu être au pouvoir, recommencèrent à s'agiter. Mais un des lieutenants d'Anne, **Louis de la Trémoille**, battit à *Saint-Aubin-du-Cormier*, en 1488, le duc d'Orléans, qui resta trois ans prisonnier et, redevenu libre, ne songea plus à se révolter.

Mariage de Charles VIII. — Anne songea ensuite à marier son frère. Le *duché de Bretagne* était alors possédé par une jeune fille qui s'appelait également **Anne** et dont la main était recherchée par **Maximilien d'Autriche** (veuf depuis quelque temps). Pour empêcher un prince étranger et ennemi de la France de s'introduire dans cette province française, elle mena Charles VIII avec une armée jusqu'à Rennes et la jeune duchesse accepta le roi pour époux (1491). Dès lors la Bretagne devait rester étroitement unie à la France.

Caractère de Charles VIII; ses projets. — Charles VIII, devenu homme, se mit à gouverner par lui-même. Mais c'était une tête faible, nourrie de romans, qui ne rêvait que conquêtes lointaines. Comme héritier de la *maison d'Anjou*, il disait avoir les droits au *royaume de Naples*. Il voulait donc aller s'en emparer, puis aller chasser les Turcs de *Constantinople* et même reconquérir *Jérusalem* perdue par les chrétiens depuis les croisades.

Provinces rendues. — C'est pour n'être pas détourné de cette entreprise qu'il paya une forte somme au roi d'Angleterre **Henri VII** et rendit d'une part le *Roussillon* et la *Cerdagne* au roi d'Aragon, **Ferdinand le Catholique**, de l'autre la *Franche-Comté* et l'*Artois* à **Maximilien d'Autriche** (1492-1493).

Première guerre d'Italie. — Cela fait, il partit avec une grosse armée pour l'*Italie*. Ce pays, où les lettres et les arts avaient alors tant d'éclat, était partagé entre plusieurs petits États qui se jalousaient et ne pouvaient lui résister.

Charles VIII traversa donc l'Italie sans difficulté (1494-1495) et se fit couronner roi à *Naples* en grande pompe. Mais tandis qu'il perdait son temps en réjouissances dans cette ville, une *ligue* se formait contre lui dans le nord de l'Italie, et quand il voulut rentrer en France il trouva la route barrée.

Grâce à ce que les Italiens appelaient la *furie française*, les dix mille hommes qui lui restaient encore enfoncèrent à *Fornoue* les trente mille ennemis qui voulaient les empêcher de passer, et Charles VIII revint au moins avec honneur de sa folle expédition (juillet 1495).

Fin de Charles VIII. — Lui parti, le royaume de Naples ne tarda pas à être perdu pour nous. Il songeait à aller le reconquérir. Mais un jour qu'il était au château d'*Amboise*, il se heurta le front contre une porte trop basse, et, quelques heures après, il était mort (1498).

Louis XII; son caractère. — Comme il ne laissait pas d'enfants, la couronne passa à son plus proche parent, qui était le **duc d'Orléans**. Ce fut le roi **Louis XII**.

Louis XII avait trente-six ans. C'était un prince aimable, brave et généreux. Comme on cherchait à l'exciter contre **la Trémoille**, qui l'avait autrefois battu et pris à Saint-Aubin : « Le roi de France, dit-il, ne venge pas les injures du duc d'Orléans. »

Il était sage administrateur et on lui donna plus tard le nom de *père du peuple*. Il était fort économe, ce qui lui valut quelques railleries de la part des grands. « J'aime mieux, disait-il, voir les courtisans rire de mon avarice que de voir le peuple pleurer de mes prodigalités. »

Malheureusement il aimait comme son prédécesseur les guerres lointaines et aventureuses.

Conquête du Milanais. — Aussi, après avoir épousé la veuve de Charles VIII, pour ne pas laisser échapper la *Bretagne* (1499), ne tarda-t-il pas à songer, lui aussi, à conquérir l'Italie.

Outre le royaume de Naples, qu'il voulait reprendre, il prétendait au *duché de Milan*, que ses ancêtres maternels, les *Visconti*, avaient autrefois possédé et où régnaient maintenant les *Sforza*. Il n'eut pas beaucoup de peine à s'en emparer.

Louis XII et Ferdinand le Catholique. — Il s'entendit ensuite avec le roi d'Aragon, **Ferdinand le Catholique**, pour dépouiller de moitié le roi de Naples **Frédéric III.** Ce dernier fut en effet détrôné (1501) et alla mourir en France.

Mais les deux alliés ne s'entendirent pas longtemps. Les Français, mal commandés et mal secourus, furent en deux ans chassés des provinces qu'ils avaient prises pour leur part.

Traité de Blois. — Louis XII, dont le caractère n'était pas très ferme, alla dans son découragement jusqu'à signer un traité par lequel, non seulement il renonçait à Naples, mais il promettait sa fille **Claude** en mariage au jeune **Charles d'Autriche** (qui était petit-fils tout à la fois de Maximilien et de Ferdinand d'Aragon) et lui assurait en dot plusieurs grandes provinces françaises, la *Bourgogne*, le *comté de Blois*, la *Bretagne*. C'était de nouveau démembrer ce royaume qu'on avait eu tant de peine à réunir (1504).

États généraux de 1506. — Mais la désunion de ses adversaires lui fournit bientôt l'occasion de réparer cette imprudence. Du reste, les *États généraux* réunis à Tours en 1506 protestèrent contre tout démembrement; ils demandèrent et obtinrent que Louis XII fiançât sa fille à son neveu, le jeune **François, duc d'Angoulême**, qui était aussi son héritier.

Guerre contre Venise. — Le roi, qui n'était pas guéri des aventures, forma, en 1508, avec le pape **Jules II** et l'empereur **Maximilien**, une ligue contre les *Vénitiens*. Il remporta sur eux l'année suivante une victoire éclatante à *Agnadel*, où il se comporta très vaillamment de sa personne, disant que ceux qui avaient peur n'avaient qu'à se mettre derrière lui.

Jules II et la Sainte-Ligue. — Mais il ne tarda pas à être trahi par le pape, qui, accordant la paix aux Vénitiens, fit avec eux, ainsi qu'avec le roi d'Aragon, une *Sainte Ligue* pour chasser les Français d'Italie.

Louis XII, soutenu par le clergé français, essaya vainement de faire déposer Jules II par le *Concile de Pise.*

Revers des Français. — Malgré les exploits de **Gaston de Foix**, qui fut tué au milieu de sa victoire de *Ravenne*, les Français perdirent bientôt le *Milanais.*

Les Suisses, qui jusqu'alors avaient été pour eux, se déclarèrent leurs ennemis, les battirent à *Novare* et vinrent les attaquer jusqu'en Bourgogne.

Pendant ce temps **Ferdinand le Catholique**, roi d'Espagne, s'emparait de la *Navarre*, petit royaume situé des deux côtés des Pyrénées et qui appartenait à la maison française *d'Albret*.

Enfin le nouveau roi d'Angleterre **Henri VIII** s'unissait à nos ennemis, Maximilien d'Autriche en faisait autant et les provinces septentrionales de la France étaient envahies.

Mort de Louis XII. — Louis XII dut céder à la mauvaise fortune. Il mourut peu après, le 1er janvier 1515. On voit que son règne se terminait, par sa faute, beaucoup plus tristement qu'il n'avait commencé.

Il laissait pour successeur son neveu **François d'Angoulême**, dont il disait parfois avec inquiétude : « Vous verrez que ce gros garçon gâtera tout ».

QUESTIONNAIRE.

1. Qui gouverna le royaume pendant l'enfance de Charles VIII ?
2. Quelle fut la politique d'Anne de Beaujeu ?
3. A quelle époque se maria Charles VIII ? Et qui épousa-t-il ?
4. Pourquoi Charles VIII entreprit-il la guerre de Naples et comment s'y prépara-t-il ?
5. Comment se termina cette expédition ?
6. Quels furent les premiers actes de Louis XII ?
7. Que résulta-t-il de son alliance avec Ferdinand le Catholique ?
8. Qu'est-ce que le traité de Blois ?
9. Qu'est-ce que la bataille d'Agnadel ?
10. Par qui fut organisée la *Sainte-Ligue?*
11. Comment se termina le règne de Louis XII ?

CHAPITRE III

FRANÇOIS Ier ET CHARLES-QUINT

SOMMAIRE. — **François Ier** (1515-1547) débute très brillamment par la victoire de *Marignan* sur les Suisses, auxquels il impose la *Paix perpétuelle*, et par le *Concordat* de Bologne, conclu avec le pape Léon X.

Mais il se trouve bientôt en opposition avec **Charles-Quint**, empereur d'Allemagne et roi d'Espagne, chef de la *maison d'Autriche*, dont la puissance démesurée et l'ambition sont une menace pour toute l'Europe, mais principalement pour la France.

Il l'attaque en 1521. Mais il subit bientôt des revers en Italie, est battu et fait prisonnier à *Pavie* (1525), doit signer le *traité de Madrid* (1526), le viole bientôt après, recommence la guerre et conclut la paix de *Cambrai* (1529), qui est encore très onéreuse pour la France.

Après de longs préparatifs, il reprend contre Charles-Quint (1536) des hostilités qui, interrompues par la *trêve de Nice* (1538), renaissent en 1542 et aboutissent aux *traités de Crespy* et *d'Ardres* (1544, 1546).

Caractère de François Ier. — **François Ier** était un grand et beau jeune homme de vingt ans, instruit, aimable et séduisant, mais capricieux, léger, adonné au plaisir, déjà gâté par sa mère **Louise de Savoie**, et par sa sœur **Marguerite de Valois**, qui l'avaient habitué à voir tout plier devant sa volonté.

Éclat de ses débuts. — A peine sur le trône, il voulut reconquérir le *Milanais*. Et il le reconquit dès 1515 par la victoire de *Marignan*, combat de géants, disait le vieux **Trivulce**, où il se comporta comme un homme d'armes et mérita d'être fait chevalier par Bayard.

Aussi fit-il trembler tous ses ennemis, notamment les Suisses, qui conclurent avec lui la *Paix perpétuelle*, et le pape **Léon X**, qui signa le *Concordat de Bologne* (1516).

Concordat de Bologne. — La *Pragmatique Sanction* de **Charles VII**, conforme aux usages primitifs du christianisme, donnait au clergé de France le droit d'élire ses évêques et ses abbés. Cette loi avait été appliquée tant bien que mal jusqu'en 1516. Par le concordat, le *souverain pontife* et le *roi* se cédaient mutuellement ce qui n'appartenait ni à l'un ni à l'autre. Ils convenaient en effet qu'à l'avenir les *évêchés* et les *abbayes* seraient donnés par le gouvernement royal, mais que les nominations ainsi faites ne seraient définitives qu'après avoir été approuvées par le *Saint-Siège*.

Le Concordat fut très mal accueilli en France. Mais François Ier, qui était un despote, ne voulut écouter aucune remontrance et on finit par lui obéir.

Charles-Quint. — La fortune de François Ier, si triomphante au début, fut arrêtée au dehors par sa longue lutte contre **Charles d'Autriche**, autrement dit **Charles-Quint**. Ce prince, par droit de naissance, régnait à la fois sur l'*Espagne*, les *Pays-Bas*, la *Franche-Comté*, *Naples*, la *Sicile*, la *Sardaigne*, et au delà de l'Atlantique, où **Christophe Colomb** venait de découvrir l'*Amérique*, de hardis capitaines allaient conquérir pour lui le *Mexique* et le *Pérou*. Il se fit aussi élire empereur d'Allemagne.

Rivalité de François Ier et de Charles-Quint. — François Ier, qui lui avait disputé la couronne impériale, songea dès lors à l'attaquer et ne lui laissa plus de repos.

Charles-Quint avait de plus vastes États que lui, mais ils étaient séparés les uns des autres et ne lui étaient pas tous également soumis. Au contraire François Ier tenait pour ainsi dire toute la France réunie dans sa main et n'avait qu'un mot à dire pour la faire obéir. De plus François Ier n'avait qu'un ennemi redoutable, Charles-Quint; et Charles-Quint, sans parler du roi de France, avait à combattre les *Luthériens* en Allemagne et en Orient les *Turcs*.

François Ier.

Mais le roi de France était frivole, changeant, trop faible pour ses favoris, souvent indulgent pour ceux qui le servaient mal, ou ingrat pour ceux qui le servaient bien. L'empereur était au contraire très réfléchi, très tenace, très laborieux. Il savait choisir ses généraux et ses ministres.

François Ier attaqua son adversaire dès 1521. Un an plus tard, il avait déjà perdu le *Milanais*.

Trahison du connétable de Bourbon. — Il y avait encore en France un très grand seigneur qui à lui seul possédait des provinces entières. C'était le **duc de Bourbon**. Ses domaines s'étendaient sur le *Bourbonnais*, la *Marche*, l'*Auvergne*, le *Forez*, le *Beaujolais*, etc. C'était un général de grand talent, qui avait jusque-là bien servi le roi et qui avait été fait *connétable*. Mais persécuté par la mère du roi, qu'il avait refusé d'épouser, il en vint, en 1523, à trahir sa patrie et son souverain, et fit un traité avec **Charles-Quint** et avec le roi d'Angleterre **Henri VIII**, qui venait de se déclarer aussi contre nous. A eux trois ils devaient démembrer la France.

Craignant d'être arrêté, le duc de Bourbon s'enfuit et alla se mettre en Italie à la tête des troupes impériales.

Bourbon et Bayard. — C'est lui qui empêcha les Français de reprendre le Milanais au commencement de 1524. Au combat de *Romagnano*, où les nôtres avaient eu le dessous, le chevalier **Bayard**, qui était resté fidèle à la France, fut blessé à mort. C'était le plus vaillant, le

Bataille de Marignan.

plus généreux homme de guerre que nous eussions eu depuis un siècle. On l'avait assis expirant au pied d'un arbre. Bourbon, qui vint à passer, lui dit : « J'ai grand pitié, Bayard, de vous voir en si triste état. — Ce n'est pas moi, repartit sévèrement le blessé, qui suis à plaindre, car je meurs en faisant mon devoir. Mais j'ai pitié de vous, qui servez contre votre roi, votre patrie et votre serment ».

Bientôt après Bourbon et les Impériaux envahirent la *Provence* et assiégèrent *Marseille*, mais sans succès.

Bataille de Pavie. — Ils repassèrent en Italie à l'approche de François Ier, qui les y suivit et qui, par son imprudence, se fit battre à *Pavie*, où, après s'être comporté en brave soldat, comme autrefois le roi Jean, et avoir reçu plusieurs blessures, il fut fait prisonnier par les vainqueurs. Le soir de cette journée, il écrivit à sa mère qu'il ne lui était demeuré que l'honneur et la vie (1524).

Traité de Madrid. — Il ne garda même pas cet honneur intact, car il s'humilia devant Charles-Quint, et, pour redevenir libre, conclut le traité honteux de Madrid, qu'il avait pris la résolution secrète de violer le jour même où il le signa.

Il avait notamment promis la *Bourgogne* à Charles-Quint. Rentré en France il ne voulut plus la donner. Il s'ensuivit entre lui et l'empereur une querelle violente. Les deux adversaires se provoquèrent en duel. Mais ils firent beaucoup de bruit et ne se battirent pas. Ils n'en avaient envie ni l'un ni l'autre. Les rois trouvent toujours plus simple de faire battre et de faire tuer des milliers de pauvres gens à leur place et à leur profit.

Nouvelle guerre et traité de Cambrai. — La guerre recommença. Les Français essayèrent de nouveau la conquête de *Naples*. Enfin, en 1529, Charles-Quint, menacé par les *Turcs*, fit la paix à *Cambrai*. Il renonçait à la *Bourgogne*, mais François Ier renonçait à l'*Italie*. Et la *Flandre* et l'*Artois*, qui étaient encore des provinces vassales de la France, étaient entièrement détachées de ce royaume.

Dernières luttes de François Ier et de Charles-Quint. — François Ier passa plusieurs années à préparer une nouvelle attaque, réorganisa son armée, se fit des alliés en Allemagne et en Italie, puis rouvrit les hostilités en 1536.

Il eut à défendre encore une fois la *Provence* qui fut horriblement ravagée. Mais il conquit une partie des États du duc de *Savoie* et eut quelques succès dans les *Pays-Bas*.

Une trêve ayant été conclue à *Nice* (1538), les deux ennemis se virent et semblèrent si bien réconciliés que l'année suivante François Ier permit à Charles-Quint de traverser la France pour aller plus vite punir les *Gantois* qui s'étaient révoltés.

Mais l'Empereur ne tint pas ses promesses envers le roi de France ; ce dernier reprit les armes en 1542, ayant pour lui les *Turcs*, qui l'aidèrent à prendre *Nice*. Charles-

Quint avait pour lui le roi d'Angleterre, qui prit *Boulogne*, et le duc de Savoie, dont les Français occupèrent les domaines presque en entier, après leur belle victoire de *Cérisoles* (1544).

L'Empereur, qui était rappelé en Allemagne, fit la paix à *Crespy* (1544) ; Henri VIII, abandonné, la fit à *Ardres* deux ans après.

QUESTIONNAIRE.

1. Par quels événements s'ouvrit le règne de François Ier ?
2. Qu'est-ce que le Concordat de Bologne ?
3. Qu'était-ce que Charles-Quint ? De qui descendait-il ? Donnez une idée de sa puissance.
4. Comment débuta la lutte de François Ier et de Charles-Quint ?
5. Qu'était-ce que le connétable de Bourbon ? Pourquoi trahit-il son roi ?
6. Qu'était-ce que Bayard ? Où et comment mourut-il ?
7. Dites ce que vous savez de la bataille de Pavie et de ses conséquences.
8. Que stipulaient les traités de Madrid et de Cambrai ?
9. Quels furent les résultats des deux dernières guerres de François Ier contre Charles-Quint ?
10. Quels furent les rapports de François Ier et de Henri VIII ?

CHAPITRE IV

LA RÉFORME, FRANÇOIS Ier ET HENRI II

SOMMAIRE. — La *Réforme* religieuse, œuvre de **Luther** et de **Calvin**, se propage en *France* sous **François Ier**, qui la persécute violemment, surtout vers la fin de son règne (*massacre des Vaudois*).

Henri II (1547-1559) lutte comme son père contre **Charles-Quint**, conquiert les *Trois-Évêchés* (1552), soutient ensuite la guerre à la fois contre l'*Espagne* et contre l'*Angleterre*, subit la défaite de *Saint-Quentin* (1557), recouvre, il est vrai, *Calais* (1558), mais renonce à l'*Italie* par le traité de *Cateau-Cambrésis* (1559).

La Réforme ; son origine. — La fin du règne de **François Ier** fut ensanglantée par d'horribles persécutions religieuses.

Comme l'Église etait depuis longtemps très corrompue, un moine allemand, **Luther**, avait essayé de la *réformer*.

D'après lui le clergé devait renoncer à ses immenses richesses ; les couvents seraient supprimés, les prêtres se marieraient et n'obéiraient plus au pape ; enfin le culte serait simplifié et chacun prierait dans sa langue et non plus en latin.

Luther avait eu beaucoup de succès dans son pays. On appela ceux qui se déclarèrent pour sa religion nouvelle les *Luthériens* ou les *Protestants*.

Ses premiers progrès en France. — Le protestantisme ne tarda pas à pénétrer en France, où il eut bientôt un chef, plus hardi que Luther, **Jean Calvin**, qui, menacé dans sa vie, s'enfuit et se retira à *Genève*, où il fut très puissant jusqu'à sa mort.

Persécutions. — Les partisans de la Réforme, qu'on appela plus tard *Calvinistes* en France, furent poursuivis avec une rigueur impitoyable par le clergé catholique et par le roi, qui voulait lui complaire. Prier Dieu à sa guise fut regardé comme un crime, que l'on punit des plus affreux supplices.

De 1524 à 1547, François Ier laissa exécuter 81 réformés, dont 27 à Paris seulement dans une même année. Ces malheureux étaient d'ordinaire brûlés vifs sur une place publique, comme l'avait été Jeanne d'Arc. Quelquefois on leur coupait les poings ou la langue, on leur tenaillait la poitrine ou on leur mettait sur la tête une couronne de fer rougie au feu. Tout cela, parce qu'ils ne voulaient pas trahir leur foi.

Affaire des Vaudois — Il y avait dans un coin de la *Provence* une population honnête et paisible, qui depuis plusieurs siècles pratiquait la religion à peu près comme l'entendaient Luther et Calvin. Ces **Vaudois** (on leur donnait ce nom) ne faisaient de mal à personne. On les traita pourtant comme des bêtes féroces. En 1545 le roi permit qu'on envoyât dans leur pays des troupes qui le mirent à feu et à sang et y commirent toutes les atrocités imaginables : 3 villes et 22 villages furent entièrement saccagés, 763 maisons, 89 étables et 31 granges furent brûlées, 3000 hommes, femmes et enfants massacrés, 255 personnes périrent sur l'échafaud, 700 furent envoyées aux galères, beaucoup d'enfants furent vendus comme esclaves et défense fut faite, sous peine de mort, de porter secours à aucun Vaudois. Tels sont les maux qu'amène l'intolérance.

Henri II (1547-1559). — A François Ier, mort en 1547, succéda son fils **Henri II**, qui avait ses vices sans avoir ses qualités. C'était un esprit étroit et un caractère faible, sans générosité, sans bonté. Il était entièrement dominé par sa favorite **Diane de Poitiers**.

Une révolte, causée par la lourdeur des impôts, ayant éclaté en *Guyenne*, il la fit réprimer, avec une impitoyable rigueur, par le connétable **de Montmorency**.

Au dehors il attaqua **Charles-Quint**, d'accord avec les Allemands, et conquit en 1552 les trois villes de *Metz*, *Toul* et *Verdun*, avec leurs territoires.

L'Empereur voulut reprendre Metz, mais un grand capitaine, **François de Guise**, défendit cette place victorieusement.

La guerre traîna en longueur et fut interrompue en 1556 par une trêve. Mais bientôt, Henri II ayant envoyé le duc de Guise guerroyer dans le royaume de *Naples* contre les Espagnols, elle recommença de plus belle.

Charles-Quint, dégoûté du pouvoir, l'avait abandonné pour se retirer dans un couvent. Il avait laissé l'Empire et les États autrichiens à son frère **Ferdinand** ; l'Espagne, avec les Pays-Bas, la Franche-Comté, le Roussillon, le Milanais, Naples, la Sicile, la Sardaigne et les grandes colonies qu'il possédait en Amérique, à son fils **Philippe II**.

Ce prince, qui avait épousé **Marie Tudor**, reine d'Angleterre, vint nous attaquer en 1557 avec l'appui des forces anglaises. Il remporta même une grande victoire à *Saint-Quentin*. Mais il ne sut pas en profiter.

Henri II rappela le **duc de Guise**, qui, en huit jours, reprit *Calais* (1558), que les Anglais possédaient depuis 211 ans. Nous eûmes encore d'assez grands succès dans les Pays-Bas.

Traité de Cateau-Cambrésis. — Malgré ces avantages, le roi de France se hâta de faire la paix, non seulement avec l'Angleterre, mais avec l'Espagne. Par le *traité de Cateau-Cambrésis*, il rendit à peu près toutes ses conquêtes d'*Italie*. Et il se trouva ainsi que nos rois avaient guerroyé soixante ans en pure perte.

Nouvelles persécutions religieuses. — Ceux qui menaient Henri II voulaient, en lui faisant signer cette mauvaise paix, qu'il n'eût plus qu'à poursuivre les protestants, dont le nombre et le courage croissaient en France chaque jour.

Il avait déjà porté contre eux des édits extrêmement rigoureux. En douze ans il en fit périr 97 sur l'échafaud. En 1557 il ordonna qu'ils fussent soumis à l'*Inquisition.*

Mort de Henri II. — Mais la mort l'arrêta dans ses persécutions. Aux fêtes qui suivirent le traité de Cateau-Cambrésis, il fut, par accident, blessé dans un tournoi, et on ne put le sauver (1559).

QUESTIONNAIRE.

1. Quelles sont les origines de la *Réforme ?*
2. Comment François Ier se comporta-t-il à l'égard des Réformés ?
3. Débuts du règne de Henri II.
4. Quels furent les rapports de Henri II et de Charles-Quint ?
5. Comment finit Charles-Quint ?
6. A quelle époque et par qui fut repris Calais?
7. Quel est le traité qui mit fin aux guerres d'Italie ?
8. Henri II persécuta-t-il les protestants ?
9. A quelle époque et comment mourut-il?

CHAPITRE V

PROGRÈS DE L'AUTORITÉ ROYALE SOUS FRANÇOIS Ier ET HENRI II

SOMMAIRE. — L'*autorité royale*, devenue presque absolue, fait régner en France, pendant la première moitié du XVIe siècle, un certain ordre et une certaine prospérité.

Les *libertés publiques* sont réduites à très peu de chose. Le pouvoir monarchique s'exerce avec beaucoup d'énergie grâce au *Grand Conseil*, aux *Clercs du secret*, aux *gouverneurs de provinces*, etc. De nouveaux tribunaux sont institués. La législation est améliorée. Mais les rois prennent la mauvaise habitude de vendre les emplois. Ils aggravent aussi les charges publiques par leurs emprunts et par l'augmentation de tous les impôts.

L'organisation militaire fait de grands progrès par la création de nouveaux corps (*chevau-légers*, *dragons*, *légions provinciales*, *régiments*, etc.), par le perfectionnement des armes à feu et la transformation de l'*art des fortifications.*

La *marine royale* commence à prendre de l'importance, des voyages d'exploration et des tentatives de colonisation sont accomplis pour le compte de la France dans le *Nouveau Monde.*

Le tiers état et la royauté. — On a vu plus haut comment la royauté, après avoir reconquis la France sur les Anglais, avait triomphé de l'*anarchie féodale*.

A cette époque les paysans et les habitants des villes lui étaient très reconnaissants d'avoir à peu près délivré notre pays des *invasions étrangères* et des *guerres civiles*.

Progrès de la richesse publique. — Grâce à la paix qui régnait dans les provinces, les campagnes, mieux cultivées, n'étaient plus aussi misérables qu'au temps de **Charles VI** ou de **Jean II**.

L'*industrie* était aussi beaucoup plus prospère. Des manufactures de *soieries* avaient été établies à *Lyon* dès 1470. Des fabriques de *drap d'or* et d'*argent*, des *verreries*, etc., le furent dans d'autres villes au XVIe siècle.

Le *commerce* était également devenu plus facile, non seulement parce que la France n'était plus troublée au dedans, mais parce qu'elle étendait ses affaires au dehors bien plus loin qu'autrefois. On allait plus aisément aux Indes et on connaissait l'Amérique. On en tirait des produits de toute sorte et de grandes quantités d'or et d'argent, dont une bonne partie passait en France.

La bourgeoisie devenait opulente. Un historien du temps de Louis XII disait que pour un gros et riche marchand qu'il y avait à Paris, à Lyon ou à Rouen sous Louis XI, il y en avait maintenant plus de cinquante.

Heureuses de ces progrès, les villes ne songeaient pas à faire de l'opposition au gouvernement. Aussi avaient-elles laissé diminuer par **Louis XI** et surtout par **François Ier** leurs *libertés communales*, qui, vers le milieu du XVIe siècle, étaient réduites à bien peu de chose.

Les rois et les États généraux. — De fait nos rois étaient devenus à peu près absolus. François Ier terminait ses ordonnances par ces mots insolents : *Car tel est notre plaisir*.

S'ils réunissaient encore les *États provinciaux*, ils ne leur laissaient plus qu'une faible liberté. Quant aux *États généraux*, ils s'efforçaient d'en déshabituer la nation. Depuis 1506 jusqu'à 1559, ils ne furent pas réunis une seule fois. Les rois se bornèrent, dans certains moments difficiles, à convoquer ce qu'on appelait des *assemblées de notables*, dont les membres étaient désignés par eux-mêmes et n'avaient pas d'autre volonté que la leur.

L'administration royale. — Le roi faisait donc à

peu près tout ce qu'il voulait. Il était aidé de son *Conseil d'État* ou *Conseil d'en haut*, qu'on avait aussi appelé précédemment le *Grand Conseil.*

Les ministres du roi étaient le *chancelier*, qui s'occupait particulièrement de la justice, le *surintendant des finances* et les *secrétaires d'État.*

Pour être mieux obéi dans les provinces, François Ier divisa le royaume en douze *gouvernements militaires*, qu'il donna d'ordinaire à des grands seigneurs. Mais comme on n'était pas sûr de leur obéissance, on commençait déjà, vers le milieu du XVIe siècle, à envoyer de temps en temps dans les provinces des sortes d'inspecteurs appelés *intendants de justice, police et finances*, qui étaient chargés de surveiller les gouverneurs, aussi bien que leurs subordonnés, de faire droit aux réclamations des sujets, et d'assurer l'obéissance aux lois.

La justice ; parlements, présidiaux, etc. — A partir du milieu du XVe siècle, nos rois créèrent de nouveaux Parlements dans les provinces nouvellement acquises (Languedoc, Guyenne, Bourgogne, Normandie, Provence, Bretagne), pour les attacher plus étroitement à la France.

Henri II établit aussi les *présidiaux*, tribunaux très utiles, placés entre les Parlements et les juridictions inférieures.

A partir du XVIe siècle, les *tribunaux des seigneurs*, sans cesser d'exister, furent en tout et pour tout subordonnés aux *tribunaux du roi.* De plus, la justice dut être rendue en langue française et non plus en langue latine.

Mais on maintint dans nos lois criminelles bien des atrocités, notamment la *torture*, par laquelle on faisait avouer tout ce qu'on voulait à un accusé sans défense.

De plus le roi pouvait enlever des accusés aux juges ordinaires, quand bon lui semblait, soit pour les empêcher d'être punis, quoique coupables, soit pour les faire condamner, quoique innocents, par d'autres juges ou *commissaires* qu'il désignait pour cela spécialement.

Le roi prit aussi de plus en plus l'habitude de ne pas tenir compte des conseils qui lui étaient donnés par les *Parlements.* Ces cours étaient chargées d'*enregistrer* ses ordonnances, c'est-à-dire de les transcrire sur leurs registres pour qu'elles fussent bien connues et exécutées. Quand elles y trouvaient quelque chose à blâmer, elles adressaient au roi ce qu'on appelait des *remontrances*. Mais souvent le souverain faisait enregistrer de force les ordonnances dans une séance appelée *lit de justice*.

D'autre part, le roi se mit à vendre à prix d'argent les places de juges, de magistrats et de fonctionnaires : ce fut la *vénalité des offices*, qui excluait le mérite au profit de la fortune.

On se mit à créer dans l'administration, chaque fois qu'on était en peine, des emplois nouveaux pour les vendre. C'était un mauvais calcul. L'argent était vite dépensé ; et le nombre des fonctionnaires était grossi sans besoin, au grand dommage des pauvres sujets, qui avaient à les payer.

Vénalité de la noblesse. — Le roi vendit même des *titres de noblesse*, ce qui était aussi injuste que maladroit, les nouveaux nobles, comme les anciens, devenant exempts d'impôts.

Il vendait également des parties du *domaine royal*, ce qu'il n'avait pas le droit de faire.

Loterie royale. — François Ier essaya aussi de se créer un revenu nouveau en établissant la *loterie royale*, institution tout à fait immorale.

Rentes perpétuelles. — Il établit d'autre part les premières *rentes perpétuelles* en empruntant de l'argent que l'État ne s'engageait pas à rendre, mais dont il devait payer éternellement les intérêts. Ce funeste exemple ne fut que trop suivi après lui.

Impôts. — Tout cela n'empêchait pas les rois d'augmenter sans cesse les anciens impôts, comme la *gabelle*, les *traites*, surtout la *taille* qui, démesurément enflée, fut encore grossie du *taillon* en 1549. Le pays n'était jamais consulté et prenait la mauvaise habitude de payer sans mot dire.

Progrès de l'armée permanente. — L'armée permanente, créée par Charles VII, n'avait fait que grossir. Les compagnies d'ordonnance, fort augmentées en nombre, et qu'on appelait la *gendarmerie* au XVIe siècle, y tenaient toujours la place d'honneur. C'est dans ces corps que la noblesse aimait surtout à servir.

Mais ils ne formaient pas toute notre cavalerie. On créa sous Louis XII les *chevau-légers*, qui étaient moins pesamment armés, et sous Henri II les *dragons*, dressés à combattre soit à pied, soit à cheval.

En outre, nos rois employaient volontiers à cette époque des bandes de cavaliers mercenaires, qu'ils faisaient venir du dehors.

Les *francs archers* n'ayant pas réussi, **François Ier** voulut former en 1534 une nouvelle infanterie nationale et créa six *légions provinciales*, portant les noms des provinces qui avaient à les fournir et composées chacune de 6000 hommes. Elles étaient divisées en *cohortes* et en *centuries* (ou compagnies de cent hommes), comme les anciennes légions romaines. Les paysans qui y étaient enrôlés devaient jouir de certains privilèges.

Les nobles, effrayés de voir tout ce peuple armé, blâmèrent vivement cette création. Sous **Henri II** les légions n'existaient déjà plus.

Les seigneurs aimaient beaucoup mieux voir nos rois employer des fantassins étrangers et mercenaires, comme ces Suisses ou ces *lansquenets* d'Allemagne qui tinrent une si grande place dans nos armées pendant les guerres d'Italie.

Henri II, en réunissant quelques-unes de ces bandes à ce qui restait des *légions*, créa nos quatre premiers *régiments*. C'étaient des corps d'à peu près 2000 hommes, divisés en bataillons, comme aujourd'hui. Après lui on en créa un grand nombre d'autres.

L'artillerie. — L'*artillerie* avait fait de notables progrès. Les *canons*, *couleuvrines*, *fauconneaux*, etc., qu'on employait au XVIe siècle, n'étaient pas encore des armes à très longue portée. Mais on commençait à les manœuvrer avec rapidité et à les pointer avec justesse. On se servait aussi déjà de mortiers, de grenades, etc.

L'art des fortifications. — L'*art des fortifications* se modifiait. On ne pouvait plus opposer sans danger au canon de hautes murailles, qui eussent été trop aisément démolies. On se mit à défendre les places au moyen de murs assez bas, revêtus de talus de gazon en pente douce, et au moyen de *bastions* qui permettaient de croiser les feux. Pour l'attaque on essaya de faire sauter les murailles au moyen de mines, ou de faire approcher peu à peu ses batteries de la place en les protégeant par des terrassements.

Le mousquet. — Les armes à feu prennent dans la première moitié du XVIe siècle beaucoup d'importance dans l'*infanterie*, où l'*arquebuse*, allégée, devient le *mous-*

quet, et même dans la *cavalerie*, où de grands et lourds *pistolets* sont déjà en usage.

La marine. — Notre *marine*, jadis si négligée, avait reçu sous Louis XII quelque accroissement. Un Français, **Hervé Primoguet**, put se mesurer en 1512 avec une flotte anglaise. Voyant son navire entouré par l'ennemi, il l'accrocha au vaisseau amiral anglais et fit sauter l'un et l'autre plutôt que de se rendre.

Nous eûmes, sous **François Ier**, deux flottes, l'une sur la **Méditerranée**, formée de *galères* ou navires à rames manœuvrés par des forçats, et l'autre sur l'Océan, composée de *vaisseaux* à voiles. C'est ce roi qui fonda le port du *Hâvre*.

Explorations et découvertes. — Enfin le même prince favorisa d'importants voyages d'exploration ou de découvertes au delà des mers, notamment ceux de **Parmentier**, de **Verazzano**, et celui de **Jacques Cartier** au *Canada*, qui devait être plus tard une grande colonie française. De hardies tentatives furent faites peu après lui par des Français pour fonder des établissements dans le Nouveau Monde.

Le siècle qui venait de s'écouler avait donc été en somme plus profitable que nuisible à la France. Malheureusement le bien qui avait été fait allait être en grande partie détruit par de nouvelles guerres civiles ; et le mal, pendant bien des années, devait aller en s'aggravant.

QUESTIONNAIRE.

1. Pourquoi la France était-elle plus riche et plus prospère au commencement du XVIe siècle qu'au temps de la guerre de Cent ans ?
2. Montrez que l'autorité royale était devenue à peu près absolue.
3. Qu'est-ce que le *Conseil d'État?* Qu'est-ce que les secrétaires d'État ?
4. Quels sont les Parlements créés du milieu du XVe au milieu du XVIe siècle ?
5. Qu'était-ce que les *présidiaux?*
6. Quelles sont les réformes accomplies de Charles VIII a Henri II, dans l'ordre judiciaire et dans la législation ?
7. Qu'appelait-on *remontrances* et *lits de justice ?*
8. Par qui fut établie la vénalité des offices ?
9. Quels procédés employèrent François Ier et Henri II pour se procurer de l'argent ?

10. Quelles furent leurs innovations en ce qui **concerne** l'armée ?
11. Quels furent les perfectionnements introduits dans l'artillerie, dans les armes à feu, dans l'art des fortifications ?
12. Montrez l'importance que prit la **marine sous Louis XII**, François Ier et Charles-Quint.

CHAPITRE VI

LES LETTRES, LES ARTS ET LES SCIENCES EN FRANCE AU XVIe SIÈCLE

SOMMAIRE. — La *Renaissance* a pour principales causes l'invention de l'imprimerie, la découverte et l'exploitation de l'Amérique, l'émigration des savants grecs, les grandes guerres du XVIe siècle, etc.

François Ier favorise les lettres, crée le *Collège de France*. La *poésie française* brille avec **Marot** et **Ronsard**. En *prose*, **Rabelais**, **Montaigne**, **d'Aubigné**, illustrent à divers titres notre littérature nationale.

Le *théâtre* se transforme, grâce à **Jodelle**, **Garnier**, etc.

L'*architecture* brille par l'élégance et la grâce sous **Pierre Nepveu**, **Pierre Lescot**, **Philibert Delorme**, etc.

La *sculpture* et la *peinture* françaises produisent **Jean Goujon**, **Germain Pilon**, **Jean Cousin**, etc., etc.

De grands progrès sont accomplis dans les *sciences mathématiques*, dans les *sciences naturelles* et *médicales*, ainsi que dans la *science agricole*.

La Renaissance ; ses causes. — Les *lettres*, les *sciences* et les *arts* ont eu tant de vie et tant d'éclat en Europe à la fin du XVe siècle et au XVIe, qu'il semblait qu'avant cette époque ils n'eussent vraiment rien produit et eussent été comme morts. C'est ce réveil des esprits qu'on appelle la **Renaissance**.

La Renaissance a eu pour principale cause l'invention de l'*imprimerie*, qui a répandu les livres partout et a mis l'instruction à la portée de tous.

Mais elle en a eu beaucoup d'autres, dont quatre surtout méritent d'être citées :

La première, c'est l'augmentation rapide de la *fortune publique* par suite des grandes *découvertes maritimes* et du *développement du commerce*. **Christophe Colomb** avait découvert l'*Amérique* en 1492; **Vasco de Gama**, le premier, était allé aux *Indes* par le *cap de Bonne-Espérance;* le tour du monde avait été fait pour la première fois de 1519 à 1522. Les *Espagnols*, et les *Portugais* avaient conquis de grands empires dans le Nouveau Monde et dans l'Extrême Orient; d'immenses et riches contrées, auparavant inconnues, fournissaient maintenant leurs produits à l'Europe. Elles lui donnaient, grâce à leurs mines, d'énormes quantités de métaux précieux. Étant plus riche qu'autrefois, on avait plus de facilités pour apprendre, et on s'attachait davantage à tout ce qui pouvait augmenter le bien-être de l'esprit et celui du corps.

Plus on voyait de choses nouvelles, plus on devenait curieux et hardi. On secouait les vieilles routines, on commençait à penser que l'homme a le droit de tout étudier et que nul n'a celui de l'en empêcher.

D'autre part, les *savants grecs*, obligés de s'expatrier après la *prise de Constantinople* par les *Turcs* (1453), avaient fait connaître à l'Europe, pendant la seconde moitié du XVe siècle, un grand nombre de belles œuvres de l'antiquité, que l'on s'efforça d'imiter après les avoir admirées.

Enfin les *guerres du* XVIe *siècle* mirent les nations occidentales en relations étroites avec l'*Italie*, qui avait de grands poètes et de grands artistes.

Imprimerie. — L'*imprimerie*, introduite à Paris en 1469 et protégée par Louis XI, prit au XVIe siècle, malgré quelques persécutions, une importance considérable. Elle fit bien connaître les chefs-d'œuvre de l'antiquité latine.

Créations de François Ier. — François Ier, qui aimait les lettres et les arts, fut le premier créateur de la *Bibliothèque du roi*, qui, grossie d'âge en âge, est devenue la *Bibliothèque nationale* d'aujourd'hui.

Comme l'*Université de Paris*, très routinière, ne voulait pas admettre de nouveaux enseignements, qui étaient pourtant nécessaires, il créa en 1529 le *Collège de France*, qui existe encore et où l'on put apprendre le grec, le latin, l'hébreu, les mathématiques, les langues orientales, la philosophie, la médecine, etc.

Poètes et prosateurs. — Nous citerons, parmi les poètes français du XVIe siècle, **Clément Marot** et **Ronsard**, l'un plus gai, plus naïf, l'autre plus savant, plus élevé, qui charmèrent, le premier la cour de François Ier, le second celle de Henri II et de ses fils.

Prosateurs. — Au premier rang des prosateurs, il faut mettre, à côté du sévère **Calvin**, qui exposa dans une si belle langue sa religion nouvelle, le joyeux **Rabelais**, moine et médecin, qui, dans la célèbre histoire de *Gargantua* et de *Pantagruel*, sut, tout en faisant rire, donner de bonnes leçons aux rois, aux prêtres, aux magistrats et aux maîtres de la jeunesse. Après lui vint **Montaigne**, le moraliste aimable et indulgent, qui eut le mérite de parler de tolérance dans un siècle où l'on n'était que trop porté à la persécution.

Nous eûmes aussi à l'époque de la Renaissance des philosophes qui pensèrent librement, des jurisconsultes, des historiens, **Ramus, Cujas, de Thou, d'Aubigné,** etc.

Le théâtre — Au théâtre, on fit sur le modèle de l'antiquité des pièces qu'on appela *tragédies* ou *comédies*, comme avaient fait les Grecs et les Romains.

L'architecture. — Si, dans la construction des *églises* on resta fidèle, ou à peu près, aux anciens usages, il n'en fut pas de même dans celle des *châteaux*, qui ne furent plus de sombres forteresses et de véritables prisons comme au moyen âge, mais devinrent des demeures de plaisance aussi gracieuses que commodes.

Au lieu des tours épaisses et noires, des grandes salles nues, des tristes cours intérieures d'autrefois, on eut des tourelles élégantes, des murailles légères, percées de belles fenêtres sculptées, de larges terrasses, des colonnades, des galeries richement ornées.

Les plus grands architectes français de la Renaissance furent **Pierre Nepveu, Pierre Lescot, Philibert Delorme,** qui bâtirent en entier ou commencèrent le château de *Chambord*, le *Louvre*, les *Tuileries*, etc.

La sculpture. — Les *sculpteurs* français de cette époque, qui s'efforçaient, comme les Italiens, de représenter le corps humain avec autant de pureté que l'avaient fait les anciens, égalèrent souvent leurs rivaux. Il suffit pour s'en assurer d'avoir sous les yeux les ouvrages de **Jean Goujon** et de **Germain Pilon.**

La peinture. — Nos *peintres*, comme **Jean Cousin** et **François Clouet**, rivalisèrent aussi, non sans honneur, avec les maîtres étrangers. Et nul ne surpassa **Bernard Palissy** dans l'art si délicat des *émaux* et des *faïences*.

Mathématiques, sciences naturelles, médecine, chirurgie, agriculture. — Les *mathématiques* firent de très grands progrès, ainsi que les *sciences naturelles*, qui ont pour objet l'étude de la terre, des plantes et des animaux.

Michel Servet et **André Vésale**, qui étaient étrangers, mais qui passèrent une bonne partie de leur vie en France, rendirent la *médecine* moins incertaine, le premier en faisant connaître une découverte précieuse, celle de la circulation du sang ; le second en disséquant des cadavres, ce qui lui permit de décrire exactement le corps humain, fort mal connu avant lui.

Ambroise Paré fut le plus grand *chirurgien* du XVIe siècle. Il fit disparaître une foule d'usages absurdes ou nuisibles, comme ceux de verser de l'huile bouillante sur les blessures causées par les armes à feu et de brûler les artères au fer rouge après l'amputation d'un membre.

Enfin l'*agriculture*, qui n'avait guère été jusque-là qu'une routine, devint une véritable science, grâce au beau livre d'**Olivier de Serres**, qui fut publié au temps de Henri IV

QUESTIONNAIRE.

1. Quelles sont les causes de la Renaissance ?
2. Dites ce que vous savez des progrès de l'imprimerie en France au XVe et au XVIe siècle.
3. Quelles preuves François Ier donna-t-il de sa sollicitude pour les lettres ?
4. Quels sont les principaux poètes français du XVIe siècle ?
5. Quels sont les principaux prosateurs français du XVIe siècle ?
6. En quoi la littérature dramatique se modifia-t-elle à l'époque de la Renaissance ?
7. Quels sont les principaux architectes français du XVIe siècle ? Connaissez-vous quelques-uns de leurs ouvrages ?
8. Par qui la sculpture et la peinture furent-elles cultivées en France avec le plus d'éclat à l'époque de la Renaissance ?
9. Qui contribua le plus au progrès des sciences dans notre pays au XVIe siècle ?

DEUXIÈME PARTIE

LA ROYAUTÉ ET LES GUERRES CIVILES 1559-1661

CHAPITRE I

LES DERNIERS VALOIS ET LES GUERRES DE RELIGION

SOMMAIRE. — Les *guerres de religion*, qui se préparent ouvertement sous le règne de **François II** (1559-1560), éclatent sous celui de **Charles IX** (1560-1574) et ensanglantent toute la France (*massacre de la Saint-Barthélemy*, 1572).

Sous **Henri III** (1574-1589), les **Guise** organisent la *Ligue* catholique et veulent empêcher **Henri de Bourbon**, roi de Navarre, d'être reconnu comme héritier de la couronne de France. **Henri III** périt assassiné par le moine **Jacques Clément** (1589).

Les protestants et les catholiques à la mort de Henri II. — Les *protestants* ou *huguenots* (comme les appelaient leurs adversaires), bien que cruellement persécutés, ne faisaient qu'augmenter en nombre.

A la mort de **Henri II**, ils avaient déjà en France environ deux mille églises. Certaines villes de l'Ouest et du Midi, La Rochelle, Montauban, Nîmes, étaient presque entièrement pour eux. Une partie de la noblesse se déclarait en leur faveur.

Ils avaient pour appuis et ils allaient avoir pour chefs des princes de la famille royale : **Antoine de Bourbon,** personnage indécis, changeant, mais qui avait épousé **Jeanne d'Albret**, reine de Navarre, femme énergique et dévouée de cœur au calvinisme (de ce mariage naquit **Henri de Navarre**, qui fut plus tard **Henri IV**), et son frère **Louis, prince de Condé**, très attaché à la nouvelle religion, très hardi et doué de grandes qualités militaires.

Avec eux marchait l'amiral **de Coligny**, homme de grand caractère, déjà illustre.

Mais à la tête des catholiques (qui étaient de beaucoup plus nombreux) étaient deux hommes supérieurs : le duc **François de Guise**, grand capitaine, qui venait de reprendre Calais, et son frère le **cardinal de Lorraine**, qui avait une autorité considérable dans l'Eglise.

Comme le nouveau roi **François II**, qui n'avait que seize ans, avait épousé leur nièce **Marie Stuart**, reine d'Écosse, ils n'eurent pas de peine à s'emparer du pouvoir et à l'exercer sous le nom de ce jeune prince.

Les politiques ; le chancelier de l'Hôpital. — Il y avait, entre les deux partis qui se préparaient à une guerre sans pitié, d'honnêtes gens, en trop petit nombre, qui eussent voulu qu'on laissât chacun prier à sa guise. On les appelait les *politiques*.

Le plus célèbre d'entre eux était **Michel de l'Hôpital**, qui fut *chancelier* du royaume de 1560 à 1568, et qui s'efforçait vainement d'établir en France le régime de la *tolérance*.

Conjuration d'Amboise. — Irrités par de nouvelles violences, les huguenots, poussés par Condé, voulurent, sous la conduite d'un gentilhomme nommé **La Renaudie**, enlever le roi aux Guise ; de là la *conjuration d'Amboise*, qui fut cruellement réprimée.

Nombre de protestants furent jetés dans la Loire sans jugement, d'autres décapités, et on exposa leurs têtes sur des poteaux aux portes d'Amboise. L'historien **d'Aubigné**, calviniste, raconte qu'âgé de 8 ans il vit les restes de ces malheureux et que son père lui fit jurer de les venger.

Condé fut arrêté et condamné au dernier supplice. Mais la mort prématurée de **François II** le sauva (décembre 1560).

Charles IX et Catherine de Médicis. — La couronne passa sur la tête du second fils de Henri II, **Charles IX**, enfant de dix ans, dont la mère, **Catherine de Médicis**, femme ambitieuse et rusée, s'empara aussitôt du gouvernement.

Pour n'être pas asservie aux *Guise*, elle s'appuya quelque temps sur les *Bourbons* et feignit de vouloir réconcilier les deux religions par le *colloque* de Poissy.

Mais les Guise et leurs amis, irrités par les mesures que prit **l'Hôpital** en faveur de la liberté religieuse, donnèrent bientôt à Vassy le signal de la guerre civile par un massacre de protestants qui fut imité dans un grand nombre de villes.

Les guerres de religion; atrocités. — Les huguenots prirent partout les armes et alors commença une lutte atroce qui allait durer près de quarante ans et

Massacre de Vassy (1562).

où les deux partis montrèrent souvent autant de barbarie l'un que l'autre.

Le maréchal **de Montluc**, catholique, faisait pendre aux arbres, sans aucune forme de procès, tous les protestants qui lui tombaient sous la main. Le baron **des Adrets,** huguenot, forçait ses prisonniers à se précipiter du haut d'une haute tour dans les fossés de son château. L'un d'eux ayant hésité : « C'est trop de s'y reprendre à deux fois, lui dit-il. — Je vous le donne en quatre », répliqua le pauvre diable. Du moins le terrible baron lui fit grâce.

Plusieurs fois la paix fut conclue entre les deux partis. Mais elle ne durait que peu de temps et la guerre renaissait sans cesse, plus violente et plus brutale que jamais. Le guet-apens, la trahison, le meurtre devenaient fréquents ; le **duc de Guise** fut assassiné au siège d'*Orléans* en 1563, Condé le fut en 1569 après la bataille de *Jarnac*, bien qu'il se fût rendu prisonnier.

Charles IX et Coligny. — On put croire que la paix de *Saint-Germain*, signée en 1570, serait plus durable que les autres. **Charles IX**, qui avait maintenant âge d'homme, fit venir près de lui **Coligny**, qui était le principal chef des huguenots, et lui montra autant de confiance que d'amitié. Pour empêcher la guerre civile de renaître, l'amiral proposait de se tourner tous, catholiques et protestants, contre les Espagnols, maîtres des Pays-Bas. Le roi semblait y consentir. Il voulut même que sa sœur, **Marguerite de Valois**, épousât le jeune **Henri de Navarre**, fils d'**Antoine de Bourbon** et de **Jeanne d'Albret**. Et le mariage eut lieu à Paris, en août 1572. Beaucoup de seigneurs protestants vinrent y assister.

C'est alors que **Catherine de Médicis**, jalouse de **Coligny**, le jeune duc **Henri de Guise**, qui attribuait à l'amiral le meurtre de son père, et le **duc d'Anjou**, frère du roi, amenèrent **Charles IX**, qui était aussi faible que violent, à consentir à l'affreux massacre qui eut lieu à Paris dans la nuit de la *Saint-Barthélemy* (24 août 1572).

La Saint-Barthélemy. — Déjà, le 22 août, Coligny avait été blessé par un assassin aux gages de Henri de Guise. Le roi était allé le voir et lui avait juré de le venger. Mais, le lendemain soir, l'esprit troublé de ce misérable roi était déjà retourné. « Qu'on les tue tous, dit-il, et qu'il n'en reste pas un seul pour me le reprocher. » Toutes les précautions avaient été prises par les égorgeurs. Au milieu de la nuit on commença par aller massacrer l'amiral, que Guise fit tuer dans sa chambre, à coups d'épieu, par un Allemand nommé Besme. « Je meurs de la main d'un goujat, » dit simplement cette noble victime. On jeta le cadavre par la fenêtre et le jeune duc le frappa du pied. Bientôt, au son du tocsin, les assassins coururent sus aux protestants dans tout Paris, les frappant dans leurs maisons ou dans la rue et leur tirant des coups d'arquebuse jusque sur les toits. « Saignez, saignez, leur criait le maréchal **de Tavannes**, la saignée est aussi bonne en ce mois d'août comme en mai! » On massacrait jusque dans le Louvre, demeure du roi; et l'on dit que Charles IX lui-même, armé d'une arquebuse, tirait comme sur un gibier, du haut de son balcon, sur les pauvres huguenots qui essayaient de fuir de l'autre côté de la Seine. Le corps de Coligny fut pendu par les pieds, avec beaucoup d'autres, au *gibet de Montfaucon*. Les dames de la cour allèrent le voir avec la reine mère et le roi; et, comme quelqu'un se plaignait de l'odeur de ces cadavres : « Le corps d'un ennemi mort,

Saint-Barthélemy.

dit Charles IX, sent toujours bon. » Ce souverain donna aussi l'ordre de massacrer les protestants dans tout le royaume, et dans beaucoup de villes il fut obéi. On peut affirmer qu'il en périt plus de trente mille par suite de cette abominable trahison.

Le résultat de ce grand crime fut une nouvelle guerre civile; car tous les huguenots n'avaient pas péri.

Les *calvinistes* se défendirent victorieusement dans *La Rochelle* contre l'armée royale (1573). Et peu après **Charles IX**, dévoré de remords, mourut sans laisser d'enfants (1574).

Henri III, Henri de Navarre et Henri de Guise. — Le **duc d'Anjou**, son frère, qui était depuis quelque temps roi *de Pologne*, lui succéda sous le nom de **Henri III**.

C'était un prince efféminé, lâche et perfide, sous lequel les malheurs de la France allèrent encore en s'aggravant.

Le duc Henri de Guise, qui était très ambitieux et voulait être le maître dans l'État, organisa dès 1576 dans toute la France la *Sainte Ligue*, par laquelle les catholiques les plus ardents le reconnaissaient pour leur chef.

Henri III réunit les *États généraux* (1576). Mais, comme Guise y était le plus fort, il n'en put rien obtenir.

La guerre civile continua. Le parti protestant était maintenant commandé par **Henri de Navarre**, qui, retenu prisonnier après la Saint-Barthélemy, avait fini par s'échapper en 1576. C'était un prince brave, habile, spirituel, très tolérant, et qui savait se faire aimer par sa bonté et son enjouement.

A plusieurs reprises il fit la paix. Mais les Guise ne purent le laisser longtemps en repos.

Henri III venait de perdre son dernier frère, qui ne laissait pas d'enfants (1584). Lui-même n'en avait pas. Son plus proche parent se trouvait être justement le roi de Navarre.

Henri III et la Ligue. — Le duc de Guise et la Ligue, soutenus par le roi d'Espagne **Philippe II**, déclarèrent hautement qu'ils ne reconnaîtraient pas ce prince comme héritier de la couronne de France, et contraignirent Henri III à en faire autant (1585). Le pape, poussé par eux, excommunia Henri de Navarre.

Ce dernier reprit les armes et remporta quelques avantages (notamment la victoire de *Coutras*). Mais ce qui l'aida le plus, ce fut la rupture de Henri III avec le chef de la Ligue.

Le duc de Guise traitait le roi avec la dernière insolence. Au mois de mai 1588, il souleva les Parisiens contre lui et l'obligea de quitter la capitale.

Henri III, retiré à Blois, y convoqua les *États généraux*. Le duc eut l'audace d'y venir. Henri III, toujours lâche et perfide, l'attira dans le château et le fit assassiner, ainsi que son frère le cardinal (décembre 1588).

Aussitôt, Paris et une grande partie de la France, dociles à la *Ligue*, se déclarèrent contre lui et prirent pour chef un autre frère de Guise, le **duc de Mayenne**.

Le roi crut alors devoir se réconcilier avec Henri de

Navarre et tous deux, réunissant leurs troupes, vinrent assiéger Paris.

Il y avait dans cette ville un grand *fanatisme*. Des prêtres sanguinaires y prêchaient chaque jour l'assassinat.

Aussi un jeune moine, nommé **Jacques Clément**, alla-t-il poignarder Henri III à *Saint-Cloud* (1er août 1589). Les Ligueurs l'honorèrent comme un saint.

QUESTIONNAIRE.

1. Quels étaient les chefs des deux partis protestant et catholique au commencement des guerres de religion ?
2. Qu'est-ce que la conjuration d'Amboise?
3. Coligny ; son caractère et ses projets.
4. Qu'est-ce que le massacre de la Saint-Barthélemy ?
5. A quelle époque se forma la *Ligue* et quel était son but ?
6. Comment périt Henri III ?

CHAPITRE II

HENRI IV

Sommaire. — **Henri IV** (1589-1610), combattu par la *Ligue* et par l'Espagne, emploie près de dix ans à conquérir son royaume. Il met fin à la guerre civile par l'*édit de Nantes* et à la guerre étrangère par le *traité de Vervins* (1598). Avec l'aide de son ministre **Sully**, il passe le reste de son règne à consolider son autorité par un bon gouvernement. Il meurt assassiné par le fanatique **Ravaillac**, au moment d'entreprendre une grande lutte contre la *maison d'Autriche* (1610).

Débuts pénibles de Henri IV. — Henri de Navarre devint roi de France sous le nom de **Henri IV**. Mais il avait au début peu de troupes et la moitié de la France était contre lui.

Les *Ligueurs*, qui ne se souciaient guère de la patrie, se faisaient soutenir par les troupes du *roi d'Espagne*, **Philippe II**, qui eût été fort aise de profiter de nos troubles pour nous prendre quelques provinces et qui songeait même à nous imposer sa fille comme souveraine.

Henri IV reçut des secours de la reine d'Angleterre

Élisabeth, qui combattait l'Espagne et appuyait partout les protestants.

Aussi fut-il vainqueur à la journée d'*Arques*, puis à celle d'*Ivry*, où il entraîna ses troupes par ces paroles : « Ralliez-vous à mon panache blanc; vous le trouverez toujours sur le chemin de l'honneur » (1590).

Mayenne et la Ligue. — Mais il échoua ensuite aux sièges de *Paris* (1590) et de *Rouen* (1591), que les Espagnols l'obligèrent de lever.

Heureusement la France commençait à se fatiguer de la Ligue, qui devenait de plus en plus violente.

Mayenne ayant réuni les *États généraux* à Paris en 1593, le roi d'Espagne réclama la couronne de France pour sa fille. Mais il y avait aux États et au Parlement de bons citoyens, qui repoussèrent la domination étrangère.

Bientôt Henri IV se convertit au catholicisme. C'était tout ce que lui demandaient les *Politiques*, qui étaient maintenant en majorité dans tout le royaume.

Triomphe de Henri IV. — Aussi Paris lui fut-il livré dès 1594. Il s'y montra clément envers ses ennemis. Il laissa les Espagnols se retirer : « Faites mes compliments au roi votre maître, leur dit-il, mais n'y revenez pas. » Il se contenta de bannir quelques-uns des plus furieux prédicateurs de la Ligue et, quelque temps après, les *Jésuites*, ordre religieux puissant, tout dévoué au pape, et dont les discours ou les livres avaient porté deux misérables, **Pierre Barrière** et **Jean Châtel**, à tenter de l'assassiner : mais les Jésuites rentrèrent bientôt en France. Il fallut à Henri IV plusieurs années pour reprendre aux chefs de la Ligue, grands seigneurs qui, à l'aide de la guerre civile, avaient voulu refaire la féodalité, les provinces et les villes dont ils s'étaient emparés. Pour obtenir leur soumission, il dut leur donner de belles places et beaucoup d'argent (plus de 32 millions de l'époque, qui en vaudraient 200 d'aujourd'hui). Aussi quelqu'un disant que les rebelles lui avaient *rendu* son royaume : « Non, fit-il, mais ils me l'ont bien *vendu*. » Son humeur ne s'était pas aigrie pendant cette longue lutte. Quand il revit le duc de Mayenne après sa soumission, il le reçut fort bien. Ce personnage étant très gros et très pesant, il s'amusa à le faire longuement marcher avec lui à grandes enjambées, et, le voyant tout essoufflé : « Mon cousin, lui dit-il, c'est toute la vengeance que je tirerai de vous. »

Tout en détruisant les derniers restes de la Ligue, Henri IV combattait les *Espagnols*, qu'il défit à *Fontaine-Française* et qu'il chassa de Picardie. Il finit par leur imposer le *traité de Vervins* en 1598 et la France fut alors tout à fait pacifiée.

L'Édit de Nantes. — La même année il publia **l'Édit de Nantes**, pour empêcher les guerres religieuses de renaître.

Cet édit portait que les protestants pourraient être

Entrée de Henri IV à Paris.

nommés à tous les emplois, comme les catholiques; que leur culte serait libre dans les châteaux des seigneurs *hauts justiciers* (il y en avait 3500) et en outre dans deux villes par *bailliage*, sans compter les localités où ce culte s'était établi avant 1597; que les écoles et les ministres réformés seraient entretenus par le roi ; que les calvinistes pourraient avoir des académies ou établissements d'enseignement supérieur; que, pour juger leurs procès, il y aurait dans chaque parlement une *chambre* dite de *l'édit*, composée de catholiques et de protestants ; qu'ils pourraient tenir deux sortes d'assemblées, les unes religieuses (*colloques*, *synodes*, *conciles*), les autres politiques;

enfin qu'ils garderaient pendant un certain nombre d'années les places fortes dont ils étaient maîtres au moment de la paix.

C'était là un acte fort sage. La France eût été heureuse si l'édit de Nantes eût été longtemps respecté, et la royauté s'en serait bien trouvée.

Mariages et conquêtes de Henri IV. — Le mariage de Henri IV avec **Marguerite de Valois** avait été malheureux; il le fit casser (1599) et épousa **Marie de Médicis**, princesse florentine, dont il eut plusieurs enfants.

Le duc de Savoie, qui avait soutenu la Ligue, fut attaqué par Henri IV vers le même temps et dut, après une courte guerre, lui céder la *Bresse*, le *Bugey* et le pays de *Gex*.

Son gouvernement. Ministère de Sully. — **Henri IV**, vainqueur au dehors, se fit au dedans respecter des grands, encore trop portés à s'insurger et à le trahir, surtout quand il eut fait exécuter le **maréchal de Biron**, qui, plusieurs fois pardonné, persistait à conspirer contre lui avec l'étranger.

Aidé d'un ministre actif et vigilant, le **duc de Sully**, *surintendant des finances* et *grand-maître* de *l'artillerie*, qui était son meilleur ami, il employa ses dernières années à réparer les maux de la guerre par une sage administration.

Il s'efforça de développer l'*agriculture*, le *commerce* et l'*industrie*. Il s'intéressait au sort des pauvres gens et voulait, disait-il, que les paysans (si misérables à cette époque) pussent au moins mettre une poule au pot tous les dimanches.

Sully, qui disait que *labourage et pâturage étaient les deux mamelles de la France*, favorisa les défrichements, les plantations, les cultures nouvelles. Il protégea aussi les paysans, trop souvent violentés, par diverses ordonnances, qui, malheureusement, ne furent pas toujours respectées après lui.

Il répara les routes, en construisit de nouvelles, rendit les voyages et les transports plus faciles en établissant des relais de chevaux pour le public et s'occupa surtout, en creusant des canaux, de faire communiquer entre eux nos principaux fleuves, au grand avantage du commerce. C'est ainsi qu'il exécuta le *canal de Briare* entre la Loire et la Seine.

Enfin certaines industries de luxe, comme celles des *soieries*, des *draps d'or* et *d'argent*, des *glaces*, etc., devinrent très prospères dans notre pays au commencement du XVIIe siècle, par la protection du gouvernement.

Grâce à la sage administration financière de Sully, Henri IV put non seulement payer les dettes de l'État, mais mettre en réserve plus de quarante millions dans les caves de la Bastille.

Henri IV.

Ce trésor, ainsi que la forte armée et la belle artillerie qu'il avait réunies, devaient l'aider à exécuter ses grands projets politiques.

Derniers projets de Henri IV. Sa mort. — Il voulait, dit-on, faire de l'Europe chrétienne une alliance ou confédération de quinze États qui, par leurs délégués, auraient toujours été d'accord. Il eût ainsi établi la paix perpétuelle.

En attendant, il lui fallait détruire ou du moins affaiblir la *maison d'Autriche*, qui, grâce à l'union constante des deux monarchies *autrichienne* et *espagnole*, menaçait l'indépendance de tous les États et particulièrement de la France.

C'est pourquoi il se disposait à commencer la guerre contre elle, aidé de nombreux alliés, quand il fut assassiné à Paris en pleine rue par un fanatique nommé **Ra-**

vaillac, qui portait encore au cœur toutes les fureurs et toutes les haines de la Ligue (14 mai 1610).

QUESTIONNAIRE.

1. Quelles difficultés Henri IV rencontra-t-il au début de son règne et comment les surmonta-t-il ?
2. Quelles garanties l'édit de Nantes accordait-il aux protestants ?
3. Quelles provinces Henri IV conquit-il sur le duc de Savoie ?
4. Quel fut son principal ministre ?
5. Quels étaient ses grands desseins politiques et de quelle façon mourut-il ?

CHAPITRE III

LOUIS XIII ET RICHELIEU

SOMMAIRE. — Sous **Louis XIII** (1610-1643), la paix publique est d'abord troublée pendant la régence de **Marie de Médicis** et le ministère de **de Luynes**. Les *États généraux*, réunis en **1614**, sont impuissants à servir le peuple, qui oublie cette institution et s'abandonne de plus en plus à la royauté.

Le **cardinal de Richelieu**, qui reste au ministère de 1624 à 1642, abat la puissance politique des *protestants* et réprime avec sévérité la turbulence des *grands*. Il entreprend aussi au dehors une grande guerre contre la *maison d'Autriche* et laisse la France victorieuse sur tous les points.

Il étend et affermit l'*autorité royale* par l'abaissement des *parlements*, la réorganisation du *gouvernement central* et l'institution des *intendants*, développe l'*armée*, la *marine* et donne une vigoureuse impulsion aux *entreprises coloniales*.

Régence de Marie de Médicis. — Le successeur de Henri IV, **Louis XIII**, n'avait que neuf ans. La *régence* fut exercée par la reine mère, **Marie de Médicis**, femme incapable, ignorante et faible, qui se laissa dominer et gruger par deux Florentins avides, **Concini**, bientôt maréchal d'Ancre, et sa femme **Léonore Galigaï**.

Comme elle était très catholique, les *protestants* commencèrent à s'inquiéter.

Les *seigneurs*, qui n'avaient plus à craindre Henri IV, lui arrachèrent des dons de toute nature. Quand elle n'eut plus rien à leur donner, ils se révoltèrent.

La noblesse était redevenue très violente et très brutale, grâce aux guerres religieuses. Les seigneurs avaient, pendant cette triste époque, commis tous les brigandages et toutes les atrocités imaginables, comme en plein moyen âge. Maintenant que la forte main de Henri IV n'était plus là pour les contenir, ils se croyaient tout permis et reprenaient à chaque instant les armes.

États généraux de 1614. — Réduite à traiter avec eux, la régente dut convoquer les *États généraux* en 1614. Cette assemblée, qui aurait pu faire beaucoup de bien, n'en produisit aucun, parce que les intérêts du peuple y furent constamment combattus par le clergé et par la noblesse.

Ces deux ordres y montrèrent une insolence rare envers le tiers état, qui représentait les quatre-vingt-dix-neuf centièmes de la nation et qui ne demandait qu'à être un peu moins durement traité qu'il ne l'avait été jusque-là. Un de ses députés fut bâtonné par un gentilhomme et ne put se faire rendre justice. Le tiers s'étant comparé au *frère cadet* des deux autres ordres, ceux-ci s'en plaignirent amèrement au roi, demandant en quelle misérable condition ils étaient tombés si cette parole était véritable. Les nobles déclaraient avec fureur qu'ils ne voulaient pas que des enfants de cordonniers et de savetiers les appelassent frères, et qu'il y avait autant de différence entre eux et le tiers qu'entre le maître et le valet. Ce à quoi un bourgeois répliqua quelque temps après par des vers où il était dit qu'il fallait que les cadets devinssent les aînés. Comme on votait *par ordres* aux États généraux de 1614 et que la noblesse et le clergé étaient toujours réunis contre le tiers, ce dernier échoua dans ses demandes les plus raisonnables. Il en garda un profond ressentiment. Un écrivain populaire s'écriera plus tard : « Les grands ne sont grands que parce que nous les portons sur nos épaules ; nous n'avons qu'à les secouer pour en joncher la terre. »

Mais le peuple n'était pas encore assez hardi pour se faire justice lui-même. Il aima mieux s'abandonner sans conditions à la royauté, qui ne devait pas tarder à abuser de sa confiance.

La royauté absolue. — A partir de 1614, le gouvernement ne réunit plus du tout les États généraux. Il prétendit commander seul et faire seul les lois. Le roi, dès le temps de Louis XIII, soutenait qu'il ne dépendait que de Dieu et que, même lorsqu'il avait tort, c'était un crime de ne pas lui obéir.

Peu après les États généraux de 1614, Marie de Médicis maria Louis XIII avec **Anne d'Autriche**, fille de **Philippe IV**, roi d'Espagne.

Louis XIII, de Luynes et les protestants. — Louis XIII n'aimait pas sa mère et il détestait Concini. Il avait à peine seize ans que, sur les conseils de son favori **d'Albert de Luynes**, il fit assassiner le maréchal d'Ancre à la porte du Louvre et enfermer Marie de Médicis au château de *Blois*.

Mariage de Louis XIII et d'Anne d'Autriche.

De Luynes gouverna dès lors à sa guise et devint connétable. Mais il eut à combattre les partisans de la reine mère, qui s'évada de sa prison, et les *protestants* qui, craignant toujours pour leurs libertés, reprirent les armes en 1620, sous le **duc de Rohan**.

Il ne put leur enlever *Montauban* et il mourut peu après.

Louis XIII, qui avait besoin d'être dirigé, ne sut pendant quelque temps à qui donner sa faveur. Il finit par l'accorder (1624), un peu malgré lui, à un protégé de sa mère, le **cardinal de Richelieu**, évêque de Luçon, qui s'était fait remarquer aux États généraux et avait déjà été ministre sous Concini.

Richelieu ministre. Ses projets. — **Richelieu** fut à partir de ce moment le véritable chef de l'État. C'était un homme d'une haute intelligence, d'une volonté de fer, très ambitieux, mais qui, s'il rechercha le pouvoir et fit tout pour le garder, l'exerça dans l'intérêt de la royauté, qu'il voulait, il est vrai, absolue, et dans celui de la France, qu'il voulait indépendante et redoutée.

Sa grande idée fut celle de Henri IV : *abaisser la maison d'Autriche.* Et il rêvait non seulement d'affaiblir cette double puissance, mais d'étendre la France *jusqu'aux limites de l'ancienne Gaule, les Alpes et le Rhin,* dont nous sommes, hélas ! si loin et que seule la Révolution a atteintes.

Richelieu.

Dès le début de son ministère, il chercha des alliés qui pussent l'aider dans cette tâche : la *maison d'Autriche* était alors en guerre avec une grande partie de l'Allemagne, le Danemark, la Hollande, etc.

Mais pendant bien des années deux obstacles l'arrêtèrent.

Lutte de Richelieu contre les protestants. — Le premier de ces obstacles était l'opposition des *protestants,* qui, sous **Rohan** et son frère **Soubise,** recommencèrent la guerre à deux reprises. Ils étaient soutenus par l'Angleterre.

Le cardinal, qui avait l'âme d'un soldat, alla les assiéger dans *La Rochelle.* Les Rochelois résistèrent près d'un an, grâce à la fermeté de leur maire **Guiton.** Mais Richelieu fit barrer leur port par une immense *digue* qui les empêcha de communiquer avec les Anglais, et enfin ils durent se rendre (1628).

Il poursuivit ensuite Rohan dans les *Cévennes*. Vainqueur, il enleva aux protestants leurs places fortes, mais il eut la sagesse de leur laisser leur liberté religieuse (édit d'Alais, 1629).

Dès lors, comme ils n'étaient qu'une faible minorité dans le royaume, ils ne furent plus guère capables de se défendre. La plupart des seigneurs qui les avaient soutenus, sentant que le calvinisme était mal vu du gouvernement, les abandonnèrent par intérêt et se firent catholiques.

Siège de La Rochelle.

Progrès du parti catholique. — Le *parti catholique* au contraire ne fit que se fortifier pendant la première moitié du XVIIe siècle.

Les *jésuites*, qui ne travaillaient que pour le pape, étaient rentrés en France en 1604. Ils fondèrent beaucoup de collèges, où ils élevèrent les enfants de la noblesse et de la haute bourgeoisie.

Ils furent, à partir du règne de Louis XIII, tout-puissants à la Cour et ne cessèrent de pousser les rois à la destruction du protestantisme.

D'autres *congrégations* d'hommes ou de femmes, les *Oratoriens*, les *Lazaristes*, les *Eudistes*, les *Carmélites*, les *Visitandines*, les *Ursulines*, etc., etc., furent fondées à la même époque en France et, favorisées de toutes façons par le gouvernement, travaillèrent aussi tant qu'elles purent à amener l'abolition de la liberté de conscience, qui devait être malheureusement prononcée sous le règne de Louis XIV.

En somme, vers le milieu du XVIIe siècle, la royauté avait déjà fait avec le clergé catholique une alliance trop étroite, qui devait porter de mauvais fruits et lui être très funeste à elle-même.

Lutte de Richelieu contre les grands. — Le second obstacle qui arrêtait le cardinal, c'était la haine de quelques grands personnages, qui voulaient le chasser du pouvoir. Ils étaient soutenus par **Marie de Médicis,** qui le trouvait ingrat envers elle, par Anne d'Autriche, qui le détestait comme ennemi de l'Espagne, et par le frère du roi, **Gaston d'Orléans,** prince léger et lâche, toujours prêt à pousser les conspirateurs et à les livrer quand ils avaient échoué.

Richelieu fut impitoyable pour les conspirateurs, et il eut raison, parce qu'ils ne reculaient devant rien, pas même devant la trahison. Dès 1626, il fit condamner à mort le comte **de Chalais,** qui avait voulu l'assassiner. Les grands s'étaient déshabitués de l'obéissance pendant les guerres de religion. Pour leur rendre la guerre civile plus difficile, il commença vers cette époque à faire *démanteler* leurs châteaux, ce dont les paysans furent fort aises. L'usage des *duels* entre gentilshommes était devenu très meurtrier, parce que les édits qui les défendaient n'étaient pas appliqués. Il fit en 1627 décapiter deux seigneurs de haute naissance qui, pour le braver, étaient venus se battre en pleine place publique. Il pensait avec raison que c'était aux grands à donner l'exemple de la soumission aux lois, que le sang de quelques coupables haut placés était moins intéressant que celui d'une foule de pauvres gens que les guerres civiles pouvaient faire périr et qu'il fallait, comme il disait, être sévère pour quelques-uns afin d'être bon pour tous. Une nouvelle conspiration eut lieu contre lui à la Cour en 1630 (*Journée des dupes*). Elle coûta la liberté à plusieurs de ses auteurs et la vie à l'un d'eux, le maréchal de Marillac. La reine mère prit la fuite et alla mourir en exil. Gaston d'Orléans poussa à la révolte le **maréchal de Montmorency,** gouverneur du Languedoc, puis le trahit pour avoir sa grâce. Le maréchal fut décapité. Gaston avait trouvé un appui dans le duc de Lorraine. Ce fut une raison pour Richelieu d'envahir et d'occuper la *Lorraine*. Et le duc d'Orléans fit soumission complète.

Politique extérieure de Richelieu. — Le cardinal, débarrassé des protestants et, à ce qu'il croyait, des grands, se tourna complètement contre la maison d'Autriche.

Il avait déjà obtenu sur elle quelques petits succès en *Italie* de 1624 à 1631.

Exécution de Montmorency.

Il avait aussi soutenu contre elle le puissant roi de Suède **Gustave-Adolphe**.

Mais, après la mort de ce prince et la défaite des Suédois, il se mit ouvertement à la tête des adversaires de la maison d'Autriche, et la grande guerre commença (1635).

Il la soutint tout le reste de sa vie avec autant d'énergie que de patriotisme, sans se laisser abattre par aucun revers.

Nos flottes combattirent alors sur l'Océan, sur la Méditerranée; nos armées aux Pyrénées, en Italie, sur le Rhin, aux Pays-Bas. Nous eûmes des amiraux comme **Sourdis**, des généraux comme **Guébriant**, **Bernard de Saxe-Weimar**, **Rantzau**, **d'Harcourt**, **Turenne**.

Aussi finîmes-nous par être vainqueurs partout. Dès 1639 nous étions maîtres de l'*Alsace;* en 1640 de l'*Artois*, en 1642 du *Roussillon*.

Cette guerre coûtait fort cher. Les impôts étaient lourds. De là des révoltes de paysans dans plusieurs provinces. Richelieu les réprima durement.

Derniers complots contre Richelieu. Sa fin — De nouvelles conspirations eurent lieu. Il faillit être assassiné en 1636. Gaston d'Orléans, un autre *prince du sang*, le **comte de Soissons**, et le **duc de Bouillon** renouvelèrent leurs attaques en 1641. Il en coûta la vie au comte.

Enfin le **marquis de Cinq-Mars**, favori de Louis XIII, alla, pour le perdre jusqu'à faire un traité avec l'Espagne, c'est-à-dire avec l'ennemi. Le duc d'Orléans le livra, comme il en avait livré bien d'autres. Cinq-Mars et son complice **de Thou**, traîtres à leur patrie, furent exécutés à Lyon en 1642.

Fort peu après, Richelieu mourut. Louis XIII, qui n'avait jamais su gouverner par lui-même, le suivit quelques mois après dans la tombe (mai 1643).

Richelieu et la royauté absolue. — Richelieu rendit la *royauté* a peu près *absolue*, non seulement en réprimant les rébellions et les complots, mais en restreignant de beaucoup ce qui restait de libertés publiques et en fortifiant par de nouvelles institutions l'autorité monarchique.

Il ne réunit jamais les *États généraux*. Quant aux *États provinciaux*, il les supprima dans plusieurs provinces et, là où il les laissa subsister, il les réduisit à peu près à l'impuissance. Les *privilèges municipaux* des villes ne furent pas non plus respectés par lui.

Prétentions de la magistrature. Sa soumission. — Les *Parlements*, dont les membres *achetaient* leurs places et même, depuis Henri IV, les laissaient à leurs enfants, se crurent assez forts pour faire opposition aux ordonnances du roi. Mais Richelieu le leur interdit absolument en 1641.

Non seulement il voulait que le roi pût seul faire la loi, mais il prétendait que le monarque avait le droit de faire juger les accusés par qui bon lui semblait, au lieu de les envoyer devant les tribunaux ordinaires. C'était un moyen facile de se débarrasser de ses ennemis, et il en usa souvent.

Le gouvernement et l'administration depuis Richelieu. — Il y avait eu peu d'ordre dans le gouvernement sous les derniers Valois. Il y en eut beaucoup plus à partir du règne de Henri IV.

Richelieu régla la composition et les attributions du Conseil d'État, qui fut définitivement séparé du *Conseil d'en haut*.

A côté du *chancelier* et du *surintendant des finances*, les quatre *secrétaires d'État*, sans cesser de remplir des fonctions communes, commencèrent à s'occuper chacun de certaines affaires spéciales, qui furent ainsi mieux traitées. Un d'eux par exemple fut chargé seul des *affaires étrangères*, un autre du *ministère de la guerre*.

Richelieu fit supprimer les emplois de *connétable* et de *grand-amiral*, exercés d'ordinaire par de très grands seigneurs, qui pouvaient s'en servir pour troubler l'État.

Il continua à prendre les *gouverneurs militaires* des provinces dans la haute noblesse. Mais il plaça partout à côté d'eux des *intendants de justice, police et finances* qui bientôt exercèrent au nom du roi presque tous les pouvoirs dans les provinces et ne laissèrent guère aux gouverneurs que des honneurs et des revenus. Ces fonctionnaires, tirés de la bourgeoisie, étaient très dociles et on les renouvelait souvent.

Armée, marine et colonies. — L'organisation de l'*armée* resta assez défectueuse. On continuait à y employer trop d'étrangers. La qualité des soldats, *racolés* au hasard, laissait à désirer. La discipline était fort relâchée et les officiers volaient l'État tant qu'ils pouvaient. Richelieu essaya de remédier à quelques-uns de ces maux en envoyant souvent des intendants aux armées, comme il en envoyait dans les provinces.

Notre *marine* devint très considérable. Nous eûmes sous Louis XIII plus de 80 bâtiments de guerre. Richelieu institua le *régiment royal des vaisseaux*, des compagnies de *canonniers de la marine*, des *écoles de pilotes*, et créa plusieurs ports de guerre (*Brest*, *Toulon*, etc.).

Grâce à lui — et grâce à Henri IV avant lui — la France fonda d'importantes colonies, notamment celles du *Canada* et de l'*Acadie*, de la *Guyane*, des *Antilles*, de *Madagascar*, etc. Toutes, malheureusement, ne nous sont pas restées.

QUESTIONNAIRE.

1. Que se passa-t-il pendant la régence de Marie de Médicis?
2. Quel fut le rôle des États Généraux en 1614 et pourquoi le peuple se dégoûta-t-il de cette institution ?
3. Indiquez les faits saillants du ministère de de Luynes.
4. Quel était le grand projet de Richelieu?
5. Quelle fut sa politique à l'égard des protestants ?
6. Comment la puissance du clergé catholique s'accrut-elle en France pendant la première moitié du XVIe siècle ?
7. Que dut faire Richelieu pour triompher de l'opposition des grands?
8. Quels furent les résultats de sa politique extérieure ?
9. Quels changements Richelieu apporta-t-il dans le gouvernement et l'administration ?
10. Que fit-il pour l'armée, la marine et les colonies?

CHAPITRE IV

MINORITÉ DE LOUIS XIV
ANNE D'AUTRICHE ET MAZARIN

SOMMAIRE. — Pendant la minorité de **Louis XIV**, le cardinal **Mazarin**, premier ministre, continue avec succès la guerre commencée par **Richelieu** et impose à l'*Autriche* la *paix de Westphalie* (1648). Il rétablit ensuite l'ordre troublé par la guerre civile de la *Fronde* (1648-1653). Enfin à la suite de nouvelles victoires, il oblige l'*Espagne* à conclure le *traité des Pyrénées* (1659).

Régence d'Anne d'Autriche. Mazarin et la paix de Westphalie. — Le nouveau roi, **Louis XIV**, n'avait que cinq ans. Sa mère, la reine **Anne d'Autriche**, fut déclarée *régente*. C'était une femme peu intelligente et peu instruite.

Mais elle donna toute sa confiance au cardinal **Mazarin**, ancien protégé de Richelieu, et en fit son premier ministre. C'était un Italien, souple et rusé, très avide d'argent, mais qui comprenait bien les intérêts de la France et qui la servit avec succès au dehors. Il disait que son cœur était plus français que sa langue.

La grande guerre continua plusieurs années encore. C'est grâce aux victoires remportées par le prince **de Condé** et le maréchal **de Turenne**, nos plus grands généraux, à *Rocroi*, à *Fribourg*, *Nordlingue*, *Lens*, que

Mazarin put amener une partie de nos ennemis à faire la paix.

L'*Autriche*, abandonnant l'*Espagne*, déposa les armes en 1648. Par les *traités de Westphalie*, les *Trois-Evêchés* (*Metz*, *Toul*, *Verdun*) et l'*Alsace* furent laissés à la France, dont les alliés obtenaient d'autre part en *Allemagne* de grands avantages. C'était là un beau succès, dont nous avons encore le droit d'être fiers.

La Fronde (1648). — Malheureusement une guerre civile éclata dans notre pays à ce moment même et le troubla plusieurs années. On l'appela d'abord par dérision la *Fronde*, comme si elle n'eût été qu'un jeu d'enfants. Mais elle ne tarda pas à devenir sérieuse.

Le royaume était écrasé d'impôts. Les *Parlements*, et surtout celui de Paris, exigeaient que le gouvernement se soumît à leurs *remontrances* et qu'il cessât d'être absolu. Ils voulaient notamment obliger le roi à reconnaître : 1° qu'il ne pouvait établir d'impôts sans leur consentement ; 2° que nul ne devait être arrêté sans être remis dans les vingt-quatre heures à ses juges naturels. Ils demandaient également la suppression des intendants. Beaucoup de grands seigneurs, qui regrettaient le temps où ils pouvaient troubler le pays à leur guise, attaquaient aussi celui qu'ils appelaient dédaigneusement *le Mazarin*.

La reine ayant fait arrêter le conseiller **Broussel** et deux de ses collègues du Parlement, le peuple de Paris se souleva, fit des barricades et réclama la liberté des prisonniers. Le *coadjuteur* de l'archevêque de Paris, **Paul de Gondi** (connu plus tard sous le nom de **cardinal de Retz**), jeune prêtre ambitieux et remuant, qui portait dans sa poche un poignard au lieu de bréviaire et qui était aimé de la foule, alla au Palais-Royal redemander Broussel. La reine, furieuse, lui répondit, en lui portant les mains à la figure, qu'elle ne le rendrait pas, qu'elle l'étranglerait plutôt elle-même. Gondi se retira et l'émeute recommença le lendemain. Le Parlement vint tout entier supplier la régente de relâcher les conseillers incarcérés. On ne lui fit que de vagues promesses. Aussi, comme il s'en retournait, fut-il arrêté par le peuple, qui le malmena fort. Un rôtisseur, armé d'une hallebarde, en mit la pointe au ventre du premier président Mathieu Molé, en criant : « Tourne, traître, et si tu ne veux être tué toi-même, ramène nous Broussel ou le Mazarin et le chancelier en otage.» Ce magistrat intrépide ne se troubla pas. Il retourna jusqu'au Palais-Royal au petit pas. Enfin à force de prières on obtint de la reine la liberté des prisonniers. Dès qu'ils furent rendus au peuple, les barricades disparurent et Paris, dit Retz, fut aussi tranquille qu'un jour de vendredi saint.

La régente accorda peu après au Parlement toutes les réformes qu'il demandait. Mais elle ne tarda pas à s'enfuir à *Saint-Germain*.

Mazarin.

Il s'ensuivit une guerre entre les Parisiens, commandés par plusieurs grands seigneurs (**Conti, Longueville, Beaufort**), et les troupes royales menées par le prince **de Condé**.

La paix faite, Condé, ambitieux et violent, se brouilla bientôt avec **Mazarin**, qui finit par le faire arrêter, ainsi que son frère et son beau-frère (1650).

Les partisans de ces princes prirent alors les armes et une grande partie de la France fut en feu. Mazarin, attaqué dans des milliers de *pamphlets*, dut quitter le royaume, tandis que Condé recouvrait la liberté.

Mais il resta secrètement d'accord avec **Anne d'Autriche**. Aussi quand **Condé**, brouillé avec ses anciens amis, fut parti pour les provinces du Sud-Ouest, où il réunit une armée et ne rougit pas d'appeler les Espagnols, le cardinal fit sa rentrée en France.

Condé marcha sur Paris et s'y établit; mais, battu par Turenne au faubourg Saint-Antoine (1652), il dut, peu après, quitter la capitale. La Fronde se termina l'année suivante par la soumission de la *Guyenne*. La royauté redevint bientôt toute-puissante. Les Parlements durent de nouveau obéir et les intendants furent rétablis.

Mais, au lieu de rentrer dans l'obéissance, le prince de Condé, sans souci de sa double qualité de Français et de parent du roi, passa chez les *Espagnols*, avec qui nous étions en guerre et qui lui donnèrent un commandement. Il *trahit* donc son pays, ni plus ni moins que le *connétable de Bourbon*.

Mazarin et le traité des Pyrénées. — Les *Espagnols*, grâce à nos troubles, avaient remporté sur nous quelques avantages. Mais, quand la guerre civile fut tout à fait terminée (1653), les armées françaises regagnèrent partout le terrain perdu.

Mazarin nous procura l'alliance de l'*Angleterre* et **Turenne**, par sa victoire des *Dunes*, amena enfin le roi d'Espagne à demander la paix.

Par le *traité des Pyrénées* (1659), la France gardait le *Roussillon*, la *Cerdagne*, l'*Artois* et beaucoup de villes conquises en *Flandre* et en *Hainaut*. En outre Louis XIV devait épouser **Marie-Thérèse**, fille du roi d'Espagne **Philippe IV**.

Le mariage eut lieu en 1660. Peu après Mazarin mourut, laissant l'autorité du roi raffermie en France et la France plus puissante en Europe qu'elle ne l'avait jamais été.

QUESTIONNAIRE.

1. Qu'est-ce que Mazarin ? Qu'est-ce que la paix de Westphalie ?
2. Quelles furent les causes de la Fronde ?
3. Quelles étaient les prétentions des Parlements à cette époque ?
4. Quels sont les principaux épisodes de la Fronde ? Comment se termina cette guerre civile ?
5. Comment Mazarin termina-t-il la guerre contre l'Espagne ?

CHAPITRE V

LES LETTRES, LES ARTS ET LES SCIENCES SOUS RICHELIEU ET SOUS MAZARIN

SOMMAIRE. — La royauté protège les *lettres*, les *sciences* et les *arts* par la création de l'*Académie française*, du *Jardin du Roi*, de l'*Académie de peinture et de sculpture*, etc.

La *poésie française*, épurée par **Malherbe**, produit au

théâtre les chefs-d'œuvre de **Corneille**. Grâce à **Descartes** et à **Pascal**, notre langue est désormais fixée.

L'*architecture* et la *sculpture* n'ont pas tout à fait autant d'élégance et de grâce qu'au temps de la *Renaissance*. En *peinture* et en *gravure* la France acquiert une gloire nouvelle, mais en *musique* elle se borne à imiter les Italiens.

Dans l'ordre des *sciences* elle brille surtout par ses *mathématiciens* et ses *physiciens*. Mais ses *naturalistes* et surtout ses *medecins* ne lui font pas encore beaucoup d'honneur.

Inexactitude de cette expression : Le siècle de Louis XIV. — C'est à tort qu'en parlant des lettres, des arts et des sciences, on a donné le nom de **Louis XIV** à tout le XVIIe siècle. Ce roi n'a commencé à gouverner par lui-même *qu'en 1661*, et depuis la fin du XVIe siècle jusqu'à cette époque il y a eu en France de grands écrivains, de grands artistes et de grands savants sur lesquels il n'a pu avoir la moindre influence.

Richelieu et Mazarin encouragent les lettres, les sciences et les arts. — **Richelieu** les a favorisés dans une certaine mesure. Il aimait lui-même à écrire, faisait des traités de *théologie*, des pièces de théâtre, composait ses Mémoires. Il institua en 1635 l'*Académie française*, qui existe encore et qui, avec la société célèbre de l'*hôtel de Rambouillet*, contribua à rendre la langue française plus pure, plus régulière, plus stable, mais ne fut pas sans l'appauvrir et la dessécher quelque peu.

Il créa aussi pour l'étude des sciences naturelles le *Jardin du roi* (que nous appelons aujourd'hui le *Muséum*), Il protégea la *Sorbonne* et le *Collège de France*, fonda l'*imprimerie royale* et favorisa le premier journal qui ait paru dans notre pays, la *Gazette de France*.

Après lui **Mazarin** établit l'*Académie de peinture et de sculpture*.

Tous deux aimaient les hommes que leurs talents avaient rendus ou pouvaient rendre célèbres. Ils accordèrent des pensions à certains d'entre eux. Beaucoup de grands seigneurs de leur temps faisaient de même.

La poésie française dans la première moitié du XVIIe siècle. — La *poésie française*, encore très libre avec **Mathurin Régnier**, le satirique, subit peu après lui les lois du correct et rigoureux **Malherbe**. Elle brilla surtout au *théâtre*, où la *tragédie*, avec le grand **Corneille**, produisit d'incomparables chefs-d'œuvre.

Pierre Corneille, né en 1606, à Rouen, fit jouer en 1636 sa pièce du *Cid*, qui souleva tout Paris d'enthousiasme. On disait alors de quelque chose d'admirable : C'est beau comme le *Cid*. Richelieu, qui était un peu jaloux de l'auteur, obligea l'Académie française à critiquer la pièce assez sévèrement. Mais le public ne fut pas de l'avis de l'Académie. Corneille avait pris le sujet du *Cid* dans la littérature espagnole, pour laquelle on avait alors en France beaucoup de goût. Il emprunta à l'histoire romaine ceux d'*Horace* et de *Cinna* et à l'histoire du christianisme celui de *Polyeucte*. Sa comédie du *Menteur* ajouta encore à sa gloire. Mais, après des tragédies encore remarquables, comme la *Mort de Pompée* et *Nicomède*, son génie ne fit plus que baisser. Sous Louis XIV on lui opposa des poètes plus jeunes, comme **Racine**, et peu à peu le public le délaissa. Corneille était un homme timide et modeste, quoiqu'il eût le sentiment de son mérite. Il mourut vieux, presque dans le besoin. Mais sa gloire est encore plus vivante que jamais : il a chanté l'héroïsme, et son théâtre est une *école de grandeur d'âme*.

Prosateurs. – Il y eut des auteurs de Mémoires, par exemple **Sully**, **Richelieu**, le **cardinal de Retz**.

Le grand penseur **Descartes** renouvela la *philosophie* par son *Discours de la méthode* en 1637, et le moraliste **Pascal**, vingt ans plus tard, flétrit avec verve dans ses *Lettres provinciales*, les doctrines des *Jésuites*. Ces deux livres à eux seuls suffiraient pour assurer la gloire de la langue française.

Les arts en France avant 1661 — Les *arts* ne furent pas tout à fait aussi heureux que la littérature au commencement du XVIIe siècle. L'*architecture*, en fait d'églises, ne produisit guère que des monuments trop ornés et de mauvais goût, et, dans les bâtiments civils, manqua trop souvent de grâce et d'élégance.

La *sculpture*, si brillante au temps de la *Renaissance*, avait perdu en France un peu de sa vigueur et de sa grâce; mais elle allait retrouver tout son éclat avec **Puget** et **Girardon**, déjà connus sous le ministère de Mazarin.

Dans la *peinture*, notre pays non seulement n'avait rien perdu, mais avait acquis une gloire nouvelle, grâce à **Vouet**, **Claude le Lorrain**, **Philippe de Champagne**, **Le Sueur** et **Poussin**.

L'art de la *gravure* avait été porté à la perfection par **Jacques Callot**, de Nancy.

Les sciences. — Dans l'ordre *scientifique*, les *mathématiques*, l'*astronomie*, la *physique*, firent, dans la période qui nous occupe, d'immenses progrès, qu'elles durent surtout à **Descartes, Fermat, Gassendi** et **Pascal.**

Salomon de Caus, mort en 1635, avait pour la première fois expliqué le parti qu'on pouvait tirer de la *vapeur.*

En *médecine*, il y avait encore beaucoup trop de ces entêtés routiniers qui ne voulaient rien apprendre que dans les livres anciens, qui ne croyaient pas aux expériences et aux découvertes nouvelles, qui niaient la circulation du sang et qui aimaient mieux tuer leurs malades en restant fidèles aux anciennes règles que de les sauver en y manquant. Ce sont ces médecins que **Molière** devait peu après, et avec tant de raison, rendre si ridicules.

QUESTIONNAIRE.

1. Que faut-il entendre au juste par ces mots : *le siècle de Louis XIV?*
2. Qu'est-ce que l'Académie française, le *Jardin du Roi*, l'Académie de peinture et de sculpture ?
3. A quoi Corneille doit-il son illustration ?
4. Quels sont les principaux poètes, romanciers, auteurs de Mémoires, du temps de Henri IV, de Louis XIII et du ministère de Mazarin ?
5. Qu'est-ce que Descartes? Qu'est-ce que Pascal?
6. Nommez les principaux artistes français de la période qui se termina en 1661
7. Le progrès des sciences et surtout de la médecine dans notre pays fut-il très marqué à cette époque ?

TROISIÈME PARTIE

APOGÉE ET DÉCADENCE DE LA ROYAUTÉ (1661-1789)

CHAPITRE I

CARACTÈRE GÉNÉRAL DE CETTE PÉRIODE

SOMMAIRE. — Pendant cette période, le *territoire* de la France s'agrandit et le *pouvoir royal* s'étend. Le roi devient le maître absolu. Mais des *guerres inutiles* épuisent la nation et le *despotisme* égoïste du roi la désaffectionne. Les intérêts de la couronne deviennent peu à peu en contradiction avec les intérêts du peuple, et cette contradiction amènera la Révolution.

Les règnes de Louis XIV et de Louis XV marquent l'époque de l'*apogée* et de la *décadence* de la royauté.

Le territoire de la France continue à s'étendre, par les annexions successives de la **Flandre**, de la **Franche-Comté**, de **Strasbourg**, de la **Lorraine** et de la **Corse**, et, sous la monarchie des Bourbons, les diverses *provinces* tendent de plus en plus à se fondre en une seule *nation*.

Le *pouvoir royal* s'étend également. Le roi devient le maître absolu, maître glorieux, si c'est Louis XIV, maître vil, si c'est Louis XV. On ne convoque plus les *États généraux*, on ôte à la *noblesse* son indépendance, on annihile les municipalités et les États provinciaux et, pendant plus de cinquante ans, on interdit aux *parlements* de s'occuper des affaires de l'État. Dans l'ordre administratif et financier, tout se fait par des commissaires du roi appelés *intendants*, dont nous avons déjà parlé et qui étaient chargés chacun d'administrer une partie du royaume appelée le plus souvent *généralité*. Sans limites, sans contrôle, la monarchie se change en *despotisme*.

Il n'y a plus d'autre loi que la volonté du roi.

Des guerres entreprises par ambition ou par caprice font périr des milliers d'hommes et, à un moment, la France elle-même court danger de mort. La gloire militaire de Louis XIV exténue la nation ; les honteux désastres de Louis XV la blessent dans son orgueil.

Louis XIV.

A l'intérieur, c'est pour le peuple, surtout pour le peuple des campagnes, toute la misère de la *servitude.*

Et c'est justement pour sortir de servitude que jadis le *peuple* s'était allié au roi contre les tyrans locaux, contre la *féodalité.* Le roi était pour lui le suprême défenseur contre les abus. Maintenant le peuple s'aperçoit peu à peu que le gouvernement royal, centralisé et tout-puissant, l'opprime presque autant que l'avait opprimé la féodalité, dont il subsiste d'ailleurs des *restes intolérables.*

Les intérêts de la *nation*, qui a pris conscience d'elle-même, deviennent distincts de ceux du roi, qui n'est plus l'homme de la nation et dont le pouvoir perd ainsi sa base solide et vivante. Voilà la véritable cause de la décadence de la monarchie, que la révolution de 1789 va transformer, puis renverser.

QUESTIONNAIRE.

1. Quelles furent les annexions territoriales de 1661 à 1789?
2. Comment la monarchie se changea-t-elle en despotisme?
3. Comment les intérêts du peuple et ceux de la nation devinrent-ils contradictoires?

CHAPITRE II

GOUVERNEMENT PERSONNEL DE LOUIS XIV (1661-1715)

Sommaire. — Sous le gouvernement personnel de **Louis XIV** (1661-1715), l'*administration* est fortement centralisée, toutes les *libertés* régionales et nationales disparaissent. Si la guerre du *droit de dévolution* (1667-1668) nous donne la **Flandre**, si la guerre de *Hollande* (1672-1678) nous donne la **Franche-Comté**, les guerres de la *ligue d'Augsbourg* (1686-1697) et de la *succession d'Espagne* (1701-1715) mettent la France à deux doigts de sa perte. A l'intérieur, une épouvantable *persécution* est dirigée contre les consciences au profit de l'Église catholique. La *misère publique* est le résultat du faste, des guerres et de l'intolérance de Louis XIV.

Premiers actes de Louis XIV — A la mort de Mazarin (1661), Louis XIV, âgé de vingt-trois ans, gouverna par lui-même. Il était laborieux, zélé pour la splendeur de sa couronne. Mais il croyait qu'il ne tenait son pouvoir que de Dieu (c'est là la théorie du *droit divin*), que les biens et la vie de ses sujets lui appartenaient, que la France était sa *propriété personnelle*. Les institutions et les corps qui pouvaient s'opposer au despotisme ayant été détruits ou affaiblis par Richelieu, l'État, désormais, *c'était le roi*, et le roi se trouva être ambitieux, orgueilleux, infatué de sa personne, jusqu'à se faire construire à Versailles un *palais* qui coûta plus de 500 millions de notre monnaie, alors que parfois les paysans étaient réduits à *manger de l'herbe*.

Il voulut être à lui-même son premier ministre et, tout au contraire de Louis XIII, qui avait laissé la réalité du pouvoir à Richelieu, il s'appliqua à ce que ses ministres ne fussent que les *instruments dociles* de ses volontés. Aussi ne les choisit-il pas dans la noblesse.

Pendant longtemps, ces ministres furent habiles, surtout **Colbert**, qui rétablit les *finances* par d'heureux règlements, organisa l'*industrie*, fit des *routes* et des *canaux*, développa la *marine*, donna à la France un *empire colonial*. Mais il favorisa moins l'*agriculture*, et les laboureurs restèrent écrasés d'impôts, parce qu'il fallait de l'argent pour les plaisirs et les guerres de Louis XIV. **Louvois** forma une armée solide pour les conquêtes qu'on rêvait et qui fut commandée d'abord par des généraux de génie, **Condé** et **Turenne**. **Vauban** excella

Misère sous Louis XIV.

à construire des places fortes et à prendre celles de nos ennemis.

Guerre du droit de dévolution. — A l'extérieur, la grande ambition de Louis XIV fut d'abaisser encore le *roi d'Espagne* et même de réunir ses États à sa couronne.

Il en réclama d'abord quelques provinces au nom de sa femme Marie-Thérèse. C'est la guerre du *Droit de dévolution* (1667-1668). Il prit une partie de la **Flandre**, qu'il garda, et la **Franche-Comté**, qu'il rendit. (Traité d'Aix-la-Chapelle, 1668.)

Guerre de Hollande. — Il conçut alors le projet d'anéantir la **Hollande**, parce qu'il haïssait cette *république* protestante, que la liberté et le commerce avaient rendue prospère et où on imprimait des *pamphlets* contre le despotisme du roi de France. La guerre de Hollande (1672-1678) fut d'abord heureuse pour nos armes, et les soldats de **Louis XIV**, maîtres de presque tout le pays, marchaient sur **Amsterdam**, quand les Hollandais, dont le patriotisme républicain fut admirable, prirent une résolution désespérée pour sauver leur capitale. La Hollande est un pays conquis sur la mer au moyen de *digues*. Les **Hollandais** rompirent ces digues, et *l'inondation* força l'armée française à reculer. Ils renversèrent et firent périr le chef de

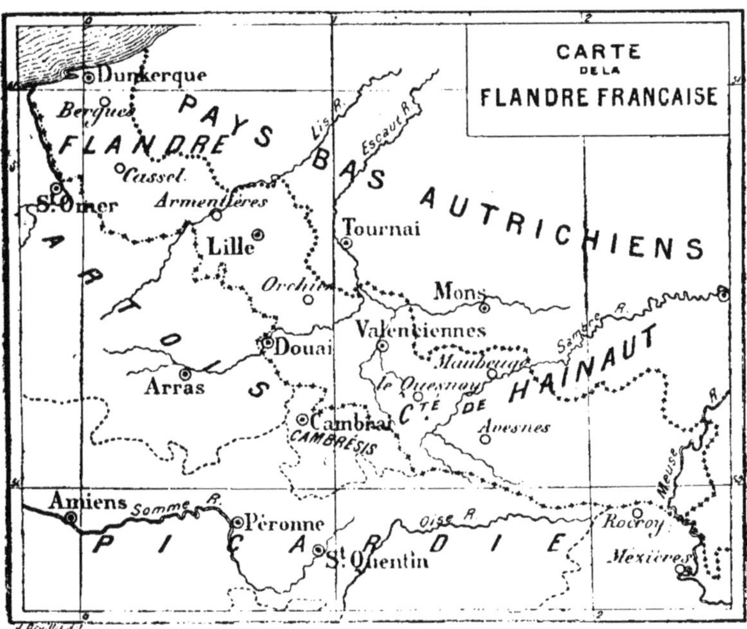

leur gouvernement, **Jean de Witt**, et le remplacèrent, sous le titre de *stathouder*, par **Guillaume d'Orange**, qui obtint l'alliance de l'Empereur et du roi d'Espagne. **Louis XIV** dut évacuer la Hollande, qui fut ainsi sauvée. La guerre se termina par le *traité de Nimègue* (1678); la Hollande restait indépendante et intacte. La France obtint deux colonies, le **Sénégal** et la **Guyane**, et une province, **la Franche-Comté**, conquise une seconde fois sur l'Espagne en 1674. Bientôt **Strasbourg** fut réuni à la couronne (1681). La ville de Paris décerna à Louis XIV le surnom de **Grand**.

Son orgueil devint sans bornes. Il aspira à la **couronne** *impériale.* Il fit des conquêtes en pleine paix. Toute l'Europe se sentit menacée.

Révocation de l'Édit de Nantes. — A l'intérieur, il essaya, sans y réussir, de fonder une *Église gallicane* indépendante du pape. Il échoua dans cette *tentative*, qui

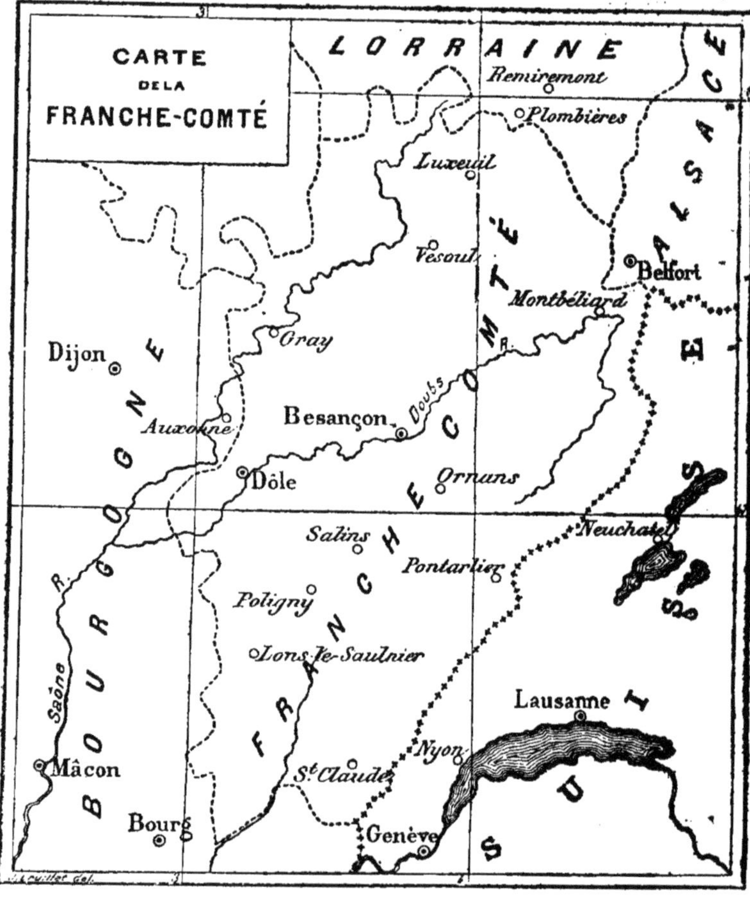

était chimérique, quoique conforme aux véritables intérêts de la France, mais malheureusement il réussit dans une autre entreprise, qui fut aussi funeste qu'odieuse, la *révocation de l'édit de Nantes* (1685).

On a vu plus haut (p. 68) que cet édit, donné par Henri IV en 1598, garantissait aux *protestants* la liberté d'exercer leur religion.

A l'époque où nous sommes arrivés, les protestants français étaient des sujets fidèles, de bons citoyens, plus instruits, plus actifs que la plupart des catholiques. Dans l'industrie, dans le haut commerce, dans l'armée, dans la marine, ils se faisaient remarquer par leur intelligence, leur probité et la pureté de leurs mœurs. C'était une *élite*, la force et l'honneur de la France.

Poussé par **Mme de Maintenon**, qu'il avait secrètement épousée et qui le plaça sous l'influence des Jésuites, encouragé par son ministre **Louvois**, homme dur et méchant, Louis XIV révoqua l'édit de Nantes, ôta aux pro-

Les Dragonnades.

estants les garanties que leur avait accordées son aïeul, démolit leurs temples et ordonna que leurs enfants leur fussent enlevés pour être élevés par des catholiques.

C'est dans le Midi, où les protestants étaient plus nombreux, que les persécutions revêtirent le caractère le plus atroce. On envoya des *dragons* pour forcer « ceux de la religion prétendue réformée », comme on appelait alors les protestants, à se convertir au catholicisme. On les emprisonna, on les frappa, on les tortura. On lia, dit-on, de jeunes mères aux colonnes de leur lit, pendant que leur enfant à la mamelle se tordait de faim sous leurs yeux. La plupart des malheureux protestants se convertirent ou firent semblant. Ceux qui s'obstinèrent héroïquement dans leur foi furent en grand nombre envoyés aux *galères*, où, à dessein, on les traita plus mal que les autres galériens. Plus de deux cent mille émigrèrent, quoique cela fût défendu sous les peines les plus rigoureuses, et portèrent à l'étranger leur industrie et leur fortune. C'est à une colonie de ces victimes de Louis XIV que la ville de *Berlin* doit le commencement de sa prospérité. Un faubourg de *Londres* se peupla de nos ouvriers en soierie tourangeaux et lyonnais. La France perdit la *suprématie industrielle* que lui avait acquise Colbert. Louis XIV la priva des services du premier de ses marins, **Duquesne,** et du premier de ses généraux, **Schomberg**, tous deux protestants. Parmi les émigrés, il y eut 600 officiers, 12,000 soldats, 9,000 matelots, les meilleurs du royaume; il y eut aussi des écrivains, des savants, des orateurs, l'élite de nos penseurs. La nation fut comme *décapitée* par cet abominable coup d'État religieux, dont les violences à l'intérieur se prolongèrent et s'accentuèrent jusque sous le règne de Louis XV et dont les effets à l'extérieur se sont fait sentir jusqu'à nos jours.

Guerre de la ligue d'Augsbourg. — Le premier de ces effets, ce fut de nous aliéner toutes les nations protestantes et en particulier l'*Angleterre*, où un Stuart, **Jacques II,** méditait un coup d'État analogue contre la majorité de ses propres sujets et en faveur de l'Église catholique.

Sous l'influence du stathouder de Hollande, **Guillaume d'Orange,** un pacte secret, signé en 1686 à **Augsbourg,** ligua contre nous presque toute l'Europe, y compris la catholique Espagne, et Guillaume, en 1688, se fit nommer roi d'Angleterre à la place de Jacques II, qu'une révolution pacifique expulsa.

Louis XIV prit fait et cause pour Jacques II et entreprit, malgré les Français, une guerre pour l'imposer de nouveau aux Anglais. La défaite de *Drogheda* en Irlande (1690), le désastre naval de *la Hougue* (1692), les efforts des coalisés d'Augsbourg contre nous, épuisèrent la France. Le maréchal **de Luxembourg** en Belgique, le maréchal **de Catinat** en Piémont sauvèrent le pays par leurs talents militaires. La paix de *Ryswick* (1697) obligea

Louis XIV à reconnaître Guillaume III comme roi d'Angleterre et à rendre une partie des conquêtes qu'il avait indûment faites après le traité de Nimègue.

Guerre de la succession d'Espagne. — Il y eut bientôt une nouvelle guerre plus désastreuse, celle de la *succession d'Espagne.*

Le roi d'Espagne, **Charles II**, mort sans enfants (1700), avait légué sa couronne à un petit-fils de Louis XIV, **Philippe**, duc d'Anjou, qui prit le nom de Philippe V. L'Angleterre, la Hollande, l'Autriche, la Savoie et le Portugal s'opposèrent à cette combinaison, qui leur semblait grossir démesurément la puissance française. Louis XIV fut vaincu partout : le prince **Eugène** et **Marlborough** envahirent la France, qui, après la défaite de *Malplaquet* (1709), se trouva à deux doigts de sa perte. La victoire de **Villars** à *Denain* (1712) amena les traités de paix d'*Utrecht*, de *Rastadt* et de *Bade* (1713-1714), qui permirent à Philippe V de régner sur l'Espagne. Mais Louis XIV dut démolir les fortifications de *Dunkerque* et céder à l'Angleterre nos colonies de *Terre-Neuve* et de l'*Acadie*, en Amérique. L'Angleterre se fit également céder par l'Espagne *Minorque* et *Gibraltar :* cette guerre, désastreuse pour nous, lui donnait la prépondérance maritime.

Fin du règne de Louis XIV. — A l'intérieur, les dernières années du règne de Louis XIV furent signalées par de nouvelles *persécutions* contre les protestants et aussi contre les *Jansénistes*, secte catholique dont l'austérité et l'indépendance irritaient le despotisme du roi.

Quand il mourut, en 1715, il laissa la France ruinée, en proie à la famine, souffrant de toutes les misères de la servitude. La nouvelle de la mort de celui qu'on avait appelé Louis le Grand fut saluée par des *cris de joie.*

QUESTIONNAIRE.

1. Quel était le caractère de Louis XIV ?
2. Quelles provinces et quelles villes furent annexées à la France sous son règne ?
3. Qu'est-ce que la révocation de l'édit de Nantes ?
4. Racontez la guerre de la ligue d'Augsbourg.
5. Exposez l'état de la France à la fin du règne de Louis XIV

CHAPITRE III

LES LETTRES, LES ARTS ET LES SCIENCES SOUS LOUIS XIV

SOMMAIRE. — Les *lettres* sont florissantes sous Louis XIV. C'est l'époque où **Racine** compose ses tragédies, **Molière** ses comédies, **La Fontaine** ses fables. Les autres grands écrivains sont **Mme de Sévigné, Bossuet, Fénelon**, etc.

L'*architecture* vise au grand avec **Perrault** et **Mansard** Les sculpteurs sont **Puget, Girardon** et **Coysevox**. Les peintres, **Le Brun** et **Mignard**. Il y a un grand musicien, **Lulli**. **Le Nôtre** crée les *jardins de Versailles.*

Les lettres sous Louis XIV (1661-1715). — Nous avons parlé plus haut (p. 85) de Corneille et de Pascal, qui vécurent aussi et écrivirent sous Louis XIV. Quand Corneille eut vieilli, sa gloire fut balancée par celle d'un autre poète tragique, **Racine**. L'auteur du *Cid* avait surtout chanté l'*héroïsme :* Racine fut le peintre d'âmes moins rudes, de caractères plus tendres. Ses plus célèbres tragédies sont *Andromaque, Britannicus, Phèdre, Athalie.*

Molière.

Le plus grand poète comique de la France vécut alors : c'est **Molière**. Il peignit dans *Tartufe* cette hypocrisie religieuse qui, à la fin du règne de Louis XIV, devait causer tant de maux. Ses plus célèbres comédies, outre *Tartufe*, sont le *Misanthrope*, les *Femmes savantes*, le *Bourgeois gentilhomme.* Il s'amusa aussi à composer des farces, qui font beaucoup rire, comme les *Fourberies de Scapin.* On joue toujours les pièces de Molière, où les

Français d'aujourd'hui se plaisent autant que ceux du XVIIe siècle. C'est que Molière personnifiait au plus haut degré les qualités de notre race : nul n'a été plus Français que lui par le cœur et par l'esprit.

La Fontaine n'est pas moins grand. Il a composé des *fables*, dont la plupart sont des chefs-d'œuvre par la vérité des sentiments et la poésie du style. On les apprend par cœur, surtout *la Cigale et la Fourmi, le Chêne et le Roseau, les Animaux malades de la peste, le Meunier, son Fils et l'Ane.*

Boileau a donné en vers des préceptes sur l'*art d'écrire*.

La Fontaine.

Il y eut des *moralistes*, comme **La Rochefoucauld** et **La Bruyère**, qui décrivirent en prose les mœurs de leur temps.

Mme de Sévigné a laissé des *lettres* pleines de grâce et d'esprit.

Le plus grand des *orateurs catholiques* d'alors, **Bossuet**, fit des *Sermons* et des *Oraisons funèbres*. Il écrivit aussi un *Discours sur l'histoire universelle*. **Bourdaloue** et **Massillon** s'illustrèrent également dans l'éloquence de la chaire.

A la fin du règne de Louis XIV, quand la France fut lasse de son despotisme, la littérature devint *politique*. **Fénelon**, dans son roman politique et moral, le *Télémaque*, traça le portrait idéal du roi sage et juste. **Vauban**, maréchal de France et écrivain, publia un livre, *la Dîme royale*, où il proposait un meilleur plan d'organisation financière.

Un illustre protestant, **Pierre Bayle**, que la tyrannie de Louis XIV força à se réfugier en Hollande, fit paraître foule d'écrits très hardis où il glorifiait la *liberté de pensée* et combattait le fanatisme religieux.

Les arts en France de 1661 à 1715.— L'*architecture* plait au goût fastueux de Louis XIV. Claude **Perrault** élève la *colonnade du Louvre ;* Hardouin **Mansard**, le *château de Versailles*. Même dans l'architecture privée, on s'efforce de faire grand.

Un sculpteur de génie, Pierre **Puget**, fut le Michel-Ange français. Les deux autres sculpteurs les plus célèbres de cette époque furent **Girardon** et **Coysevox**.

En *peinture*, **Le Brun** peignit pour Louis XIV les *Batailles d'Alexandre*. **Mignard**, imitateur des Italiens, illustra de fresques la *coupole du Val-de-Grâce*.

Château de Versailles.

L'Italien **Lulli** fit triompher en France la musique de son pays. Il composa des opéras dont Quinault écrivit les paroles.

Il y eut aussi un *art des jardins*. On violenta la nature pour produire un effet d'unité et de symétrie. Les *jardins de Versailles* sont le chef-d'œuvre de **Le Nôtre** et le type de ce qu'on appelle le *jardin français*.

QUESTIONNAIRE

1. Nommez des tragédies de Racine.
2. Qu'est-ce que Molière ?
3. Qu'a fait La Fontaine ?
4. Quels sont les moralistes ?
5. Énumérez les principaux écrivains en prose.

6. Qu'est-ce que Pierre Bayle?
7. Quel est le caractère de l'architecture sous Louis XIV?
8. Quels sont les principaux peintres ?

CHAPITRE IV

RÈGNE DE LOUIS XV (1715-1774)

Sommaire. — Le règne de **Louis XV** (1715-1774) fut aussi funeste et plus honteux que celui de Louis XIV. La France s'agrandit encore de deux provinces, la **Lorraine** et la **Corse**. Mais elle perdit presque tout son *empire colonial*. Son argent et son sang furent prodigués pour des guerres *inutiles* ou *désastreuses : guerre de la succession de Pologne* (1733-1738), guerre *de la succession d'Autriche* (1741-1748), guerre *de Sept ans* (1756-1763). Dominé par des *favorites* frivoles ou infâmes, le roi sacrifie l'honneur et les biens de la nation à ses plaisirs crapuleux; il affame volontairement ses sujets par le *pacte de famine*.

Caractère de Louis XV. — Le règne de Louis XIV avait duré soixante-douze ans : celui de **Louis XV** dura cinquante-neuf ans, pendant lesquels les suprêmes hontes furent infligées à la France, à cause du caractère vicieux et égoïste de ce roi, qui ne songea qu'à ses plaisirs, auxquels il sacrifia les intérêts et l'honneur de ses sujets. On prétend qu'il disait : *Après moi le déluge !*

Régence de Philippe d'Orléans (**1715-1723**). — Louis XV n'avait que cinq ans quand il monta sur le trône. C'est le **duc d'Orléans** qui exerça la régence pendant la *minorité* du roi. Au début, il y eut une réaction contre le despotisme de Louis XIV et la France put croire qu'un régime sage et libéral s'établirait. Le régent avait de l'esprit, mais point de caractère : un homme odieux, l'abbé **Dubois**, dont il fit un archevêque, un cardinal et un premier ministre, lui donna les plus funestes conseils, et, vendu à l'Angleterre, nous brouilla pour un temps avec l'Espagne.

Les *prodigalités* du régent avaient encore accru la *détresse financière* causée par les guerres de Louis XIV. Un étranger, l'Écossais **Law**, essaya de les relever par un *système* qui reposait sur le crédit. Mais son système échoua et ce fut une affreuse *banqueroute*[1].

La rue Quincampoix.

Ministère du duc de Bourbon (1723-1726). — A la mort du duc d'Orléans, le **duc de Bourbon** devint premier ministre de Louis XV, qui venait d'être déclaré majeur. Il continua la politique du régent et mécontenta notre alliée naturelle, l'Espagne

A l'intérieur, les *persécutions religieuses* recommencèrent au profit de l'Église catholique. L'abominable déclaration du 14 mai 1724 rétablit la peine des galères perpétuelles contre les protestants qui exerceraient leur religion et la peine de mort contre leurs pasteurs. Ils furent forcés de faire élever leurs enfants dans la religion catholique, et les médecins durent dénoncer les moribonds, afin qu'on les forçât à recevoir les sacrements. Plus tard, les philosophes aussi furent persécutés par le même roi, qui, en 1757, édicta la peine de mort contre les écrivains qui oseraient exprimer des doctrines contraires à la monarchie et à l'Eglise.

Guerres de Louis XV. — Il y eut trois grandes

1. Un bossu, dans la rue Quincampoix, gagna une fortune à prêter son dos comme pupitre aux personnes qui voulaient souscrire aux opérations de Law.

guerres sous Louis XV, la guerre *de la succession de Pologne*, la guerre *de la succession d'Autriche* et la guerre *de Sept ans.*

La *guerre de la succession de Pologne* (1733-1738) fut faite contre l'Autriche au profit du beau-père de Louis XV, Stanislas **Leczinski**, ancien roi de Pologne, que l'Autriche

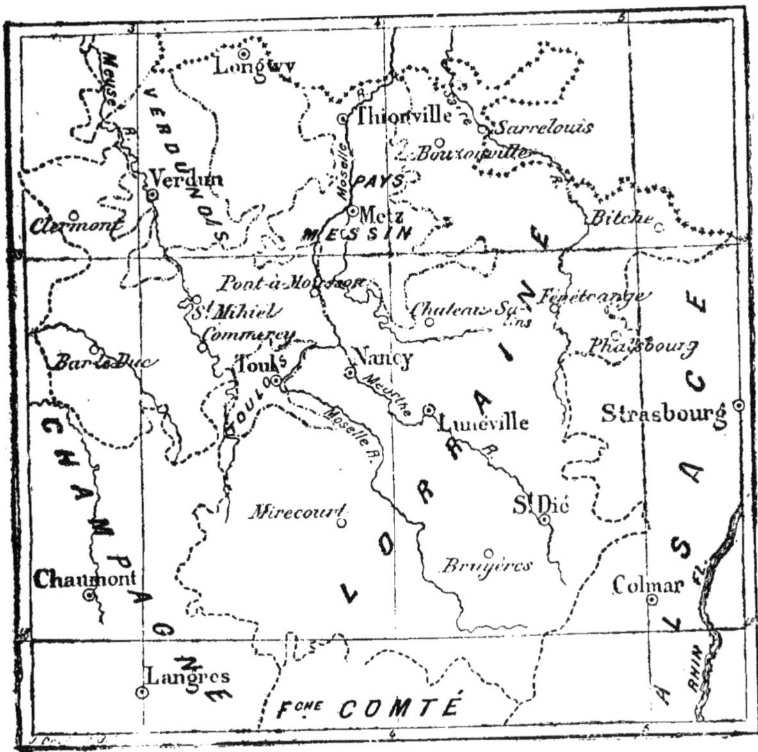

Carte de la Lorraine.

et la **Prusse** voulaient empêcher de le redevenir. Nous fûmes victorieux, et, par le *traité de Vienne* (1738), Stanislas, en échange de sa couronne de Pologne, reçut la **Lorraine**, sous la condition qu'à sa mort cette province reviendrait à la France. C'est ainsi qu'en 1766 la Lorraine fut réunie à la France.

La *guerre de la succession d'Autriche* (1741-1748) avait pour but d'abaisser la maison d'Autriche, au moment où les droits de **Marie-Thérèse**, fille de l'empereur Charles VI, étaient contestés. Notre principal allié était le roi de

Prusse, **Frédéric II**. Mais Marie-Thérèse obtint l'alliance de l'Angleterre. D'abord vaincus et envahis par les Impériaux, nous reprîmes l'avantage, et le maréchal **de Saxe**, étranger au service de Louis XV, battit les Anglais à *Fontenoy* (1745). Presque toute la *Belgique* fut prise. Par le traité d'*Aix-la-Chapelle* (1748), Louis XV, qui disait vouloir traiter en roi et non en marchand, renonça à toute conquête et à tout avantage. Les Français avaient versé leur sang pour le roi de Prusse, qui se rendit maître de la *Silésie*.

Mort du chevalier d'Assas.

Ainsi grandit, par la faute d'un de nos rois, la fortune de la Prusse.

Un Français énergique, **Dupleix**, avait commencé la conquête des *Indes* : Louis XV eut la lâcheté de le rappeler, pour complaire aux Anglais (1754), qui purent ainsi fonder leur immense empire indien.

La *guerre de Sept ans* (1756-1763), entreprise de concert avec l'Autriche contre le roi de Prusse par le caprice d'une favorite de Louis XV, **Mme de Pompadour**, ne fut qu'une suite de désastres. L'Angleterre en profita pour nous attaquer. Elle nous prit le *Canada*, malgré la résistance héroïque de **Montcalm**. Nous fûmes vaincus à *Belle-Isle*, que les Anglais occupèrent (1761). Le grand Frédéric nous infligea la cruelle défaite de *Rosbach* (1757). En vain un habile ministre des affaires étrangères, **Choi-**

seul, conclut le *pacte de famille* (1761), qui nous donnait l'alliance de tous les Bourbons régnants. Par le honteux *traité de Paris* (1763), Louis XV sacrifia presque toutes nos colonies, notamment le *Canada*, l'*Inde* et le *Sénégal*, cédés aux Anglais, et la *Louisiane*, donnée aux Espagnols (1).

Fin du règne de Louis XV. — Au moment où la guerre finissait, les *Jésuites* furent expulsés de France

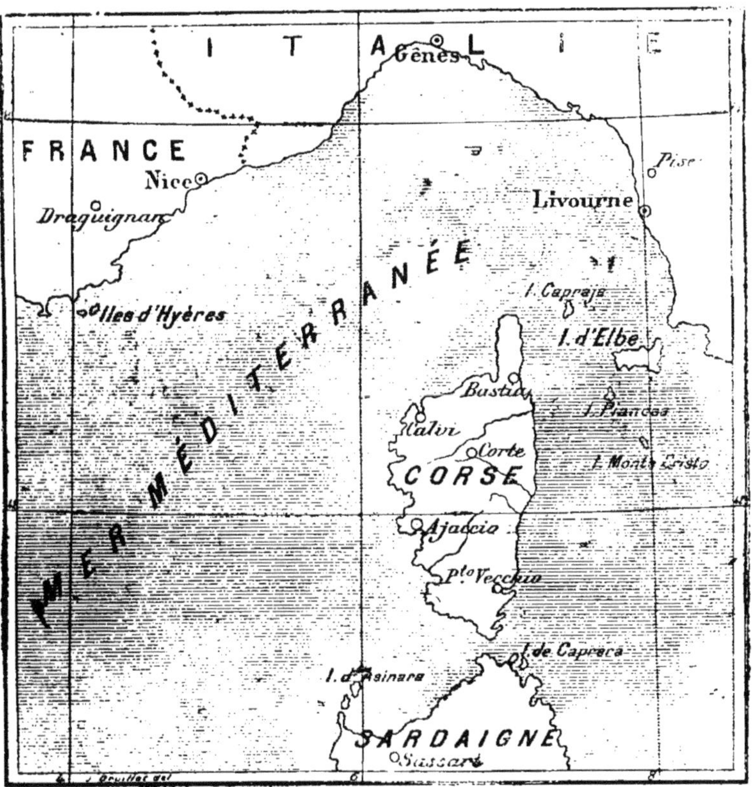

(1762-1764). Les bons Français les virent partir avec joie. Mais, comme ils s'étaient peu à peu emparés des plus importants collèges et qu'on les expulsa sans avoir eu soin

(1) C'est pendant la guerre de Sept ans qu'eut lieu l'acte héroïque du **chevalier d'Assas**, capitaine au régiment d'Auvergne. En 1760, l'armée française allait être surprise par Brunswick, lorsque d'Assas, envoyé en reconnaissance, la sauva, à ce que raconte Voltaire, en n'écoutant pas les menaces de l'ennemi qui lui promettait la vie sauve s'il se taisait, et en criant : « A moi, d'Auvergne, voici les ennemis ! » Il tomba aussitôt percé de coups.

de former un *personnel enseignant* pour les remplacer, l'*instruction secondaire* s'affaiblit notablement.

En 1768, Louis XV acheta la **Corse** aux Génois : cette île, qu'il fallut conquérir, fut soumise l'année suivante et définitivement incorporée à la France en 1789.

Dans les dernières années de sa vie, Louis XV, tombé sous l'influence d'une vile aventurière nommée **Mme Dubarry**, acheva de déshonorer son règne. Il supprima les *parlements*, qui formaient la seule barrière contre le despotisme et qui seront rétablis par Louis XVI Sous **Terray**, l'État fit *banqueroute*, et Louis XV profita de la détresse de ses sujets pour spéculer lui-même sur les grains : c'est le *pacte de famine*.

Louis XV mourut de la petite vérole en 1774.

QUESTIONNAIRE.

1. Quel était le caractère de Louis XV ?
2. Racontez l'histoire de la Régence.
3. Qu'est-ce que la déclaration de 1724 ?
4. Dites comment les guerres de Louis XV furent inutiles et désastreuses?
5. Racontez la guerre de Sept ans.
6. Racontez la fin du règne de Louis XV.

CHAPITRE V

PREMIÈRE PARTIE DU RÈGNE DE LOUIS XVI (1774-1789)

SOMMAIRE. — Pendant la première partie du règne de **Louis XVI** (1774-1789), prince plus honnête, mais sans caractère et sans intelligence, il se produit des *tentatives de réformes*, dirigées tour à tour par **Turgot** et par **Necker**. La France fait la guerre à l'*Angleterre* pour aider à l'émancipation des *républicains de l'Amérique septentrionale.* Il y a de beaux mouvements, de nobles aspirations : mais ces généreuses tentatives échouent par la résistance des privilégiés et l'incapacité du roi. La détresse financière le décide à convoquer les *États généraux*, d'où sortira la Révolution.

Caractère de Louis XVI. — Louis XVI n'était ni orgueilleux comme Louis XIV, ni vicieux comme Louis XV. Animé au début d'assez bonnes intentions, il n'avait pas assez de volonté ni d'intelligence pour les réaliser. De plus, c'était un *dévot*, qui préférait les intérêts de la religion à ceux de la nation. Il avait épousé une princesse autrichienne, l'altière et frivole **Marie-Antoinette**, fille de Marie-Thérèse, qui donna à son mari d'impolitiques conseils, dont tous deux furent les victimes et qui ne nuisirent pas moins à la nation.

Turgot. — Louis XVI prit pour premier ministre **M. de Maurepas**, vieux courtisan égoïste, mais qui s'adjoignit des collaborateurs éminents, **Malesherbes**, **de Vergennes** et surtout **Turgot**, homme de grand talent, qui pensait qu'une réforme de l'État était nécessaire et qu'il fallait la faire pacifiquement. Il songeait à associer la nation au gouvernement par le moyen de *corps élus* et délibérants, et à établir un *impôt territorial* qui aurait porté aussi bien sur les nobles et le clergé que sur le tiers état. On le laissa d'abord faire quelques réformes utiles, supprimer les douanes intérieures, la corvée, les jurandes et maîtrises, c'est-à-dire rendre le travail libre : puis les *privilégiés* s'unirent contre lui, le roi le renvoya au bout de deux ans et les anciens abus reprirent leur cours.

Necker, Calonne, Loménie de Brienne. — Un banquier genevois, **Necker**, fut bientôt placé à la tête des finances, où il essaya de mettre de l'ordre. Sans reprendre les grands projets de Turgot, il créa des *Assemblées provinciales* dans quelques provinces. Mais les privilégiés le firent renvoyer comme ils avaient fait renvoyer Turgot (1781). Un des successeurs de Necker, **Calonne**, accrut encore par ses folies la détresse des finances. On ne vit plus de remède que dans un retour aux idées de Turgot : une *Assemblée de notables* fut convoquée, et Calonne quitta le ministère (1787). Le roi promit de convoquer les *États généraux* , mais seulement dans cinq ans. **Loménie de Brienne**, devenu premier ministre, eut à lutter, pour l'enregistrement d'édits financiers, contre les *parlements*, qui, rappelés depuis le début du règne de Louis XVI, furent congédiés et remplacés par une *Cour plénière*. Mais **Necker**, redevenu ministre, les rappela de nouveau (1788). Le roi, pressé par la détresse des finances, avait dû écouter le cri général de la nation et convoquer les **États généraux** pour le mois de mai 1789.

Guerre de l'indépendance américaine. — Les colons anglais de l'Amérique du Nord s'étaient insurgés contre leur *métropole* et avaient proclamé la République des treize États unis de l'Amérique septentrionale. Leur chef était **Washington**, un des plus grands citoyens qui aient paru. Beaucoup de Français, parmi lesquels **La Fayette**, allèrent spontanément porter secours aux républicains d'Amérique. Ceux-ci envoyèrent en France Benjamin **Franklin**, qui obtint de Louis XVI un traité d'alliance défensive et offensive. Nous voilà en guerre contre l'Angleterre, mais c'était une guerre pour une noble cause. Nos soldats, transportés en Amérique, aidèrent les insurgés à chasser les Anglais. Par le *traité de Versailles* (1783), l'Angleterre reconnut l'indépendance des États-Unis, et nous rendit, avec le *Sénégal*, quelques petites colonies. Cette guerre pour des républicains donna aux Français le goût de la liberté et prépara ainsi la *Révolution*.

Institutions sous Louis XVI. — Une des tentatives les plus sérieuses pour transformer libéralement l'ancien régime, a été la création d'*Assemblées provinciales* sous Louis XVI. Ces Assemblées étaient formées de personnes prises dans les trois ordres (*clergé*, *noblesse* et *tiers état*), par un mode d'élection où le choix du roi intervenait. Elles étaient chargées de tout ce qui concernait la *levée* et la *répartition* des impôts directs. Essayée d'abord dans une seule province, le *Berri* (1778), cette institution fut ensuite appliquée à d'autres provinces, puis à toutes celles qui n'avaient pas d'États (1787). Les Assemblées provinciales rendirent quelques services, mais le peuple n'intervenait pas assez dans la formation de ces corps, qui, *trop peu démocratiques*, ne pouvaient opérer la régénération générale de l'État, que tant d'abus rendaient indispensable et qui fut l'œuvre de la Révolution.

Abolition partielle de la torture. — Sous l'ancien régime, les juges usaient de la torture ou *question* envers les accusés et les coupables. On torturait un accusé pour compléter par un aveu la preuve des délits : c'était la *question préparatoire*. On torturait un condamné pour obtenir de lui la révélation de ses complices : c'était la *question préalable*. Les tortures se faisaient, soit en versant lentement plusieurs *pintes d'eau* dans la bouche du patient, soit en lui serrant les jambes entre des planches jusqu'à les lui briser, soit en lui brûlant les pieds. Enfin, on ne se bornait pas à pendre ou à décapiter : on *torturait* aussi certains condamnés pour leur rendre la mort plus douloureuse. Les assassins et les voleurs de grands chemins étaient exposés sur une *roue*, après qu'on leur avait rompu les bras et les jambes, jusqu'à ce qu'ils expirassent. Les *impies*, les *sacrilèges* et les *empoisonneurs* étaient brûlés vifs. D'autres supplices plus affreux, comme l'*écartèlement*, furent en usage jusqu'en 1757, et la dernière victime en fut un certain **Damiens**, qui avait voulut tuer **Louis XV.** Louis XVI abolit définitivement la question

Supplice de Damiens.

préparatoire (1780) et provisoirement la question préalable (1788). Mais il laissa subsister les autres tortures : elles furent toutes supprimées par la Révolution française, qui édicta que la peine de mort consisterait dans la simple privation de la vie par la *décapitation*, « sans qu'il puisse jamais être exercé aucune torture envers les condamnés ».

Édit de tolérance. — On a vu que, par la révocation de l'édit de Nantes et par la déclaration de 1724, les *protestants* étaient véritablement mis hors la loi. Ils ne pouvaient sans abjurer ni faire constater la naissance de leurs enfants, ni se marier, ni hériter. Sous l'influence de citoyens généreux, comme **La Fayette, Malesherbes, Rabaut Saint-Etienne**, l'édit de 1787 accorda l'*état civil* aux non-catholiques, mais réserva à la seule religion catholique l'exercice du culte public, et on continua à interdire aux protestants l'accès de la plupart des fonctions de l'État. Ce n'était là qu'une *tolérance :* il était réservé à la Révolution d'accorder la véritable liberté de conscience.

Esprit public. — Au XVIIIe siècle, il s'était formé peu à peu un *esprit public*, c'est-à-dire que la nation, au lieu d'obéir *passivement*, commençait à raisonner, à discuter, à prendre conscience d'elle-même, à se croire capable de se diriger. Les *philosophes* avaient en quelque sorte réveillé sa conscience. Ces institutions tyranniques et contradictoires, dont l'ensemble monstrueux formait ce qu'on appelle l'*ancien régime*, elle osait les juger, les critiquer; elle les voyait détestables et elle sentait qu'il fallait les détruire; sans quoi, c'est la France qui périrait. De cet esprit public est sortie la Révolution.

QUESTIONNAIRE.

1. Quel était le caractère de Louis XVI?
2. Qu'est-ce que Turgot?
3. Racontez la lutte de la royauté contre les parlements?
4. Qu'est-ce que Washington?
5. Qu'est-ce qu'une Assemblée provinciale?
6. Comment la torture fut-elle abolie en partie?
7. Qu'est-ce que l'édit de tolérance?
8. Que faut-il entendre par le réveil de l'esprit public au XVIIIe siècle?

CHAPITRE VI

LES LETTRES LES ARTS ET LES SCIENCES SOUS LOUIS XV ET SOUS LOUIS XVI (1715-1789)

SOMMAIRE. — Au XVIIIe siècle, la littérature devient politique, avec **Voltaire**, **Montesquieu**, **Diderot**, Jean-Jacques **Rousseau**, **Beaumarchais** : elle prépare la Révolution française.

L'*architecture* produit moins de chefs-d'œuvre : citons cependant le *Panthéon*, par **Soufflot**. On crée des *jardins anglais*. Les *sculpteurs* sont **Coustou**, **Bouchardon**, **Pigalle** et **Houdon**. Les *peintres*, **Watteau**, **Boucher**, **Fragonard**, **Greuze** et **David**. Le plus célèbre *musicien* est **Rameau**.

Le XVIIIe siècle aime et fait progresser les *sciences* par

d'Alembert, Condorcet, Lagrange, Clairaut, Lavoisier, Berthollet, Fourcroy, Buffon, Jussieu. La *médecine* devient une *science.*

Les lettres sous Louis XV et sous Louis XVI. — Pendant tout le XVIIIe siècle, c'est surtout la *politique* qui enleva la littérature. Plus la monarchie devenait absolue, plus les esprits s'éclairaient. Ce *désaccord* entre le roi et la nation, que nous avons déjà signalé, se marqua surtout dans les œuvres des écrivains. Philosophes, économistes, poètes, historiens, romanciers, pamphlétaires, firent le procès du despotisme, attaquèrent le trône et l'autel, dont l'alliance opprimait la France. Un homme de génie, **Voltaire**, fut le principal ouvrier de cette généreuse entreprise, qui visait à rendre ses droits à la nation par le moyen de la raison. Voltaire excella dans tous les genres : poète tragique, il fit *Brutus*, *Mérope*, *Zaïre ;* historien, l'*Essai sur les mœurs* et le *Siècle de Louis XIV ;* philosophe, le *Dictionnaire philosophique ;* poète épique, *la Henriade ;* épistolier, une immense et admirable correspondance, sans parler d'une foule de pamphlets et d'opuscules amusants et éloquents. Partout, il plaide la cause de l'humanité et de la liberté, avec autant de cœur que d'esprit. Il fait rire, et il émeut. Il réhabilite l'innocence calomniée, et il se moque des sots et des méchants. Aujourd'hui encore, tous les adversaires de la République, tous les fanatiques rétrogrades ou pédants haïssent Voltaire. Il est aimé au contraire de tous ceux qui aiment notre France libre et démocratique, issue de la Révolution française.

Voltaire.

L'idée de réformer l'État conformément à la raison inspira d'autres écrivains, par exemple **Montesquieu**, qui fit l'*Esprit des lois*.

Diderot, d'Alembert et une société d'écrivains remarquables publièrent, au milieu du siècle, l'*Encyclopédie*, vaste compilation où, en résumant l'état actuel des connaissances, ils combattirent le fanatisme religieux.

Un Genevois, qui fut un grand écrivain français, **Jean-Jacques Rousseau**, prêcha éloquemment le retour à la nature dans l'*Émile*. Il exposa aussi ses vues politiques dans le *Contrat social*.

Parmi les écrivains qui établirent le mieux les droits de la nation, il faut citer **Mably**, **Raynal**, **Condorcet** et **Turgot**.

Sous Louis XVI, un auteur comique en prose, **Beaumarchais**, fit représenter avec un vif succès deux comédies, *le Barbier de Séville* et *le Mariage de Figaro*, qui sont aussi des plaidoyers contre les abus de l'ancien régime.

Il y a cependant encore des œuvres littéraires auxquelles les tendances politiques sont à peu près étrangères, mais moins belles et moins fortes que dans l'âge précédent. Signalons au début du siècle le poète tragique **Crébillon**, et le romancier **Lesage**, auteur de *Gil Blas;* au milieu, **Marivaux** et ses comédies en prose ; à la veille de la Révolution, **Bernardin de Saint-Pierre** qui, dans son conte de *Paul et Virginie*, décrit la nature tropicale et prépare les voies au *romantisme*.

Un grand écrivain en prose, **Saint-Simon**, composa au début du règne de Louis XV des *Mémoires* où il racontait une partie des règnes de Louis XIV et de Louis XV : mais ses écrits n'ont été entièrement publiés que de nos jours.

Les arts en France de 1715 à 1789. — L'architecture *publique* et *religieuse* vise toujours au grand, mais produit moins de chefs-d'œuvre. Le plus bel édifice élevé au XVIIIe siècle est le *Panthéon*, œuvre de **Soufflot.** Dans l'architecture *privée*, on renonce aux beaux et grands hôtels pour bâtir des maisons jolies et commodes.

L'*art des jardins* change. Au lieu de violenter la nature, on l'imite. Plus de symétrie : ce sont des allées tournantes, des bois, des ruisseaux capricieux, des *paysages* comme dans la réalité. Ces nouveaux jardins s'appellent *jardins anglais*.

La *sculpture* est plus élégante que belle avec **Coustou** et **Bouchardon**. Mais elle s'élève par un retour à la nature avec **Pigalle** et **Houdon**.

La *peinture* n'excelle plus dans les grands sujets militaires et religieux, comme sous Louis XIV. Elle est plutôt spirituelle, mondaine, ou sentimentale, avec **Watteau**, **Boucher**, **Fragonard** et **Greuze**. **David**, sous Louis XVI, revient à la peinture d'histoire et représente les Grecs et les Romains.

Les sciences de 1715 à 1789. — Le XVIIIe siècle cultiva les *sciences* avec amour, et certains philosophes sont en même temps des mathématiciens, comme **d'Alembert** et **Condorcet**. Citons encore le mathématicien **Lagrange**, le géomètre **Clairaut**; dans les sciences physiques et chimiques, **Lavoisier**, **Berthollet**, **Fourcroy**; dans les sciences naturelles, **Buffon**; en botanique, **Jussieu**.

La *médecine*, si routinière au XVIIe siècle, devient *scientifique*, grâce aux découvertes de **Lavoisier** et de **Fourcroy**. Louis XVI fonde l'*Académie de médecine*. On invente et on pratique la *vaccination*.

QUESTIONNAIRE.

1. Quelle est l'œuvre de Voltaire?
2. Quel est le caractère de la littérature au XVIIIe siècle?
3. Quels sont les principaux sculpteurs et les principaux peintres sous Louis XIV?
4. Dites ce que vous savez sur la peinture au XVIIIe siècle.
5. Parlez de l'architecture de 1715 à 1789.
6. Quels furent les savants célèbres de 1715 à 1789?
7. Quels progrès fit la médecine à la même époque?

QUATRIÈME PARTIE

LA RÉVOLUTION FRANÇAISE (1789-1799

CHAPITRE I

CAUSES GÉNÉRALES DE LA RÉVOLUTION FRANÇAISE

SOMMAIRE. — La Révolution française fut amenée par les fautes de Louis XIV et de Louis XV. Grâce aux écrivains et aux penseurs, la nation avait pris conscience d'elle-même. Elle se sentait en état de servitude sous le despotisme royal. Il n'y avait plus aucune liberté : l'Église et le trône étaient associés pour tyranniser les consciences. Les Français n'étaient pas égaux : il y avait deux ordres privilégiés, la *noblesse* et le *clergé*, qui formaient une infime minorité de la nation. Presque toutes les charges retombaient sur un troisième ordre, le *tiers état*, c'est-à-dire le peuple, qu'on laissait sans instruction sérieuse. La *patrie* n'était pas encore ce que nous la voyons aujourd'hui : la France n'était qu'une réunion de plusieurs peuples sous un même roi. Une révolution était nécessaire pour affranchir le peuple et fonder la patrie.

La Révolution française est le résultat de toute l'histoire de France. L'*ancien régime*, transformé en despotisme sous Louis XIV et Louis XV, se détruisit lui-même par ses crimes et par ses vices. Mais il aurait peut-être duré quelque temps encore, si les *écrivains* et les *penseurs* du XVIIIe siècle n'avaient hâté par leurs livres le réveil de la *conscience nationale*.

Il faut dire ici pourquoi l'ancien régime était devenu intolérable.

Despotisme royal. — Il n'y avait pas de *constitution*. Le roi se croyait représentant de Dieu : son bon plaisir était la loi, tous les Français devaient s'y soumettre aveuglément. Toutes les libertés nationales, provinciales et municipales avaient été détruites ou rendues impuissantes. Les États généraux n'avaient pas été réunis depuis 1614, et les *remontrances* des parlements ne produisaient que peu d'effet. Le roi dépensait, pour son bien-être et pour celui de ses favoris, peut-être plus de *cent millions* par an. Dans son palais de Versailles, il déployait un faste inouï, pendant que le peuple souffrait de la faim et que les paysans en étaient réduits parfois à manger de l'herbe.

Servitude de la nation. — Le roi et ses agents

pouvaient jeter en prison qui bon leur semblait, sans jugement aucun. Il suffisait pour cela d'une *lettre de cachet*, et, ces lettres, on les vendait, avec le nom en blanc, à quiconque était assez riche pour en acheter. Même sous Louis XVI, qui n'était pas méchant, on en distribua 14,000.

La *presse* n'était pas libre : on ne pouvait rien imprimer sans la permission du roi. Il n'y avait que quelques journaux insignifiants. Si on publiait quelque chose qui déplût au gouvernement ou à l'Église catholique, on s'exposait à la potence.

La religion catholique exerçait une véritable tyrannie. Ceux qui n'y croyaient pas s'exposaient à être odieusement persécutés. Ce n'est qu'en 1787 que les non-catholiques obtinrent, on l'a vu, un peu de *tolérance :* mais **la *vraie liberté*** leur était refusée.

Quant à **la justice**, il n'y avait point de lois uniformes. Même il y avait **plusieurs** justices, celle des rois, celle des seigneurs. La peine de **mort** était prodiguée. Les juges achetaient leurs charges. Les **tribunaux** procédaient avec lenteur, arbitraire, iniquité.

Inégalité des personnes. — Aujourd'hui, **nous** sommes tous *égaux* en droits. Avant 1789, il y avait *trois nations* dans la nation. C'est ce qu'on appelait les trois *ordres*, c'est-à-dire le *clergé*, la *noblesse*, le *tiers état*. Les deux premiers ordres, formés de moins de 300,000 personnes, avaient tous les droits, tous les privilèges, et s'intitulaient *ordres privilégiés*. Ils se refusaient à payer presque tous les impôts, et c'était le *tiers état* qui les payait.

Par tiers état, on entendait tous les Français qui n'étaient pas nés nobles, et on les appelait aussi *roturiers*, *vilains*. Ils étaient plus de 25 millions de personnes, que l'on croyait nées pour servir le clergé et la noblesse.

C'est eux qui payaient au roi presque tous les impôts, *aides*, *tailles*, *gabelles*, et, comme la *féodalité* n'avait pas encore entièrement disparu, ils payaient d'autres impôts au clergé et à la noblesse.

Au clergé, le paysan payait la *dîme* ou le dixième de son revenu : mais souvent ce dixième se trouvait en fait porté au quart ou au tiers du revenu net.

Au noble, il payait une foule de droits, qui s'appelaient *droits casuels*, *champart*, *banalités*, *péages*, *tailles seigneuriales*, etc. Il fallait livrer au seigneur le douzième de son blé, faire pour lui des travaux gratuits appelés *corvées*, se servir, moyennant finances, de son pressoir, de son moulin, de son four, entretenir, sous peine de châtiments terribles, son gibier, qui dévorait les récoltes.

Quand le fisc du roi et le fisc du seigneur avaient passé sur les vilains, il ne leur restait pas toujours un morceau de pain. Bien souvent le revenu ne suffisait pas à payer l'impôt, et on préférait laisser sa terre en friches. Cet odieux système faisait de notre fertile France un pays pauvre, et la majorité de la nation souffrait pour le bien-être de quelques privilégiés.

En outre les propriétés des *roturiers*, seules soumises à l'impôt, formaient à peine le *quart du territoire:* le roi, le clergé et les nobles possédaient, sans avoir à payer d'impôts, les *trois autres quarts.*

En 1789, il y avait encore en France beaucoup de *serfs*, sorte d'esclaves, que les seigneurs possédaient corps et biens.

L'inégalité des personnes s'étendait jusqu'à l'*armée;*

on ne pouvait pas passer officier si on ne faisait preuve de *quatre quartiers de noblesse.* Les soldats, arbitrairement recrutés, étaient châtiés comme des animaux.

L'*instruction publique* était aux mains du clergé. Sans doute, les écoles étaient nombreuses, mais des instituteurs ignorants n'y enseignaient guère qu'une obéissance servile au roi et à l'Église.

Enfin la *patrie* n'existait pas comme aujourd'hui. Des lignes de *douanes* séparaient les provinces. C'était autant de peuples juxtaposés, avec des intérêts distincts ou même hostiles. La France offrait l'image d'une réunion de peuples sous un roi, et non d'une nation en un seul corps et en une seule âme.

Mais le *sentiment patriotique* était né. Tous ces peuples aspiraient à se fondre en un seul peuple, formé de frères et d'égaux. C'est pourquoi les révolutionnaires reçurent le nom de *patriotes*. Or, pour fonder la patrie, il fallait détruire le despotisme royal, qui empêchait les membres de se rejoindre en un corps de nation, parce qu'il voulait dominer en divisant. Cette fondation de la patrie sous une même loi fut l'œuvre principale de la Révolution française.

QUESTIONNAIRE.

1. Qu'était-ce que le despotisme royal sous l'ancien régime ?
2. Comment la justice était-elle rendue ?
3. Que faut-il entendre par l'inégalité des personnes avant 1789 ?
4. Qu'était-ce que le tiers état ?
5. Comment entendait-on le mot de *patrie* ?
6. Pourquoi une révolution était-elle nécessaire ?

CHAPITRE II

RÉUNION DES ÉTATS GÉNÉRAUX (1789)

SOMMAIRE. — Les États généraux, convoqués par Louis XVI, étaient formés par une représentation des trois ordres, noblesse, clergé et tiers état. La nation aurait voulu que ces États votassent par tête et non par ordre. La question n'était pas résolue quand les États se réunirent à Versailles le 5 mai 1789. Le tiers réclama le vote par tête pour la vérification des pouvoirs, passa outre au refus de la noblesse et du clergé, se déclara *Assemblée nationale*, jura au Jeu de Paume de ne pas se séparer sans avoir donné une constitution à la France et résista aux menaces du roi, qui cassa cette décision. Les privilégiés et la cour durent céder. Le clergé et la noblesse se réunirent tout entiers à l'Assemblée nationale.

Les États généraux. — On a vu qu'une *révolution* était nécessaire pour remédier aux maux intolérables dont souffrait la France. Ces maux provenaient surtout du despotisme royal. Mais Louis XVI ne voulait renoncer à aucun des éléments de son pouvoir absolu. C'est la *détresse financière* qui le força, bien malgré lui, à convoquer les États généraux.

Cependant la nation, qui le croyait sincère et désireux de réformes profondes, le remercia de cette convocation par des cris de joie, par un élan d'amour, dont on trouve la preuve écrite dans les admirables *cahiers* où, en nommant leurs députés, les électeurs consignèrent leurs plaintes et leurs vœux.

La question du vote par tête. — Les États généraux n'étaient point formés, comme notre Chambre des députés actuelle, de députés nommés par l'ensemble des citoyens électeurs. C'était une représentation des trois ordres : *clergé*, *noblesse*, *tiers état*.

La nation aurait voulu que du moins ces députés des trois ordres se réunissent dans une même salle et votassent *par tête*.

Le clergé et la noblesse y répugnaient.

L'opinion publique obtint cependant que les députés du tiers état fussent aussi nombreux que ceux des deux autres ordres réunis, c'est-à-dire que 25 millions de Français eussent autant de députés que les 300,000 Français privilégiés.

Mais à quoi servait cette concession, si les trois ordres, réunis chacun dans une chambre, délibéraient et votaient isolément ? Avec le *vote par ordre*, le clergé et la noblesse n'avaient qu'à s'entendre contre le tiers état pour être *deux contre un*, c'est-à-dire que les deux ordres privilégiés pouvaient ainsi repousser tout ce que demanderait le tiers état. Si au contraire on votait *par tête*, puisque le tiers état était aussi nombreux à lui seul que le clergé et la noblesse réunis, il suffisait que quelques membres de ces deux ordres votassent avec lui pour qu'il eût la majorité.

Voilà comment toute la Révolution était déjà contenue dans cette question du vote. Le ministre **Necker** aurait voulu que Louis XVI accordât le vote par tête : mais le clergé et la noblesse s'y opposèrent, et la question n'était pas tranchée quand les États généraux se réunirent à *Versailles* le 5 mai 1789.

Après une *séance royale*, où il y eut de pompeux discours, le clergé alla dans une chambre, la noblesse dans une autre, et le tiers état resta dans la salle où avait eu lieu la séance royale.

Formation de l'Assemblée nationale. — Les États généraux s'occupèrent d'abord de *vérifier leurs pouvoirs*. Mais cette vérification ferait-elle l'objet d'un vote par ordre ou d'un vote par tête? Le clergé et la noblesse voulaient toujours le vote par ordre, le tiers état le vote par tête, et les deux partis s'obstinaient à ne point céder. Une commission conciliatrice fut nommée : elle n'aboutit pas. Le tiers état décida de *sommer* une dernière fois les deux autres ordres de se réunir à lui et leur signifia qu'il allait faire l'*appel*. Cet appel eut lieu et, seuls, quelques curés se réunirent au tiers.

L'appel fini, l'Assemblée, considérant qu'elle était déjà composée des représentants envoyés directement par les quatre-vingt-seize centièmes au moins de la nation, se déclara *Assemblée nationale* (17 juin 1789), et, se mettant aussitôt à l'œuvre, elle décida unanimement que les *impôts* cesseraient d'être consentis et perçus si elle venait à être dissoute. Ces résolutions courageuses étaient l'anéantissement de l'ancien régime, par la suppression indirecte des trois ordres et du despotisme royal.

Serment du Jeu de Paume. — Irrités et épouvantés, la cour et les privilégiés décidèrent le roi à user de *violence* contre les représentants de la nation, d'autant plus que la *majorité du clergé* allait se réunir au tiers, c'est-à-dire accepter la Révolution.

Le 20 juin 1789 au matin, quand les députés se présentèrent à l'hôtel des Menus, où siégeait l'Assemblée, ils trouvèrent les portes fermées, sous prétexte de préparatifs pour une séance royale. Ils durent se réunir dans la *salle d'un jeu de paume*, et là, bravant les ordres du roi, ils jurèrent, sous la présidence de **Bailly**, de ne point se séparer avant d'avoir donné une constitution au royaume. C'est le célèbre *serment du Jeu de Paume*, prêté à l'unanimité moins une voix, celle d'un nommé **Martin Dauch**, député de Castelnaudary ; et ce serment est célèbre, parce qu'il fut le signe que la souveraineté passait du roi à la nation.

Le 22 juin, la *majorité du clergé* effectua sa réunion à l'Assemblée nationale.

Séance royale du 23 juin 1789. — Dans une

séance tenue le 23 juin, le roi *cassa* tous les décrets de l'Assemblée et prescrivit le maintien de la *division en ordres*, interdit le vote par tête, ordonna aux trois ordres de se séparer tout de suite et de se retirer chacun dans sa chambre.

Quand le roi fut sorti, la noblesse et le clergé sortirent également. Mais le tiers état resta immobile. Déjà les ouvriers enlevaient les banquettes. Le grand-maître des cérémonies, **Dreux-Brézé**, vint renouveler l'ordre du roi. Le président Bailly répondit qu'il ne pouvait séparer l'Assemblée qu'elle n'eût délibéré librement sur ce

Serment du Jeu de Paume.

sujet. Puis le comte **de Mirabeau**, député du tiers état, apostropha ainsi l'agent du roi : « Oui, monsieur, nous avons entendu les intentions qu'on a suggérées au roi ; et vous qui ne sauriez être son organe auprès des États généraux, vous qui n'avez ici ni place, ni voix, ni droit de parler, vous n'êtes pas fait pour nous rappeler son discours. Cependant, pour éviter toute équivoque et tout délai, je vous déclare que, si l'on vous a chargé de nous faire sortir d'ici, vous devez demander des ordres pour employer la force, car nous ne quitterons nos places que par la puissance de la baïonnette ! » Alors, d'une voix unanime, tous les députés s'écrièrent : « Tel est le vœu de l'Assemblée! » Dreux-Brézé fut si interdit qu'il sortit à reculons, comme en présence du roi.

Camus proposa à l'Assemblée de décréter qu'elle persistait dans ses précédents arrêtés, et elle le décréta après des discours de **Barnave**, de **Mirabeau**, de **Petion**, de **Buzot**, de **Grégoire**. Et, comme le bruit courait que le roi voulait disperser militairement l'Assemblée, il fut décrété en outre que les députés étaient *inviolables*.

Réunion des trois ordres. – Le roi feignit de céder, et c'est sur son ordre que la noblesse se réunit à

Mirabeau et Dreux-Brézé.

l'Assemblée nationale (27 juin), qui reçut dans l'histoire le nom d'*Assemblée constituante*.

QUESTIONNAIRE.

1. Comment étaient formés les États généraux ?
2. Qu'est-ce que la question du vote par ordre et du vote par tête?
3. Pourquoi la noblesse et le clergé tenaient-ils au vote par ordre?
4. Quand et où se réunirent les États généraux ?
5. Comment se transformèrent-ils en Assemblée nationale?
6. Qu'est-ce que le serment du Jeu de Paume ?
7. Qu'est-ce que la séance royale du 23 juin 1789 ?
8. Quel est le sens de l'apostrophe de Mirabeau à Dreux-Brézé?
9. Qu'est-ce que l'Assemblée constituante ?

CHAPITRE III

L'ASSEMBLÉE CONSTITUANTE (1789-1791)

Sommaire. — Le roi voulait dissoudre l'Assemblée constituante par la force : le peuple de Paris déjoua ce projet de coup d'État en *prenant la Bastille* (14 juillet 1789). L'Assemblée, dans la *nuit du 4 août* suivant, vota la suppression de tous les privilèges, la destruction de la féodalité. Les principes de la Révolution furent formulés dans la célèbre *Déclaration des droits de l'homme et du citoyen* et une constitution fut votée sur la base de la souveraineté nationale.

La cour prépara un nouveau coup d'État : mais le peuple de Paris vint à Versailles et emmena aux Tuileries le ro et la famille royale (*journées des 5 et 6 octobre 1789*).

Le 14 juillet 1790, il y eut à Paris une *fédération nationale*, pour l'anniversaire de la prise de la Bastille.

Louis XVI s'enfuit (21 juin 1791) et, violant ses promesses, forma le dessein de revenir à Paris à la tête d'une armée pour écraser la Révolution : on l'arrêta à *Varennes*, on le remit de force sur le trône, et les citoyens qui auraient voulu sa déchéance furent dispersés à coups de fusil (*massacre du Champ de Mars*, 17 juillet 1791). Les frères de Louis XVI, émigrés, décidèrent à *Pilnitz* la Prusse et l'Autriche à se coaliser contre nous.

L'Assemblée constituante se sépara le 30 septembre 1791 : elle avait doté la France d'une constitution libérale, restreint le pouvoir royal, assuré le vote de l'impôt par la nation, opéré pacifiquement une Révolution politique et sociale : mais elle avait refusé le droit de vote aux citoyens pauvres.

Prise de la Bastille (14 juillet 1789). — Le roi n'avait feint de céder que pour se donner le temps de faire venir des *troupes étrangères* à sa solde. Elles affluèrent autour de Paris et de Versailles. Necker fut renvoyé et on prépara ouvertement un *coup d'État*, afin de dissoudre les États généraux.

C'est Paris qui eut la gloire d'empêcher ce coup d'État. A la nouvelle du renvoi de Necker, toute la ville fut debout, et, au *Palais-Royal*, des orateurs improvisés, comme **Camille Desmoulins**, appelèrent le peuple aux armes. Des *milices bourgeoises* se formèrent spontanément ; on se procura des armes, on fit des patrouilles, on tint en respect les troupes royales, on intimida les aristocrates. Les électeurs qui avaient nommé les députés de Paris aux États généraux formèrent, à l'Hôtel de Ville, un *Comité*, sorte de municipalité provisoire, qui gouverna la ville pendant ces journées critiques. Mais, entre la *Bastille* et l'armée de Louis XVI, les Parisiens pouvaient être vaincus, écrasés. Ils résolurent de prendre la Bastille.

C'était à la fois une *prison d'État*, instrument et symbole abhorré des iniquités de l'ancien régime, et aussi une *forteresse formidable*, avec une garnison et des canons. Le peuple de Paris en fit le siège, se procura des canons à l'Arsenal, menaça de son artillerie la principale

Prise de la Bastille.

porte et, après une bataille sanglante où beaucoup de citoyens périrent héroïquement, le gouverneur, M. **de Launey**, dut baisser le pont-levis et ouvrir la porte. Il avait fait tirer sur des parlementaires : on se vengea de lui en le tuant, ainsi que le prévôt des marchands, **Flesselles**, qu'on accusait d'avoir trahi le peuple. L'ardeur d'une bataille si terrible avait fait taire la voix de l'humanité.

La prise de la Bastille (14 juillet 1789) déconcerta les projets de coup d'État formés par la cour contre la nation. Louis XVI se vit abandonné par ses défenseurs, se sentit vaincu. Le 17 juillet, il se rendit lui-même à l'Hôtel de Ville, accepta les faits accomplis, et arbora la nouvelle cocarde nationale, la *cocarde tricolore*. **Bailly**

fut nommé maire de Paris et **La Fayette** commandant de la garde nationale. **Necker** fut rappelé.

Mais la prise de la Bastille eut d'*autres conséquences* heureuses pour la Révolution. Elle fut saluée dans toute la France et dans une partie de l'Europe comme le signal de l'émancipation de notre pays et aussi de l'émancipation de l'humanité.

En province, les *paysans* s'armèrent à leur tour, s'emparèrent des châteaux des seigneurs, brûlèrent les titres de leurs anciens oppresseurs et renversèrent ainsi la féodalité.

La prise de la Bastille, c'est la victoire du peuple sur le roi, c'est la victoire de la raison libre sur l'ancien droit despotique, c'est l'avènement du droit nouveau par le triomphe de la *liberté*, de l'*égalité* et de la *fraternité*.

C'est pourquoi cette date du 14 juillet est célébrée chaque année en France : c'est la fête nationale.

Nuit du 4 août 1789. — Les *privilégiés* n'osèrent pas résister plus longtemps à la victoire du peuple. A l'Assemblée constituante, dans la *nuit du 4 août 1789*, un élan d'enthousiasme saisit tous les cœurs : la noblesse et le clergé renoncèrent à leurs privilèges et l'*abolition du régime féodal* fut décrétée en principe.

Déclaration des droits de l'homme et du citoyen. — Du 20 au 26 août 1789, l'Assemblée constituante s'occupa à exprimer les principes de la Révolution sous la forme d'une *Déclaration des droits de l'homme et du citoyen*, en 17 articles, dont voici le texte :

« 1. Les hommes naissent et demeurent libres et égaux en droits; les distinctions sociales ne peuvent être fondées que sur l'utilité commune.

« 2. Le but de toute association politique est la conservation des droits naturels et imprescriptibles de l'homme: ces droits sont la liberté, la propriété, la sûreté et la résistance à l'oppression.

« 3. Le principe de toute souveraineté réside essentiellement dans la Nation : nul corps, nul individu ne peut exercer d'autorité qui n'en émane expressément.

« 4. La liberté consiste à pouvoir faire tout ce qui ne nuit pas à autrui; ainsi, l'exercice des droits naturels de chaque homme n'a de bornes que celles qui assurent aux autres membres de la société la jouissance de ces mêmes droits; ces bornes ne peuvent être déterminées que par la loi.

« 5. La loi n'a le droit de défendre que les actions nuisibles à la société. Tout ce qui n'est pas défendu par la loi ne peut être empêché, et nul ne peut être contraint à faire ce qu'elle n'ordonne pas.

« 6. La loi est l'expression de la volonté générale : tous les citoyens ont droit de concourir personnellement ou par leurs représentants à sa formation; elle doit être la même pour tous, soit qu'elle protège, soit qu'elle punisse. Tous les citoyens, étant égaux à ses yeux, sont également admissibles à toutes dignités, places et emplois publics, selon leur capacité, et sans autres distinctions que celles de leurs vertus et de leurs talents.

« 7. Nul homme ne peut être accusé, arrêté, ni détenu, que dans les cas déterminés par la loi, et selon les formes qu'elle a prescrites. Ceux qui sollicitent, expédient, exécutent ou font exécuter des ordres arbitraires doivent être punis; mais tout citoyen, appelé ou saisi en vertu de la loi, doit obéir à l'instant; il se rend coupable par la résistance.

« 8. La loi ne doit établir que des peines strictement et évidemment nécessaires, et nul ne peut être puni qu'en vertu d'une loi établie et promulguée antérieurement au délit, et légalement appliquée.

« 9. Tout homme étant présumé innocent jusqu'à ce qu'il ait été déclaré coupable, s'il est jugé indispensable de l'arrêter, toute rigueur qui ne serait pas nécessaire pour s'assurer de sa personne doit être sévèrement réprimée par la loi.

« 10. Nul ne peut être inquiété pour ses opinions, même religieuses, pourvu que leur manifestation ne trouble pas l'ordre public établi par la loi.

« 11. La libre communication des pensées et des opinions est un des droits les plus précieux de l'homme. Tout citoyen peut donc parler, écrire, imprimer librement, sauf à répondre de l'abus de cette liberté dans les cas déterminés par la loi.

« 12. La garantie des droits de l'homme et du citoyen nécessite une force publique; cette force est donc instituée pour l'avantage de tous, et non pour l'utilité particulière de ceux à qui elle est confiée.

« 13. Pour l'entretien de la force publique et pour les

dépenses de l'administration, une contribution commune est indispensable ; elle doit être également répartie entre tous les citoyens, en raison de leurs facultés.

« 14. Les citoyens ont le droit de constater par eux-mêmes, ou par leurs représentants, la nécessité de la contribution publique, de la consentir librement, d'en suivre l'emploi, et d'en déterminer la quotité, l'assiette, le recouvrement et la durée.

« 15. La société a le droit de demander compte à tout agent public de son administration.

« 16. Toute société dans laquelle la garantie des droits n'est pas assurée, ni la séparation des pouvoirs déterminée, n'a point de constitution.

« 17. Les propriétés étant un droit inviolable et sacré, nul ne peut en être privé, si ce n'est lorsque la nécessité publique, légalement constatée, l'exige évidemment et sous la condition d'une juste et préalable indemnité. »

La Constitution — L'Assemblée avait à cœur de tenir le serment qu'elle avait prêté au Jeu de Paume. Du 9 septembre au 1er octobre 1789, elle vota les articles essentiels de la nouvelle constitution. Les autres ne furent votés que plus tard et successivement. A la fin de sa carrière, la Constituante revisa et codifia tous ces articles, dont l'ensemble forma la *Constitution de 1791*. Nous en reparlerons.

Journées des 5 et 6 octobre 1789. — Le roi *hésitait à approuver* les décrets du 4 août, la déclaration des droits et les articles constitutionnels. Il faisait attendre son acceptation. Poussé par Marie-Antoinette, il s'apprêtait encore une fois à résister par la force à la Révolution. Des régiments étrangers furent appelés à Versailles. Les dames de la cour, dans un banquet, ôtèrent aux officiers la *cocarde tricolore* pour la remplacer par la *cocarde blanche*. Un coup d'État se préparait, et pendant ce temps les Parisiens souffraient de la famine.

Sous la conduite d'un nommé **Maillard**, quelques milliers de femmes sortent de Paris (5 octobre 1789) pour aller chercher à Versailles le roi, la reine et le dauphin, qu'elles appelaient en riant le *boulanger*, la *boulangère* et le *petit mitron*. Une foule immense les suit et passe la nuit à Versailles. On massacre des *gardes du corps*, on pénètre dans le château, on emmène la famille royale, et depuis ce jour (6 octobre 1789), Louis XVI réside à Paris aux *Tuileries*. L'Assemblée nationale vient aussi s'installer à Paris.

Activité de l'Assemblée constituante. — Cette Assemblée travailla avec le plus grand zèle à voter des lois pour l'établissement d'un régime nouveau. La cour, qui ne pouvait se résigner, essaya d'entraver cette activité patriotique, et cette politique réactionnaire eut des partisans dans le sein même de l'Assemblée ; la réunion de ces *aristocrates*, comme on disait alors, s'appelait la *droite*. La majorité de l'Assemblée est favorable à la Révolution : ce sont les *patriotes*, qui comptent dans leurs rangs des orateurs illustres, **Adrien du Port Barnave, Petion, Buzot, Robespierre.**

Mirabeau.

Mais le plus grand des orateurs et des hommes d'État de la Constituante, c'est **Mirabeau.** Il favorisa d'abord la Révolution, puis se rapprocha secrètement de la cour, à laquelle il se vendit. Il mourut au mois d'avril 1791. Ce n'est que plus tard que sa trahison fut connue : elle ne doit pas faire oublier les services qu'il avait rendus en 1789.

La fédération. — Dès le début de la Révolution, les patriotes se réunirent armés en Dauphiné, en Bretagne, en Alsace, en d'autres provinces encore, afin de fraterniser, d'intimider leurs ennemis : ces réunions s'appelaient *fédérations*. Le 14 juillet 1790, jour anniversaire de la prise de la Bastille, il y eut à Paris une fédération générale de tous les Français, qui se firent représenter par des délégations de gardes nationaux. Une fête eut lieu au *Champ-de-Mars*, où on dressa un *autel de la Patrie*. **La Fayette** monta sur cet autel, et, par sa bouche, les fédérés jurèrent d'être à jamais fidèles à la nation, à la loi et au roi, de maintenir de tout leur pouvoir la constitution décrétée par l'Assemblée nationale. Comme La Fayette prononçait ces paroles, tous les bras se levèrent et toutes les voix crièrent : *Je le jure!*.

Le président de l'Assemblée nationale prêta ensuite le même serment.

La Fayette sur l'autel de la Patrie.

Puis ce fut le tour du roi, qui, levant la main, s'exprima ainsi :

« Moi, roi des Français, je jure d'employer tout le pouvoir qui m'est délégué par la loi constitutionnelle de l'État à maintenir la constitution décrétée par l'Assemblée nationale et acceptée par moi, et à faire exécuter la loi. »

Ce serment, que l'on croyait sincère, fut accueilli par des acclamations. Tous les fédérés *s'embrassèrent;* ils offrirent le spectacle « d'une famille de frères qui viennent de se jurer une union indissoluble, une amitié éternelle ». Et, en effet, ces peuples divers qui composaient jadis la France et qui n'étaient réunis entre eux que par l'autorité royale, se sentirent frères ce jour-là, ne formèrent plus *qu'une seule famille, qu'une seule nation*. La patrie était fondée. C'est pourquoi l'*anniversaire* du jour de la fédération doit être célébré par tous les bons Français comme la vraie fête de la patrie.

La fuite à Varennes. Massacre du Champ-de-Mars. — Louis XVI ne tarda pas à violer le serment qu'il avait si solennellement prêté lors de la fédération. Peut-être qu'abandonné à lui-même il se fût conduit plus loyalement : mais la reine **Marie-Antoinette**, Autrichienne de naissance, ne pouvait *se résigner* à voir son époux dépossédé de son pouvoir despotique. Une partie du clergé conseilla aussi au roi de violer son serment, parce qu'elle était mécontente des lois par lesquelles l'Assemblée nationale avait rendu l'Église de France à demi indépendante du pape. Louis XVI était aussi excité à ce parjure par ses frères, les comtes **d'Artois** et **de Provence**, dont le premier avait déjà *émigré*, c'est-à-dire qu'il s'était enfui à l'étranger afin d'armer les rois contre la Révolution. Une foule de nobles l'avait suivi dans cette *émigration*. Louis XVI était au courant de leurs intrigues, que l'Autriche, la Prusse, la Sardaigne et l'Espagne promettaient d'appuyer à main armée. Dans la nuit du 20 au 21 juin 1791, le roi et la famille royale quittèrent les Tuileries sous un déguisement et prirent la route de Metz, où ils comptaient rejoindre l'armée de **M. de Bouillé**, leur complice. En partant, Louis XVI laissait un *manifeste*, où il déclarait n'avoir pas été sincère en acceptant la constitution. Il comptait bien revenir à la tête des soldats de Bouillé pour châtier la nation d'avoir voulu être libre.

A la nouvelle de ce départ, la France fut *très émue*, parce qu'elle ne croyait pas encore pouvoir se passer de roi et aussi parce qu'elle avait cru à la bonne foi de Louis XVI. L'Assemblée nationale rassura le peuple par sa ferme contenance : elle se saisit du *pouvoir exécutif*, elle gouverna à la place du roi et, pendant quelques jours, on fut *comme en république*.

Le comte de Provence put passer à l'étranger, mais Louis XVI, reconnu et arrêté à *Varennes*, fut ramené à Paris comme un prisonnier. Au lieu de le déposer, de lui donner un successeur ou de proclamer la République, l'Assemblée le remit sur le trône, s'opposa au *mouvement républicain*, et, le 17 juillet 1791, au *Champ de Mars*, des citoyens qui demandaient par une *pétition* la *déchéance* du roi furent dispersés à coups de fusil : ce fut un massacre affreux au profit du monarque parjure.

Les 14 et 30 septembre 1791, Louis XVI vint de nouveau jurer devant l'Assemblée nationale qu'il serait fidèle à la constitution. On fit semblant de le croire. Mais il *conspirait toujours* avec l'étranger contre la nation. Le 27 août 1791, le roi de Prusse et l'empereur d'Allemagne, réunis à *Pilnitz* avec les frères de Louis XVI, publièrent une déclaration par laquelle ils menaçaient la France de l'envahir en armes pour y rétablir l'ancien régime.

Fin de l'Assemblée constituante. — Cette Assemblée *n'était plus aussi populaire* depuis qu'elle avait si légèrement pardonné à Louis XVI son parjure. On attendait avec impatience qu'elle se séparât. C'est le 30 septembre 1791 qu'elle acheva sa session, après avoir achevé de *reviser* et de *codifier* la constitution.

La constitution de 1791. Les institutions nouvelles. L'œuvre de l'Assemblée constituante. — La constitution de 1791, dont les articles essentiels avaient déjà été votés en 1789, repose sur le principe nouveau de la *souveraineté nationale.* Dans l'ancien régime, toute l'autorité était dans le roi, qui disait tenir de Dieu cette autorité : dans la France nouvelle, c'est le peuple qui est le souverain. La Révolution française a consisté à faire passer la souveraineté des mains du roi à celles du peuple, à substituer au *droit divin* le *droit humain.*

C'est la gloire de l'Assemblée constituante d'avoir proclamé et appliqué ce principe.

Elle le proclama par la *Déclaration des droits*, qu'on a lue plus haut. Elle l'appliqua par la constitution votée en 1789 et en 1791, et par une foule de lois et d'institutions.

On crut devoir conserver un roi : mais il ne fut plus que le *premier magistrat*, chargé d'exécuter les ordres de la nation. Celle-ci fit les lois, par une chambre de députés, nomma *tous les fonctionnaires*, députés, juges, administrateurs, évêques, curés, etc., eut le *droit de paix et de guerre*, exerça enfin presque tous les pouvoirs qu'exerçait le roi avant 1789.

Toutefois, on crut devoir laisser au roi la faculté de s'opposer pour un temps aux décisions des députés qui lui déplairaient : ce fut le droit de *veto* (1). L'usage qu'en fit Louis XVI le brouilla avec la nation et amena plus tard la chute du trône.

Les anciennes provinces furent supprimées. On divisa la France en 83 *départements*, subdivisés en *districts*, en *cantons* et en *communes*. Des *administrations* élues par le peuple furent établies dans les départements, les districts et les communes. Quant aux cantons, c'étaient de simples subdivisions judiciaires et électorales.

Général de la Révolution.

La *justice* fut organisée d'après un système simple et populaire : dans le canton il y eut un *juge de paix;* dans le district, un *tribunal civil*, et les tribunaux de district servaient de *tribunaux d'appel* les uns à l'égard des autres ; dans le département, un *tribunal criminel*, avec un *jury d'accusation* et un *jury de jugement*. La *justice de simple police* fut attribuée aux municipalités, pour les simples contraventions ; il y eut une *justice correctionnelle* pour les délits. Un *tribunal de cassation*, établi pour toute la France, cassait les jugements contraires à la loi ou aux formes établies par la loi. Tous les juges sans exception étaient élus par le peuple.

Par la *constitution civile du clergé*, on voulut fonder une *Église nationale*, indépendante du pape. Les ministres du culte étaient élus commes les autres fonctionnaires par

(1) Le mot latin *veto* signifie : *je m'oppose.*

le peuple. Mais le pape n'accepta par cette réforme, et une partie du clergé la repoussa violemment : ce fut l'origine de troubles qui amenèrent la guerre civile.

La Déclaration des droits nous a déjà appris quels furent les principes de la Constituante sur les *impôts*, qu'elle appela *contributions* et dont elle tâcha d'organiser la répartition et la perception selon les principes de l'égalité.

Elle posa les bases d'une *éducation nationale*, qu'elle n'eut pas le temps d'organiser.

Dans *l'armée*, l'avancement aux grades fut fixé d'après les principes nouveaux. Des bataillons de *volontaires*, tirés de la garde nationale, furent placés à côté des troupes de ligne. Plus tard, sous la Convention, les bataillons de volontaires et les troupes de ligne furent *amalgamés* en une seule armée, qui vainquit l'Europe. Le recrutement fut volontaire en principe : mais il fallut, quand le danger de la patrie s'accrut, en venir aux *réquisitions forcées*, puis à la *conscription*.

La Constituante donna donc aux Français la *liberté* et l'*égalité*. Mais elle crut devoir, par une inconséquence injuste, refuser le droit de vote aux citoyens qui n'étaient pas assez riches pour payer une contribution directe : ces citoyens aisés, appelés *citoyens actifs*, furent seuls en possession d'élire les députés et les fonctionaires. Les pauvres, ou *citoyens passifs*, furent exclus de l'exercice de la souveraineté nationale. Ce n'est qu'à la chute de Louis XVI, en 1792, que fut établi le *suffrage universel*.

QUESTIONNAIRE.

1. Racontez la prise la Bastille.
2. Quelles furent les conséquences de cet événement ?
3. Pourquoi en célébrons-nous l'anniversaire comme une fête nationale ?
4. Qu'est-ce que la nuit du 4 août ?
5. Qu'est-ce que la Déclaration des droits de l'homme et du citoyen ?
6. Racontez les journées des 5 et 6 octobre 1789.
7. Quels furent les principaux orateurs de l'Assemblée constituante ?
8. Racontez la fédération du 14 juillet 1790 ?
9. Racontez la fuite à Varennes.
10. Qu'est-ce que le massacre du Champ-de-Mars .
11. Quand se termina la session de l'Assemblée constituante ?
12. Qu'est-ce que le principe de la souveraineté nationale ?

13. Qu'est-ce que la constitution de 1791 ?
14. Dites comment les fonctionnaires furent nommés ?
15. Comment le territoire de la France fut-il divisé ?
16. Quel pouvoir fut laissé au roi ?
17. Quelle fut l'organisation de la justice ?
18. Qu'est-ce que la constitution civile du clergé ?
19. Comment l'armée fut-elle réorganisée ?
20. Que faut-il entendre par *citoyens actifs* et *citoyens passifs?*

CHAPITRE IV

L'ASSEMBLÉE LÉGISLATIVE (1791-1792)

SOMMAIRE. — L'Assemblée législative siégea du 1er octobre 1791 au 20 septembre 1792. Elle avait à appliquer la constitution votée par l'Assemblée constituante : mais cette tâche lui fut rendue difficile par la guerre étrangère et par la mauvaise volonté de Louis XVI, qui prit un instant des ministres patriotes, mais les renvoya bientôt. L'Assemblée législative déclara la guerre à l'Autriche, qui armait contre nous : elle eut aussi à combattre la Prusse, qui se joignit à l'Autriche. Le début de la campagne fut malheureux, et Louis XVI était d'accord avec nos ennemis. Après avoir averti une première fois le roi par la manifestation du 20 juin 1792, le peuple de Paris s'empara des Tuileries le 10 août suivant. L'Assemblée législative suspendit Louis XVI de ses fonctions, et convoqua une *Convention nationale*. Les Prussiens s'étaient avancés en Champagne : ils furent vaincus à *Valmy* et durent évacuer notre territoire.

Réunion de l'Assemblée législative. — A l'Assemblée constituante succéda l'Assemblée législative, élue, selon la constitution nouvelle, par l'ensemble des citoyens qui payaient une certaine contribution directe fixée par la loi. Nous l'avons dit, ce n'était pas encore le suffrage universel, mais du moins cette Assemblée représentait la *nation unifiée*, au lieu que l'Assemblée constituante ne représentait que les *trois ordres*.

L'Assemblée législative tint sa session à Paris, du 1er octobre 1791 au 20 septembre 1792.

Une loi avait interdit aux *ex-constituants* de faire partie de la nouvelle Assemblée, qui fut en conséquence composée d'hommes nouveaux. Les plus éloquents furent les députés du département de la Gironde, **Vergniaud**, **Guadet**,

Gensonné. Le groupe qui se forma autour d'eux reçut le nom de *Girondins*.

Élue pour faire fonctionner la Constitution, l'Assemblée législative ne comptait guère parmi ses membres que des partisans de la Constitution. Mais les uns, qui siégaient à *droite*, voulaient fortifier l'autorité du roi ; les autres se défiaient, avec les Girondins, de la sincérité de Louis XVI ; un petit nombre de députés rêvaient la République, dont le peuple de Paris commençait à être partisan.

Le club des Jacobins. — En dehors de l'Assemblée, des citoyens, réunis en société depuis le début de la Révolution, s'intitulaient *Amis de la constitution*, et on les appelait vulgairement le *club des Jacobins*, parce qu'ils siégeaient dans un ancien couvent de Jacobins : ils s'étaient donné pour mission de maintenir et de défendre la Révolution. D'autres clubs analogues s'établirent dans toute la France, affiliés au club de Paris. Par leur patriotisme actif et leur vigilante surveillance, les Jacobins contribuèrent à déjouer les intrigues des aristocrates et à sauver la patrie.

Difficultés intérieures et extérieures. — L'Assemblée législative eut beaucoup de peine à remplir sa mission. Les *émigrés*, armés sur nos frontières, menaçaient la France d'une invasion et excitaient des troubles à l'intérieur. Des prêtres rebelles, qu'on appelait *prêtres insermentés* ou *prêtres réfractaires*, fomentaient des séditions. L'Assemblée fit des lois sévères contre les uns et contre les autres ; mais le roi refusa de *sanctionner* ces lois et usa de son *veto*. En même temps, il *correspondait secrètement* avec les émigrés, avec les cours étrangères ; il prêtait la main à une coalition des rois contre nous ; il était d'intelligence avec nos ennemis ; il trahissait la France. Beaucoup de citoyens se doutaient de cette trahison, d'autres n'y croyaient pas : aujourd'hui nous en avons la preuve authentique.

Ministère girondin. — L'énergie de l'Assemblée législative, qui décréta d'accusation deux ministres, força le roi à composer un *ministère patriote*, que les aristocrates appelèrent par dérision le ministère *sans-culotte* (mars 1792). Les plus connus des nouveaux ministres étaient **Servan**, **Dumouriez** et **Roland**, dont la femme, par son esprit et son talent, exerça une grande influence sur la politique. **Mme Roland** était surtout liée avec les Girondins, et c'est pourquoi nous appelons *ministère girondin* le ministère où siégeait Roland.

Déclaration de guerre à l'Autriche. — Le ministère eut à faire la guerre à une partie de l'Europe. L'*Autriche* nous sommait de rétablir la monarchie absolue; elle payait et armait les émigrés. L'Assemblée législative *déclara la guerre à l'Autriche* (20 avril 1792). Mais nous eûmes aussitôt un second ennemi sur les bras : car le *roi de Prusse* fit cause commune avec l'Autriche, et les débuts de la campagne furent marqués pour nous par des revers.

Journée du 20 juin 1792. — L'Assemblée législative avait rendu un nouveau décret contre les *prêtres réfractaires* et décidé la formation d'un *camp* sous Paris. Le roi refusa sa *sanction* et renvoya le ministère girondin. Le peuple de Paris, indigné, se leva spontanément, envahit les Tuileries, coiffa Louis XVI du *bonnet rouge* et se retira sans se livrer à aucune violence grave : il avait voulu seulement avertir et admonester le roi.

La patrie en danger. — La France allait être envahie, et les séditieux de l'intérieur s'apprêtaient à donner la main aux ennemis du dehors. L'Assemblée législative déclara la *patrie en danger* (11 juillet 1792) par la proclamation suivante :

« Des troupes nombreuses s'avancent sur nos frontières; tous ceux qui ont horreur de la liberté s'arment contre notre Constitution.

« Citoyens, la patrie est en danger. Que ceux qui vont obtenir l'honneur de marcher les premiers pour défendre ce qu'ils ont de plus cher se souviennent toujours qu'ils sont Français et libres; que leurs concitoyens maintiennent dans leurs foyers la sûreté des personnes et des propriétés; que les magistrats du peuple veillent attentivement; que tous, dans un courage calme, attribut de la véritable force, attendent pour agir le signal de la loi, et la patrie sera sauvée. »

Cette proclamation, solennellement lue dans toute la France, provoqua une foule d'*enrôlements*. Déjà, en 1791, on s'était enrôlé, aux premières menaces des rois. Ces enrôlés s'appelaient *volontaires* (1): ils combattirent brave-

(1) Parmi ces volontaires, on vit des vieillards, des femmes, et aussi des *enfants* qui quittèrent les bancs du collège pour aller défendre la patrie. La plupart furent héroïques. Ainsi, à la bataille de *Rulezheim* (1793), un tambour

ment aux côtés de l'armée régulière, dans laquelle ils se fondirent plus tard.

C'est en chantant des airs patriotiques, la *Marseillaise* (1) et le *Ça ira*, que les Français marchèrent contre l'ennemi.

Manifeste de Brunswick — Le 25 juillet 1792, le duc **de Brunswick**, généralissime des armées autrichienne et prussienne, publia un insolent *manifeste*, où il annonçait l'intention de *rétablir le roi* dans son pouvoir absolu, menaçant Paris d'une *subversion totale* et déclarant que les habitants qui oseraient se défendre seraient fu-

Enrôlements volontaires.

sillés. C'était un agent secret de Louis XVI qui avait inspiré et dicté ce manifeste. Le peuple ignorait cela, mais il sentait que le roi était d'accord avec l'ennemi

Journée du 10 août 1792. — La France était perdue, si Louis XVI continuait à régner. l'Assemblée législative n'osa pas le renverser : c'est le peuple de Paris, aidé des *fédérés des départements* et d'une ardente troupe de *volontaires marseillais*, qui opéra, au prix de son sang, cette révolution nécessaire. Le 10 août 1792, les Tuileries furent prises, après un combat qui fit de part et d'autre beau-

de chasseurs, âgé de 14 ans et natif de Strasbourg, battait la charge. Un uhlan lui abat le poignet d'un coup de sabre. Sans perdre contenance il se met à battre de l'autre main. Alors le uhlan le tue.

(1) Sur la *Marseillaise*, voir plus bas, p. 161.

coup de victimes. Une *Commune insurrectionnelle* **avait** remplacé à l'Hôtel de Ville la Commune légale : elle présida aux événements et les dirigea.

Suspension de Louis XVI. — Le roi et la famille royale s'étaient réfugiés dans l'enceinte de l'Assemblée législative. Cette Assemblée prononça la *suspension* du roi, qui fut enfermé au *Temple* avec sa famille. Le pouvoir exécutif fut confié à six ministres élus par l'Assemblée; l'un d'eux était **Roland**, mais le véritable chef de ce *Conseil exécutif provisoire* fut **Danton**, citoyen éloquent et populaire, dont l'énergie avait contribué au succès de l'insurrection du 10 août.

Prise des Tuileries.

L'invasion prussienne ; les massacres de septembre. — Les Prussiens envahirent la France et la Révolution semblait perdue. Mais l'énergie de la Commune de Paris, l'éloquence et la fermeté de Danton surexcitèrent les courages. Les ministres voulaient fuir, transporter le gouvernement à *Blois :* d'un mot, Danton les cloua à leur poste. Ni la capitulation de *Longwy*, ni celle de *Verdun* n'ébranlèrent sa confiance. Le 2 septembre 1792, comme on sonnait le *tocsin* à Paris pour y provoquer une nouvelle levée de volontaires, Danton dit à l'Assemblée législative : « Ce tocsin n'est pas un signal d'alarme, c'est la charge sur les ennemis de la patrie. Pour les vaincre, Messieurs, *il nous faut de l'audace, encore de l'audace, toujours de l'audace*, et la France est sauvée. » Et en effet l'audace de Danton sauva la France.

Aussi sage qu'audacieux, Danton essaya de maintenir la concorde entre l'Assemblée législative, qui semblait moribonde, et la Commune de Paris, que sa popularité rendait forte et fière. Surtout il essaya de calmer la colère du peuple contre ses ennemis de l'intérieur. Ceux-ci, aristocrates et prêtres réfractaires, correspondaient avec l'ennemi du dehors, avec l'armée qui nous envahissait : à la nouvelle de nos revers, ces mauvais citoyens se réjouissaient. Beaucoup d'entre eux avaient été renfermés dans les prisons de Paris : Danton aurait voulu qu'on les *jugeât promptement* et sévèrement, afin d'éviter au peuple la dangereuse tentation de se *faire justice lui-même*. Mais quand, le 2 septembre 1792, on apprit à Paris l'investissement de la ville de Verdun, dont la chute inévitable allait ouvrir aux Prussiens la route de Paris, il y eut une *explosion de colère*. Une troupe de furieux se porta sur les prisons, y improvisa des *tribunaux populaires* et fit périr une partie des prisonniers. Les bons citoyens, dans ces tristes journées, se gardèrent bien de souiller leurs mains du sang d'ennemis désarmés.

Danton.

Bataille de Valmy. — Les *Prussiens* continuaient leur marche en avant, mais plus lentement et avec moins de confiance. Les émigrés leur avaient promis que la France les accueillerait comme des *libérateurs :* au contraire, ils trouvaient la France debout contre eux. Cependant ils occupaient déjà une partie de la *Champagne* et, fiers de leur vieille renommée militaire, ils se moquaient de nos *soldats improvisés*, de nos *volontaires* mal équipés et novices à la guerre. Ils rencontrèrent à Valmy (20 septembre 1792) l'armée française, commandée par Dumouriez et Kellermann : cette armée fit si bonne contenance que les Prussiens battirent en retraite. Décimés par la maladie, se traînant avec peine dans la boue, ils évacuèrent enfin le territoire de la France.

Bataille de Valmy.

Laïcisation des actes de l'état civil. — Avant de se séparer, l'Assemblée législative ôta au clergé et confia aux municipalités la tenue des registres de naissances, mariages et décès (20 septembre 1792). C'est ce qu'on appelle la *laïcisation des actes de l'état civil.*

QUESTIONNAIRE.

1. Quand se réunit l'Assemblée législative ?
2. Qu'est-ce que les Girondins ?
3. Qu'est-ce que le club des Jacobins ?
4. Racontez les difficultés intérieures que rencontra la Législative ?
5. Pourquoi et quand fûmes-nous en guerre avec l'Autriche et la Prusse ?
6. Qu'est-ce que la journée du 20 juin 1792 ?
7. Comment le trône fut-il renversé au 10 août ?
8. Parlez des enrôlements volontaires.
9. Qu'est-ce que le Conseil exécutif provisoire ?
10. Qu'est-ce que les massacres de septembre ?
11. Comment les Prussiens furent-ils chassés du territoire ?

CHAPITRE V

LA CONVENTION NATIONALE (1792-1795)

SOMMAIRE. — La Convention nationale siégea du 20 septembre 1792 au 26 octobre 1795. Elle abolit la royauté, établit la République, jugea et fit périr Louis XVI. Ses membres les plus ardents furent les Montagnards, dont les principaux étaient **Robespierre, Danton, Saint-Just.** Elle avait à vaincre l'Europe coalisée contre nous : car, outre la Prusse et l'Autriche, nous allions avoir à combattre maintenant l'Angleterre, l'Espagne, l'empire d'Allemagne. Par son indomptable énergie, la Convention parvint à sauver la France. Une nouvelle invasion fut repoussée, la Belgique, l'Allemagne furent envahies. Après des alternatives de succès et de revers, la Convention signa la paix à *Bâle* (1795) avec une partie de ses ennemis. Nous obtînmes la *rive gauche du Rhin* et nous ne fûmes plus en guerre qu'avec l'Angleterre et l'Autriche. La France n'avait jamais été si forte et si glorieuse.

Ces beaux résultats ne furent atteints que par de sanglants et douloureux efforts : il fallut sacrifier la *liberté individuelle* à l'*indépendance nationale*. Pour contenir les ennemis du dedans, qui étaient d'accord avec ceux du dehors, on établit la *Terreur*, dont des ambitieux abusèrent : beaucoup de Français périrent sur l'échafaud, non seulement des *conspirateurs*, mais aussi des *innocents*, de bons citoyens, d'illustres républicains : les principaux Girondins et les principaux Montagnards furent guillotinés tour à tour. Nos victoires, surtout celle de *Fleurus* (1794), détruisirent enfin cet affreux système de la Terreur : mais il y eut, en 1795, une *réaction sanglante* contre les républicains : ce fut la *Terreur blanche*.

Au milieu de ces travaux et de ces soucis, la Convention s'occupa de l'*éducation nationale*, établit de grandes fondations scientifiques et littéraires, multiplia les *Écoles*, prépara le *Code civil*, abolit l'*esclavage :* cette illustre Assemblée mérita bien de la France et de l'humanité.

Réunion de la Convention nationale. — Après la prise des Tuileries par le peuple, le 10 août 1792, l'Assemblée législative avait résolu de confier à une autre Assemblée le soin de *réformer la constitution* et de faire face aux nécessités d'une situation nouvelle et terrible. Élue par le *suffrage universel*, dont l'établissement avait été la conséquence de la journée du 10 août, cette Assemblée, qu'on appela *Convention nationale*, se réunit à Paris, le 20 septembre 1792.

La Convention nationale, ainsi élue, représentait vraiment la France. On y vit deux partis, les *Girondins* et les *Montagnards*, qui tous deux étaient sincèrement amis de la Révolution. Les Montagnards croyaient qu'en ce moment où la France luttait contre l'Europe pour son indépendance, une *dictature* était nécessaire et que cette dictature devait être exercée par la Convention, sous l'influence du club des Jacobins et de la Commune de Paris. Les Girondins voulaient au contraire qu'il n'y eût pas de dictature, que la constitution *fonctionnât régulièrement* comme en temps de paix, et ils comprenaient mal les *terribles nécessités* de la guerre.

Porte-enseigne de la Révolution.

Les principaux Girondins étaient **Vergniaud, Condorcet, Guadet, Brissot, Petion, Buzot** : **Mme Roland** inspirait plusieurs d'entre eux.

Les principaux Montagnards étaient **Danton, Robespierre, Saint-Just, Couthon** et **Marat**.

Établissement de la République. — Le 21 septembre 1792, la Convention décréta l'*abolition de la royauté*, et, le 22, l'*établissement de la République*.

Cette date du 22 septembre 1792 devint plus tard le

point de départ d'une *nouvelle ère*, l'ère républicaine, et, à l'ancien calendrier, on substitua un *calendrier républicain*. Chaque mois y était de trente jours et se divisait en trois séries de dix jours, ou *décades*. Les mois d'automne et d'hiver s'appelaient *vendémiaire*, *brumaire*, *frimaire*, *nivôse*, *pluviôse*, *ventôse*; les mois de printemps et d'été, *germinal*, *floréal*, *prairial*, *messidor*, *thermidor*, *fructidor*. Le calendrier républicain dura jusqu'en l'an XIV, c'est-à-dire jusqu'en 1805, époque où Napoléon le supprima.

Victoires et conquêtes de la République. — Débarrassés de l'invasion prussienne, les Français prirent l'offensive contre le *roi de Piémont*, qui s'était déclaré pour nos ennemis. Mais alors nous songions moins à *conquérir* les peuples qu'à les *délivrer*. La *Savoie*, occupée par nos troupes, demanda à être *annexée* à la France (septembre-octobre 1792). Le *Comté de Nice* fut également occupé et réuni. Appelés par les sympathies enthousiastes des populations de la *rive gauche du Rhin*, nos soldats, commandés par **Custine**, entrèrent à *Mayence*, à *Spire* et à *Worms* : ces populations votèrent aussi leur réunion à la France.

Cependant les Autrichiens avaient envahi le *département du Nord* et assiégeaient *Lille*. Cette ville se défendit héroïquement, et le siège en fut levé (1).

Dumouriez, à la tête de l'armée qui avait vaincu à Valmy, battit les Autrichiens à *Jemmapes* (6 novembre 1792) et conquit toute la *Belgique*.

Procès et exécution de Louis XVI. — La Convention, que les électeurs avaient revêtue de pouvoirs illimités, jugea elle-même **Louis XVI**. A l'*unanimité* des votants, elle le déclara coupable de conspiration contre la liberté publique et d'attentat contre la sûreté de l'État. Ceux qui, tout en le croyant coupable, ne pensaient pas qu'on dût le faire périr, demandèrent que le jugement fût soumis à la ratification du peuple : cette demande fut repoussée par 424 voix contre 283. La peine de mort fut prononcée par 387 voix contre 334 et la proposition de surseoir à l'exécution de cette peine fut écartée par 380

(1) Les Autrichiens lancèrent dans Lille soixante mille boulets rouges et bombes. L'archiduchesse **Christine** présidait à ce bombardement, et elle était la propre sœur de la reine de France Marie-Antoinette. Les habitants de Lille montrèrent autant de gaîté que d'héroïsme. Les enfants couraient aux bombes, arrachaient la mèche et la plongeaient en riant dans des baquets pleins d'eau. Un jour un *perruquier* se fit un plat à barbe d'un éclat de bombe et rasa quatorze personnes à la place même où venait de tomber le projectile.

voix contre 310. Louis XVI fut guillotiné le 21 janvier 1793. La veille, un des conventionnels qui avaient voté **la mort** du roi, **Le Peletier de Saint-Fargeau**, avait été assassiné par un ex-garde du corps.

Insurrection vendéenne. — La Convention nationale décréta une levée de 300,000 soldats. Excités par les nobles et les prêtres réfractaires, les paysans *vendéens* et *angevins* se révoltèrent contre ce décret (mars 1793) et prirent les armes. Leurs chefs furent **Stofflet, Cathelineau, Charette, d'Elbée, La Rochejaquelein**. Ce fut une *guerre cruelle*, au profit de l'Autriche et de la Prusse.

Mort de Louis XVI.

La sédition s'étendit à une grande partie des anciennes provinces d'*Anjou*, de *Poitou* et de *Bretagne* : mais heureusement les *villes* y restèrent fidèles à la cause de la Révolution (1).

Trahison de Dumouriez. — Le général Dumouriez, maître de la Belgique, cherchait à s'y rendre indépendant

(1) C'est dans cette guerre civile de la Vendée que se distingua le jeune **Joseph Bara**, âgé de quatorze ans et natif de Palaiseau, qui accompagna le général Desmarres, monté et équipé en hussard. Toute l'armée le vit faisant prisonniers deux Vendéens qui avaient osé l'attaquer. C'était un soldat modèle, et il faisait passer toute sa solde à sa mère. Le 7 décembre 1793, surpris et entouré par les insurgés royalistes, il aima mieux périr que de se rendre et de leur livrer deux chevaux qu'il conduisait. On dit même que, sommé de crier : *Vive le roi!* il cria : *Vive la République!*

de la Convention. Battu à *Neerwinden* (18 mars 1793), il **s'entendit** avec l'ennemi, résolut de marcher sur Paris pour *rétablir la royauté*, livra aux Autrichiens des *représentants du peuple* (1) venus pour le ramener au devoir. Mais ses soldats refusèrent de s'associer à sa trahison, et il passa honteusement, avec quelques complices, dans le camp autrichien. Cette *trahison* amena une nouvelle invasion du département du Nord.

Coalition contre nous. — La situation était critique. La Convention avait dû déclarer la guerre à l'*Angleterre* et à l'*Espagne*. Nous comptions encore parmi nos ennemis déclarés, outre la Prusse et l'Autriche, la *Hollande*, l'*Empire d'Allemagne*, le *Piémont*, *Naples* et le *Pape* qui, en janvier 1793, avait laissé assassiner à Rome par sa police notre agent **Bassville**. La *Russie* ne nous était pas moins hostile ; mais ses visées sur la *Pologne* l'empêchaient d'envoyer des soldats contre nous.

Mort du jeune Bara.

Tribunal révolutionnaire et Comité de salut public. — Contre tant d'ennemis du dehors et du dedans,

(1) On appelait ainsi les députés à la Convention.

la Convention déploya une énergie terrible, établit un *Tribunal révolutionnaire*, pour juger sans appel les *conspirateurs*, et un *Comité de salut public*, pour exercer une sorte de dictature en vue de la défense nationale : Danton siégea dans ce Comité et en fut l'âme. Des *représentants en mission* se rendirent dans les départements et auprès des armées afin d'exciter l'ardeur des patriotes, de déjouer les intrigues des malveillants et d'activer les opérations militaires.

Les Girondins ne voulaient point de dictature : ils gémissaient de l'influence que la Commune de Paris et le club

Représentant du peuple aux armées.

des Jacobins exerçaient sur la Convention ; ils querellaient sans cesse les Montagnards à ce sujet. Ces discordes étaient fâcheuses en présence de l'ennemi. Le peuple de Paris y mit fin dans les journées des 31 *mai* et 2 *juin*, où il força la Convention à expulser de son sein et à décréter d'arrestation les chefs des Girondins, Vergniaud, Guadet, Gensonné, Brissot, Petion, Buzot et plusieurs autres. Ce *coup d'État* devait, par l'exemple, en amener d'autres qui, peu à peu, en détruisant chez le peuple le respect de la loi, perdirent la République.

Une partie des Girondins détenus s'échappèrent et allèrent en province pour y exciter une *insurrection générale* contre la Convention. La *Normandie*, *Bordeaux*, *Toulouse*, *Marseille*, *Lyon*, près de 60 départements se soulevèrent, pendant que les Espagnols envahissaient le *Roussillon*, que les Autrichiens prenaient *Condé*, puis *Valenciennes*, et que les Prussiens forçaient *Mayence* à capituler.

La Convention ne perdit pas courage et combattit à la fois tous ses ennemis. Elle fit une constitution nouvelle, qu'on appela la *constitution de 1793* : les départements insurgés s'y rallièrent presque tous, et une grande partie de la France rentra dans le devoir. **Mais** la constitution ne fut pas appliquée, à cause de la guerre.

Le Comité de salut public fut renouvelé en juillet 1793, et **Robespierre** y remplaça Danton. Un des membres les plus actifs de ce nouveau Comité fut **Lazare Carnot**, qui dirigea la partie militaire et mérita le surnom d'*organisateur de la victoire*.

Mort de Marat.

La Terreur. — Dans la seconde moitié de l'année 1793, de terribles événements se succédèrent. Une jeune fille exaltée, **Charlotte Corday**, tua Marat d'un coup de couteau. Marat était un *journaliste patriote*, parfois *délirant*, et qui donnait trop souvent au peuple des *conseils sanguinaires*. Assassiné, il parut personnifier, dans l'imagination populaire, la patrie traîtreusement poignardée. La nation, se disait-on, n'allait-elle être assassinée comme Marat ? L'insurrection vendéenne continuait à faire rage, *Lyon* était en révolte, les royalistes avaient livré *Toulon* aux

Anglais, la *Corse* s'était séparée de la France, les Autrichiens unis aux Anglais continuaient d'envahir le Nord, Paris était menacé comme en 1792, et les ennemis de l'intérieur étaient toujours d'accord avec les ennemis de l'extérieur.

Les patriotes crurent que, pour comprimer les ennemis intérieurs et extérieurs de la nation, il fallait les *terroriser*, et c'est pourquoi cette période de notre histoire s'appelle la *Terreur*.

Les *Girondins* et *Marie-Antoinette* périrent sur l'échafaud, ainsi que des *généraux* soupçonnés de trahison ou coupables de négligence. Le sang coula à flot; il y eut des injustices, des crimes, inutiles à la défense nationale et odieux. Mais on avait *perdu la tête* dans cet orage, et, harcelés par mille dangers, les patriotes frappaient avec rage. Le système de la Terreur fut organisé, et on établit un *gouvernement révolutionnaire*, dictature rigoureuse pour la défense de la patrie envahie, dictature exercée au nom de la Convention par le Comité de salut public, dont Robespierre était le chef.

Cette énergie, parfois *inhumaine*, souvent *sublime*, força la victoire. Les *Vendéens* furent écrasés au *Mans* et à *Savenay*; *Lyon* et *Toulon* furent repris et châtiés, la victoire d'*Hondschoote* sauva *Dunkerque* menacée par les Anglais, la victoire de *Wattignies* sauva *Maubeuge*, le général **Hoche** reprit les lignes de *Wissembourg* et débloqua *Landau*, les Espagnols furent chassés du *Roussillon* (1).

Robespierre. — Ces victoires, en sauvant la République, auraient dû mettre fin au système de la Terreur. Mais Robespierre voulait rester le maître. Il envoya à l'échafaud des hommes violents, comme **Hébert**, et de bons patriotes, comme **Danton** et **Camille Desmoulins**. Il organisa une religion d'État et substitua au *culte de la Raison*, qui avait peu duré, le culte de l'*Être suprême*, dont il fut

(1) Ces campagnes furent signalées par mille traits d'héroïsme. En novembre 1793, près de la ville de *Deux-Ponts*, on vit **Debelle**, commandant l'artillerie légère, tenir ferme pendant plus d'une heure et demie contre toutes les batteries prussiennes. C'était une grêle d'obus et de boulets qui tombaient près de Debelle : « *Tenons toujours*, dit Debelle, *les ennemis croiront qu'ils ajustent mal, et ils changeront de direction.* » — A la même époque, un capitaine de volontaires, qui avait eu la poitrine traversée d'un biscaïen, s'écria : « *Je vais mourir*, mais la République vivra : je lui fais volontiers le sacrifice de ma vie : que n'en avais-je mille à lui offrir ! » Et il expira.

le pontife. Il opprima les consciences (1794). Dès lors, la Terreur redoubla et une foule de Français furent guillotinés, aussi bien des républicains que des royalistes.

Victoire de Fleurus et chute de Robespierre — Cependant nos armées reprenaient l'offensive. La *Belgique* fut envahie. Le général **Jourdan** battit les Autrichiens à *Fleurus* (1794). Il eût été odieux, maintenant que la patrie était non seulement sauvée, mais victorieuse, de continuer le système de la Terreur : la Convention renversa Robespierre (9 thermidor an II — 27 juillet 1794). Il

Arrestation de Robespierre.

eût suffit de lui ôter le pouvoir : on le guillotina, ainsi que Saint-Just et une foule de robespierristes. Ce meurtre fut le signal d'une réaction, appelée *réaction thermidorienne*. Une nouvelle Terreur s'établit, la *Terreur royaliste*, ou *Terreur blanche*, ainsi dénommée à cause de la *cocarde blanche* que portaient les royalistes. A *Lyon* et en *Provence*, les patriotes furent égorgés de la façon la plus barbare.

A Paris, la *famine* amena, en avril et en mai 1795, deux *insurrections populaires :* elles furent cruellement réprimées ; on fusilla ou on déporta une partie des républicains dont l'énergie avait naguère sauvé la France envahie.

Cependant nos *succès militaires* continuaient. Les Anglais

ayant débarqué à *Quiberon* un corps d'*émigrés*, ceux-ci furent taillés en pièces, et l'insurrection bretonne, appelée *chouannerie*, ne put s'étendre. Bientôt Hoche pacifia la Vendée.

La conquête de la *rive gauche du Rhin*, de la *Belgique*, de la *Hollande* organisée en *République batave*, de sanglantes défaites infligées aux *Espagnols*, amenèrent les glorieux *traités de Bâle* (1795), qui nous donnèrent la paix avec la Prusse et l'Espagne et nous assurèrent pour plus tard la possession de la rive gauche du Rhin.

Grandes fondations de la Convention. — Pendant qu'elle combattait l'Europe, la Convention s'occupa, avec un zèle admirable, d'*organiser la France*. Son principal souci fut d'assurer l'*éducation du peuple*, en fondant trois ordres d'enseignement, *primaire*, *secondaire* et *supérieur*. Elle établit l'*Institut national*, l'*Ecole normale*, l'*École polytechnique*, le *Muséum d'histoire naturelle*, etc. Elle décréta l'*affranchissement des noirs* dans nos colonies ; elle prépara le *code civil*, elle corrigea et compléta l'œuvre de la Constituante, elle établit, sur le rapport de **Cambon**, le *grand livre de la dette publique*. Enfin, elle vota une constitution nouvelle, appelée la *constitution de l'an III*.

Fin de la Convention. — Dans les derniers jours de sa carrière, la Convention eut à réprimer une *insurrection royaliste*, qui éclata à Paris (13 vendémiaire an IV-5 octobre 1795). C'est le 26 octobre 1795 qu'eut lieu la dernière séance de cette grande Assemblée, qui avait sauvé la patrie, qui avait bien mérité de la France et de l'humanité.

QUESTIONNAIRE.

1. Quels étaient les partis qui divisaient la Convention ?
2. Quand et comment la République fut-elle établie ?
3. Racontez la conquête de la Belgique.
4. Quand Louis XVI fut-il guillotiné ?
5. Qu'est-ce que l'insurrection vendéenne ?
6. Racontez la trahison de Dumouriez.
7. Qu'est-ce que le Tribunal révolutionnaire ?
8. Qu'est-ce que le Comité de salut public ?
9. Racontez l'insurrection générale qui suivit les journées des 31 mai et 2 juin 1793.
10. Qu'est-ce que Lazare Carnot ?
11. Racontez le meurtre de Marat par Charlotte Corday.
12. Qu'est-ce que la Terreur ?
13. Qui livra Toulon aux Anglais ?

14. Qu'est-ce que la victoire de Fleurus ?
15. Qu'est-ce que la journée du 9 thermidor ?
16. Qu'est-ce que la Terreur blanche ?
17. Qu'est-ce que la paix de Bâle ?
18. Quelles sont les grandes fondations de la Convention ?

CHAPITRE VI

LE DIRECTOIRE EXÉCUTIF (1795-1799)

Sommaire. — La constitution de l'an III confiait le pouvoir exécutif à *cinq Directeurs* et le pouvoir législatif à deux chambres, le *Conseil des Cinq-Cents* et le *Conseil des Anciens*, nommées par un suffrage *censitaire*. La guerre étrangère, les troubles intérieurs, la détresse financière, les intrigues des royalistes et des prêtres réfractaires empêchèrent d'appliquer cette constitution d'une façon normale. Le Directoire eut pour adversaires les partisans masqués de la monarchie et les Jacobins, unis aux socialistes, aux disciples de *Babeuf*. Contre les premiers, il fit le coup d'État du *18 fructidor an V*, qui déconcerta la conspiration royaliste ; contre les seconds, il fit le coup d'État du *22 floréal an VI*. Les deux Conseils firent à leur tour un coup d'État contre le Directoire, dont ils forcèrent deux membres à démissionner. On perdait le sentiment du respect de la loi, sans lequel il n'est pas de République.

La guerre contre l'Autriche et l'Angleterre continua. En 1796, le général **Bonaparte** battit les Autrichiens dans la brillante *campagne d'Italie* et força l'Angleterre à signer la paix de *Campo-Formio* (1797). Puis il s'embarqua avec 40,000 hommes pour l'Egypte, conquit ce pays, s'avança en Syrie, se vit forcé à la retraite et fut comme enfermé dans sa conquête par les Anglais. Alors il abandonna furtivement son armée et revint en France.

Pendant son absence, la guerre avait repris avec l'Autriche, aidée de la Russie, et nous avions été vaincus, chassés de l'Italie, menacés d'une invasion. Une armée anglaise avait débarqué en Hollande. **Masséna** sauva la République par la belle victoire de *Zurich*, qui détruisit l'armée russe, et **Brune** força, en Hollande, les Anglais à se rembarquer.

La République était prospère. Mais Bonaparte, grand général et mauvais citoyen, aspirait à la dictature. Aidé d'un des Directeurs et du Conseil des Anciens, il fit disperser le Conseil des Cinq-Cents par ses soldats (18 et 19 brumaire an VIII), abolit le Directoire et le remplaça par un Consulat provisoire, dont il fut membre.

La constitution de l'an III. — La nouvelle constitution n'était pas aussi *démocratique* que celle que la Convention avait faite d'abord, en 1793, sans l'appliquer. Le suffrage universel y était remplacé par le suffrage *restreint* et *censitaire*, c'est-à-dire que, pour être électeur, il fallait payer une *contribution directe*. Le pouvoir législatif était confié à deux chambres, le *Conseil des Cinq-Cents* et le *Conseil des Anciens*. Quant au pouvoir exécutif, c'était un *Directoire*, composé de cinq membres et renouvelable chaque année par cinquième.

Débuts du Directoire. — Les cinq premiers directeurs furent **Barras, Carnot, Reubell, Le Tourneur, La Révellière-Lépeaux**. Ils trouvèrent la France épuisée par tant d'efforts et tant de guerres. Le *numéraire* manquait : pour y suppléer, on avait dû créer en 1790 un papier-monnaie, appelé *assignats*, auquel servaient de gages les *biens nationaux* invendus, c'est-à-dire les biens du clergé et des émigrés confisqués par la nation. Les assignats avaient permis de faire face aux dépenses de la guerre ; sous la réaction thermidorienne, la valeur en avait été *dépréciée* à tel point, par leur trop grand nombre, qu'au début du Directoire un assignat de *cent francs* valait moins d'*un franc :* bientôt il ne valut plus que *quelques*

centimes. En 1796, on brisa la *planche aux assignats*, on eut recours à des expédients, sans parvenir à trouver les sommes nécessaires aux dépenses de l'État, et le crédit public fut long à se relever.

Babeuf et le socialisme. — La *misère publique*, bien qu'elle ne pût se comparer à celle qui régnait sous l'ancien régime, donna naissance aux premières *théories socialistes*. Un journaliste, nommé **Babeuf**, plaida avec ardeur la cause des pauvres. Il aurait voulu que l'on procédât à un nouveau partage des biens. On l'accusa

Les Cinq Directeurs.

d'avoir préparé une insurrection pour imposer violemment ses idées: il fut arrêté avec ses amis, jugé, condamné à mort et exécuté le 26 mai 1797.

Campagne d'Italie. — Le général **Napoléon Bonaparte**, Corse de naissance, s'était d'abord signalé comme officier d'artillerie au siège de Toulon, et, dans la journée du 13 vendémiaire, il avait aidé la Convention à écraser l'insurrection royaliste. C'était un homme de génie et que l'on croyait alors républicain sincère. Nommé général en chef de l'armée d'Italie, il procura à la France de rapides et brillantes victoires (1796). Le *roi de Sardaigne* fut forcé à faire la paix. Les Autrichiens furent vaincus à *Lodi*, à *Castiglione*, à *Arcole*, à *Rivoli*. Toute l'*Italie du Nord* tomba en notre pouvoir et fut organisée en plusieurs *républiques indépendantes*. Déjà Bonaparte marchait sur Vienne. L'Autriche dut céder : les préliminaires de la paix furent signés à *Léoben*, et on conclut la paix définitive à *Campo-Formio* (17 octobre 1797) ; l'empereur reconnaissait à la France la possession de la *rive gauche du Rhin*, lui cédait la *Belgique*, renonçait à la *Lombardie*, qui devait former la *République cisalpine*. C'était un glorieux traité ; mais Bonaparte, qui déjà voulait agir à sa tête et

Le pont d'Arcole.

n'obéissait qu'à demi au gouvernement, prit sur lui de livrer la *République de Venise* à l'Autriche, ce qui était injuste.

Campagne d'Allemagne. — Au nord, nos armées avaient été moins heureuses. En 1796, l'*armée de Sambre-et-Meuse*, commandée par **Jourdan**, et l'*armée du Rhin*, commandée par **Moreau**, après avoir envahi une partie de l'Allemagne, avaient dû battre en retraite. C'est pendant cette retraite que fut tué un jeune et brillant général républicain, **Marceau**. En 1797, nos troupes, commandées par **Hoche** et par **Moreau**, reprirent l'offensive, battirent les Autrichiens et auraient marché sur Vienne, si Bonaparte ne s'était trop hâté de signer un armistice qui arrêta la marche de l'armée du Rhin. Peu après, Hoche mourut, à l'âge de 29 ans, laissant le souvenir d'un grand général et d'un grand citoyen : il fut pleuré par toute la France (1).

Journée du 18 fructidor an V. — A l'intérieur, les royalistes avaient organisé une *vaste conspiration* pour rétablir le trône au profit de **Louis XVIII**, frère de Louis XVI, dont le fils, **Louis XVII**, était mort prisonnier au Temple sans avoir régné. Les *élections partielles* avaient envoyé au Conseil des Cinq-Cents une *majorité anti-républicaine*. Le général **Pichegru**, trahissant la République, s'était rallié au prétendant. Le Directoire déjoua cette conspiration par un *coup d'État* : le 18 fructidor an V (4 septembre 1797), il cassa les élections royalistes et les principaux conspirateurs furent condamnés à la *déportation*.

Hoche.

L'année suivante, il se tourna, par un *jeu de bascule*, contre les *républicains avancés*, appelés aussi *Jacobins*, qui avaient obtenu la majorité aux élections partielles et cassa ces élections (22 floréal an VI-11 mai 1798). Bientôt les deux Conseils se vengèrent de ces illégalités en faisant à leur tour un coup d'État, par lequel deux directeurs furent forcés de donner leur démission. Ces continuelles violations de la Constitution de l'an III étaient peut-être nécessitées par les circonstances : mais l'opinion déconcertée s'habitua au mépris de la loi, à l'indifférence politique, et cet état d'esprit, déjà préparé par tant de journées populaires, permettra

(1) Louis-Lazare Hoche, fils d'un palefrenier et élevé par une tante, fruitière à Montreuil, n'était en 1789 que caporal au régiment des gardes françaises. Faute d'être noble, il ne fût jamais devenu officier, et son génie aurait été inutile à la France, si la Révolution n'avait proclamé l'égalité des droits. Il devint général en 1793, à l'âge de vingt-cinq ans, et rendit les plus grands services à la patrie.

à Bonaparte de détruire la liberté pour régner en despote sur la France.

Expédition d'Égypte (**1798**). — Les lauriers de la campagne d'Italie ne suffisaient pas à Bonaparte. Il proposa au Directoire l'*expédition d'Égypte*, afin d'atteindre l'Angleterre dans son commerce et de la menacer dans son *empire indien* : car nous étions toujours en guerre avec l'Angleterre. Bonaparte s'embarqua à Toulon avec 40,000 hommes. Il emmenait aussi des *savants*, des *administrateurs*, car il voulait *coloniser* l'Égypte et en faire connaître les *mystérieux monuments*.

Bataille des Pyramides.

La flotte française échappa heureusement aux recherches de l'amiral **Nelson**. L'Égypte fut conquise, quoiqu'elle appartînt à une puissance amie de la France, la *Turquie*. Les *mameluks*, milice féodale qui gouvernait l'Égypte, furent vaincus à la bataille des *Pyramides*. Mais Nelson, en détruisant la flotte française à *Aboukir*, rendit notre armée prisonnière de sa conquête. Bonaparte osa néanmoins s'avancer en Syrie, à la rencontre des armées turques, les battit, mais fut arrêté longtemps au siège de *Saint-Jean-d'Acre*, qu'il ne put prendre. Il revint en Égypte, vainquit les Turcs à *Aboukir;* puis, coupé de ses communications avec la France et désespérant de se maintenir sans renforts, il abandonna furtivement son armée et revint à Paris.

Seconde coalition. — L'Europe monarchique était effrayée des *progrès de l'esprit républicain* hors de nos frontières. Nous avions organisé la *Suisse*, la *Lombardie*, *Gênes*, *Rome* et *Naples* en républiques démocratiques. L'Autriche et la Russie se coalisèrent de nouveau avec l'Angleterre contre nous. Un congrès s'était réuni à *Rastadt* pour compléter la paix de Campo-Formio : il fut rompu, et des hussards autrichiens *assassinèrent* les *plénipotentiaires* français.

Cette nouvelle guerre fut d'abord très malheureuse pour nous. Jourdan, vaincu à *Stockach* par l'archiduc Charles, dut se replier sur *Strasbourg*. En Italie, le général russe **Souvarof** nous mit en déroute dans plusieurs combats. Toutes les armées françaises battirent en retraite. Nos frontières furent menacées. Une armée anglo-russe débarqua en Hollande et s'avança victorieusement dans l'intérieur de ce pays.

Victoires de Brune et de Masséna. — Vainqueur en Italie, le général russe Souvarof s'était transporté en Suisse. Il comptait bien y écraser l'armée française, commandée par **Masséna**. Une série de combats eut lieu près de *Zurich* (fin septembre 1799) : les différents corps qui composaient l'armée russe furent successivement battus, et Souvarof dut battre en retraite, ayant perdu la moitié de ses troupes. Pendant ce temps, en Hollande, le général **Brune** infligeait deux défaites sanglantes aux Anglais : ils durent capituler et se rembarquer. Nos frontières étaient sauvées par ces *glorieuses victoires* de Brune et de Masséna, qui, en rassurant les patriotes, en déconcertant les royalistes, ramenèrent le calme et la prospérité en France.

Coup d'État du 18 brumaire an VIII (9 novembre 1799). — L'ambition de Bonaparte ne permit pas à la République de profiter de ces victoires. Depuis son retour d'Égypte, il méditait un *coup d'État* qui le rendrait maître de la France. Par la complicité d'un des directeurs, **Siéyès**, et de la majorité du Conseil des Anciens, il obtint que le Corps législatif fût transféré à *Saint-Cloud*, en même temps qu'il recevait illégalement le commandement de la division militaire où se trouvait Paris (18 brumaire an VIII-9 novembre 1799). Le Conseil des Cinq-Cents voulut résister au général factieux et maintenir la Constitution, dans la séance qu'il tint à Saint-Cloud le lendemain 19 brumaire : Bonaparte fit disperser brutalement les députés par ses soldats. Après cette dispersion, un petit nombre de députés parjures se réunirent et, supprimant le Directoire, confièrent le pouvoir exécutif à trois *Consuls*

19 Brumaire.

provisoires, **Bonaparte, Siéyès** et **Roger-Ducos**. La république subsistait de nom, mais la liberté était frappée à mort.

QUESTIONNAIRE.

1. Qu'est-ce que la constitution de l'an III ?
2. Qu'est-ce que le Directoire exécutif ?
3. A qui était confié le pouvoir législatif à cette époque ?
4. Qu'est-ce que Babeuf ?
5. Comment arriva-t-il que la constitution de l'an III fut sans cesse violée ?
6. Racontez la campagne d'Italie.
7. Racontez l'expédition d'Égypte.
8. Comment Brune et Masséna sauvèrent-ils la France ?
9. Qu'est ce que le coup d'État du 18 brumaire ?

CHAPITRE VII

LES LETTRES, LES ARTS ET LES SCIENCES SOUS LA RÉVOLUTION (1789-1799)

SOMMAIRE. — La liberté changea heureusement les conditions de la littérature. Un souffle nouveau inspira le *théâtre*, qui

représenta les événements contemporains, la *poésie lyrique*, où excellèrent **Rouget de Lisle** et **Marie-Joseph Chénier**, et l'*éloquence*, qui fut *politique* et dont les maitres s'appelèrent **Mirabeau**, **Robespierre**, **Vergniaud** et **Danton**. Le peintre de la Révolution fut **David**. Les sciences furent très florissantes : on les appliqua à la défense nationale.

Malgré la guerre civile et étrangère, le génie français ne resta pas improductif pendant la Révolution. Il ne visa plus autant au *joli*, comme sous Louis XV et sous Louis XVI, mais au beau et au grand. La liberté offrit des conditions et un idéal nouveaux aux poètes, aux artistes, aux savants.

Les lettres. — Le théâtre représenta les événements, les mœurs et les hommes du jour. Ce fut un genre nouveau : mais les anciens genres, tragédie et comédie, subsistèrent. Une seule pièce de théâtre a survécu : c'est le *Philinte*, comédie faisant suite au *Misanthrope* de Molière, par **Fabre d'Églantine**.

La *poésie lyrique* exprima les grands sentiments du peuple dans la *Marseillaise*, composée par **Rouget de Lisle** (1), et dont voici la première strophe :

Allons, enfants de la patrie,
Le jour de gloire est arrivé.
Contre nous de la tyrannie
L'étendard sanglant est levé.
Entendez-vous dans les campagnes
Mugir ces féroces soldats?
Ils viennent jusque dans vos bras,
Égorger vos fils, vos compagnes.

Aux armes, citoyens!
Formez vos bataillons!
Marchez, marchez! qu'un sang impur
Abreuve nos sillons!

La *Marseillaise* est encore aujourd'hui le chant national de la France.

Un poète qui fut député à la Convention nationale, Marie-Joseph **Chénier**, composa en 1794, le *Chant du Départ*, qui commence ainsi :

(1) Rouget de Lisle, capitaine du génie, était en garnison à Strasbourg au moment de la déclaration de guerre à l'Autriche (avril 1792). A ce cri : *Aux armes!* que répétaient tous les Français, son imagination s'enflamma, et à la suite d'un dîner patriotique chez le maire de Strasbourg, **Dietrich**, il composa, pour l'usage de l'armée du Rhin, un chant de guerre qui s'appela depuis *Marseillaise*, parce que les fédérés marseillais le chantèrent à Paris quand ils y vinrent au mois d'août suivant pour renverser le trône de Louis XVI.

La Victoire, en chantant, nous ouvre la carrière.
La Liberté guide nos pas ;
Et du Nord au Midi, la trompette guerrière
A sonné l'heure des combats.
Tremblez, ennemis de la France,
Rois ivres de sang et d'orgueil,
Le peuple souverain s'avance ;
Tyrans, descendez au cercueil.

La République nous appelle,
Sachons vaincre ou sachons périr :
Un Français doit vivre pour elle,
Pour elle un Français doit mourir.

L'auteur de ce *Chant* avait un frère, André **Chénier** (mort, hélas ! sur l'échafaud), qui fut un grand poète, mais dont les poésies ne parurent que vingt-cinq ans après sa mort.

En prose, **Condorcet** traça un magnifique *Tableau des progrès de l'esprit humain.* **Camille Desmoulins** fut un journaliste exquis.

Mais c'est surtout dans l'*éloquence politique*, jusque-là interdite aux Français, que se révélèrent des hommes nouveaux, un art nouveau : les principaux orateurs de la Révolution furent **Mirabeau**, **Robespierre**, **Vergniaud** et **Danton.**

Les arts. — Le grand peintre de la Révolution fut **David**, déjà connu sous Louis XVI : il représenta le *Serment du Jeu de Paume*, la *Mort de Le Peletier*, la *Mort de Marat*, avec vérité et grandeur.

Les sciences. — Les principaux savants furent l'astronome **Laplace**, les mathématiciens **Lagrange, Monge,** les chimistes **Fourcroy, Berthollet, Guyton de Morveau**, les naturalistes **Lamarck, Étienne Geoffroy-Saint-Hilaire, Georges Cuvier**, l'anatomiste **Bichat**, qui appliquèrent la méthode et les principes du XVIIIe siècle. Les nécessités de la défense nationale amenèrent l'invention du *télégraphe aérien* et de l'*aérostation militaire.*

QUESTIONNAIRE.

1. Qu'est-ce que la *Marseillaise ?*
2. Qu'est-ce que David ?
3. Quels sont les grands orateurs de la Révolution ?

CINQUIÈME PARTIE

LE CONSULAT L'EMPIRE, LA PREMIÈRE RESTAURATION ET LES CENT-JOURS (1799-1815)

CHAPITRE I

LE CONSULAT (1799-1804)

Sommaire. — Bonaparte devint le maître de la France sous le titre de *premier Consul*. Il y eut un *Sénat*, un *Conseil d'État*, un *Tribunat*, un *Corps législatif*, mais le peuple n'en élut pas les membres, et c'est Bonaparte qui nomma tous les fonctionnaires. La liberté disparut, et on préféra à la liberté la gloire militaire. Les Autrichiens, vaincus par Bonaparte à *Marengo* et par Moreau à *Hohenlinden*, signèrent la paix à *Lunéville*. L'Angleterre, de son côté, fit la paix à *Amiens*. Bonaparte profita de ces succès pour se faire nommer *Consul à vie*. Il fit le *Concordat* avec le pape, persécuta les républicains, épouvanta les royalistes par l'assassinat du **duc d'Enghien** et se fit proclamer empereur sous le nom de **Napoléon Ier**. L'Angleterre avait repris les armes contre nous.

La Constitution de l'an VIII. — Quelques semaines après le coup d'État du 18 brumaire, la Constitution de l'an III fut remplacée par une nouvelle constitution, dite *Constitution de l'an VIII*, qui, rédigée par Bonaparte et ses conseillers, fut acceptée par un vote populaire ou *plébiscite*.

Bonaparte avait rétabli le *suffrage universel*, mutilé naguère par la constitution de l'an III. Il semblait rendre à la nation l'exercice de toute sa souveraineté : mais c'était une *grossière tromperie*. Les droits des électeurs se bornaient à désigner un certain nombre d'entre eux appelés *notables*, parmi lesquels seraient choisis les députés, les administrateurs, les juges. Mais ce n'est plus le peuple qui les choisissait : ils étaient désignés par Bonaparte ou par les agents de Bonaparte.

C'est le chef du gouvernement qui nommait les *conseils généraux*, les *conseils d'arrondissement*, les *conseils de préfecture* et les *conseils municipaux*. Il nommait aussi les *préfets*, sorte d'intendants qui remplaçaient les administrations élues. Des *sous-préfets* administraient les *arrondissements*, qu'on avait substitués aux districts.

Napoléon.

Le *pouvoir législatif* était attribué à quatre assemblées différentes : un *Conseil d'État*, qui préparait les lois; un *Tribunat*, qui les discutait; un *Corps législatif* muet, qui les votait; et un *Sénat conservateur*, qui était censé veiller au maintien de la Constitution.

Le pouvoir exécutif était confié à *trois Consuls* nommés pour dix ans, Bonaparte, Cambacérès et Le Brun. Mais la Constitution donnait à Bonaparte, avec le titre de *premier Consul*, toute la réalité du pouvoir, et ce pouvoir était vraiment *royal*.

Bonaparte et les républicains. — Le premier Consul flatta d'abord, puis persécuta les *républicains* qui refusaient de le servir. Il traita mieux les royalistes, les prêtres réfractaires et les émigrés. Louis XVIII crut que Bonaparte se prêterait à le rétablir sur le trône, mais ses propositions furent repoussées. Furieux de cette déception, les royalistes tentèrent vainement d'assassiner Bonaparte au moyen d'une *machine infernale* qu'ils placèrent sur son passage au moment où il se rendait à l'Opéra (24 décembre 1800). Bonaparte en profita pour frapper les républicains, qui étaient cependant étrangers à ce complot, et en déporta plus de cent. Puis on découvrit les vrais coupables, qui étaient tous *chouans* ou royalistes : mais les républicains n'en restèrent pas moins déportés.

Campagnes d'Italie et d'Allemagne. Paix de Lunéville. — Nous étions toujours en guerre avec l'Angleterre et l'Autriche, à qui cependant Bonaparte avait offert la paix. Il fallut entreprendre une *nouvelle campagne*. Aussi grand général qu'il était mauvais citoyen, Bonaparte battit les Autrichiens en Italie, et la victoire de *Marengo* (14 juin 1800), quoique fort disputée, mit le comble à sa gloire militaire. Malheureusement le brave général **Desaix** fut tué dans cette bataille.

L'armée du Rhin, commandée par Moreau, ne remporta pas de moindres victoires : elle conquit la Bavière (1), marcha sur Vienne, battit les Autrichiens à Hohenlinden (3 décembre 1800) et, par le Tyrol, donna la main à l'armée d'Italie.

L'Autriche dut se résigner à signer à *Lunéville* la paix avec la France (9 février 1801) : cette paix confirma les avantages qui nous avaient été accordés à Campo-Formio.

Paix d'Amiens. — Le guerre continua avec l'Angleterre, qui débarqua des troupes en Égypte. **Kléber** les força à se rembarquer et gagna sur les Turcs la bataille d'*Héliopolis*. Mais il fut assassiné par un *musulman* fanatique. Son successeur, **Menou**, ne put se maintenir en Égypte. Il capitula, et l'armée fut ramenée en France.

Toute l'Europe était fatiguée de la guerre. La *Russie* s'était rapprochée de la France et, unie à la *Suède* et au *Danemark*, s'opposait aux prétentions de l'Angleterre. Les

(1) C'est dans cette campagne que fut tué le brave **La Tour d'Auvergne**, surnommé le *premier grenadier de France*, dont la modestie égalait l'héroïsme et qui n'avait jamais voulu accepter un grade au-dessus de celui de capitaine. Pendant la Révolution, un représentant du peuple en mission lui offrait un jour sa protection. « Vous êtes donc bien puissant? lui dit La Tour d'Auvergne, qui était dans le plus grand dénûment. — Sans doute. — Eh bien, demandez pour moi... — Quoi ? Un bataillon ? Un régiment ? — Non, une paire de souliers. »

Anglais bombardèrent *Copenhague*, mais ils durent signer la paix avec la France. C'est le *traité* d'*Amiens* (25 mai 1802). La *paix générale* était rétablie.

Consulat à vie. — La France fut joyeuse de cette paix, qui lui permettait enfin de respirer. Sa prospérité, en 1802, était réelle, et on voyait renaitre l'*industrie*, le *commerce*, l'*agriculture*. Une habile administration éta-

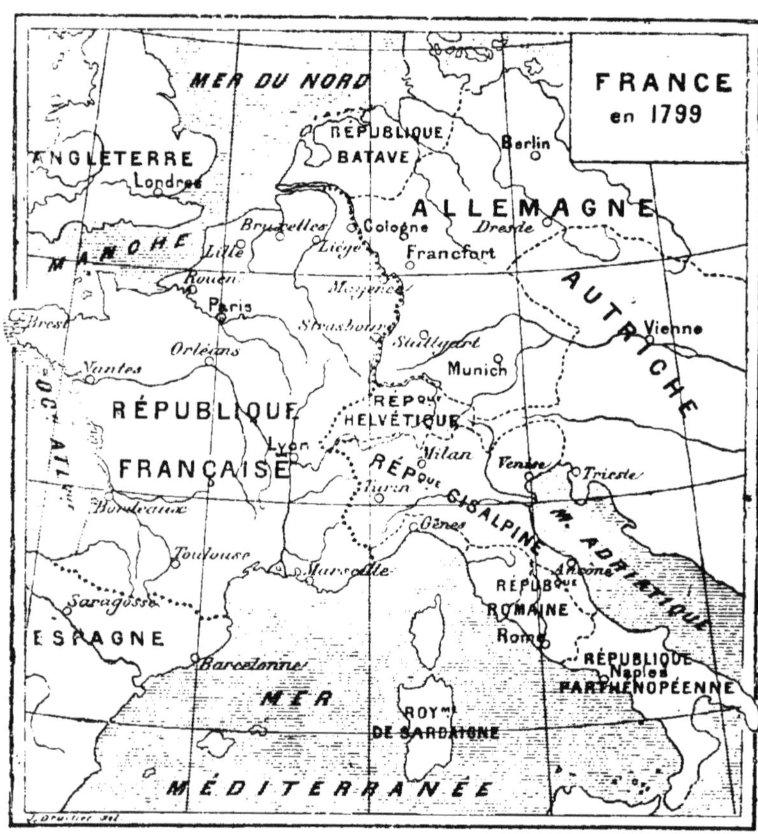

blissait l'*ordre* dans toutes les parties, notamment dans les *finances*. Le Conseil d'État achevait la rédaction du Code civil, commencée par la Convention, mais l'achevait dans un esprit moins libéral. De grands travaux publics étaient entrepris. Oubliant le 18 brumaire, la France avait confiance en Bonaparte, dont la popularité était grande. S'il l'eût voulu, il aurait pu alors fonder la liberté, établir des institutions démocratiques, faire le bonheur de la France par la paix et les lois. A cette gloire haute et pure, il préféra une gloire grossière et coupable : celle d'être un despote. Assuré de l'appui de l'Église par le *Concordat* (1801), qui rendait au clergé son salaire aboli sous la Convention, il profita du surcroît de popularité que lui avait valu la paix d'Amiens pour se faire nommer *Consul à vie* (2 août 1802), avec la faculté de désigner lui-même son successeur.

Rétablissement de l'esclavage. — La Convention avait aboli l'esclavage dans nos colonies. Bonaparte le rétablit (20 mai 1802). Ce fut un des motifs qui nous firent perdre notre belle colonie de *Saint-Domingue*. Elle était devenue presque indépendante sous la direction d'un nègre de génie, **Toussaint-Louverture**. La politique libérale de la Convention nous l'aurait peut-être rendue : ce sont des fers que Bonaparte voulait imposer aux noirs émancipés. Une armée, commandée par le général **Leclerc**, débarqua à Saint-Domingue ; presque tous nos soldats périrent ainsi que leur chef, et l'île fut perdue pour nous.

Rupture de la paix d'Amiens. — Comme Louis XIV, Bonaparte étendit ses conquêtes en pleine paix. Le *Piémont* fut annexé à la France et forma *six départements*. Bonaparte intervint dans les affaires intérieures de la *Confédération helvétique*, dont il s'était proclamé *médiateur*. Ces ingérences excitèrent la jalousie de l'*Angleterre*, qui reprit les armes contre nous (1803).

Complots royalistes ; assassinat du duc d'Enghien ; Bonaparte empereur. — Peu après éclata une conspiration royaliste. Un émigré, **Georges Cadoudal**, vint secrètement à Paris pour tuer le premier Consul. Parmi ses complices, était l'ex-général **Pichegru**. Ils furent arrêtés, ainsi que le général **Moreau**, qui était innocent, mais dont la gloire offusquait Bonaparte. Pichegru fut trouvé étranglé dans sa prison, sans qu'on ait su si c'était un assassinat ou un suicide. Cadoudal fut guillotiné avec ses complices. On bannit Moreau, qui périra dans les rangs des ennemis de la France.

Pour terrifier les royalistes, Bonaparte fit saisir sur le territoire badois, à *Ettenheim*, un jeune émigré, du sang des Bourbons, le duc **d'Enghien** : amené à Paris, jugé par un conseil de guerre, cet infortuné fut fusillé, ou plutôt assassiné.

Au milieu de l'émotion que ces faits répandirent dans le pays, Bonaparte releva le trône à son profit. Il se fit offrir, par son Sénat, le titre d'*empereur*. Un seul homme, au Tribunat, protesta hautement contre l'établissement de l'empire : ce fut **Lazare Carnot.** Bonaparte fut proclamé *Empereur des Français* le 18 mai 1804 : il s'appellera désormais **Napoléon Ier**.

QUESTIONNAIRE.

1. Qu'est-ce que la constitution de l'an VIII
2. Quels étaient les trois Consuls ?
3. Comment Bonaparte traita-t-il les républicains ?
4. Qu'est-ce que la paix de Lunéville ?
5. Qu'est-ce que la paix d'Amiens ?
6. Qu'est-ce que le Consulat à vie ?
7. Racontez l'assassinat du duc d'Enghien.
8. Comment Bonaparte se fit-il proclamer Empereur ?

CHAPITRE II

L'EMPIRE (1804-1814)

SOMMAIRE. — Devenu empereur, Napoléon détruisit toute liberté et s'acharna contre une partie des principes de la Révolution. Il créa une *noblesse* nouvelle. Il fut aussi absolu que l'avait été Louis XIV. Par ses guerres injustes et sanglantes, il ruina la France et lui fit perdre la frontière du Rhin, que lui avait donnée la Convention.

L'Europe se coalisa de nouveau, et à plusieurs reprises, contre nous. Les Austro-Russes furent vaincus à *Austerlitz* (1805); la paix de *Presbourg* détruisit l'empire d'Allemagne et plaça la *Confédération du Rhin* sous le protectorat de Napoléon. Vaincue à Iéna, la Prusse fut démembrée et presque détruite. Napoléon devint à *Tilsitt* l'allié du tzar. Par le *blocus continental*, il tenta en vain de réduire l'Angleterre. Il voulut soumettre à ses lois le peuple espagnol, notre allié : mais l'Espagne nous résista victorieusement et cette résistance, en se prolongeant, finira par perdre Napoléon. De nouveau l'Autriche reprend les armes : elle est écrasée à *Wagram*, et Napoléon épouse la fille de l'empereur. Le pape, qui veut rester indépendant, est emmené prisonnier à Fontainebleau. En 1811, la France s'étend du Tibre aux bouches de l'Elbe et compte 130 départements. Cette puissance colossale ne repose que sur la force : elle va s'écrouler, Napoléon veut conquérir la Russie : il s'avance jusqu'à

Moscou, se voit forcé de reculer et perd dans une retraite désastreuse un demi-million d'hommes. Toute l'Europe se soulève contre lui, envahit la France, force Napoléon à abdiquer, l'interne à l'île d'Elbe, ramène les Bourbons en France, met Louis XVIII sur le trône, et la France épuisée est réduite à ses frontières de 1792. Ce sont là les tristes conséquences du despotisme.

La constitution impériale. — Le 2 décembre 1804, le pape Pie VII vint sacrer à Notre-Dame le nouvel empereur, qui, six mois plus tard, se fit couronner à Milan *roi d'Italie.* Il se disait successeur de Charlemagne.

La constitution de l'an VIII fut réformée dans un sens despotique : on réduisit le *Tribunat* à 50 membres et on le supprima en 1807. *Toute trace de liberté* disparut, et on ne respecta même pas le système d'*égalité entre les citoyens* que la Révolution avait établi en supprimant les distinctions d'ordre. A sa *cour*, qu'il voulut rendre aussi pompeuse que celle de Louis XIV, Napoléon attira une partie de l'*ancienne noblesse.* Il fit de *grands dignitaires*, des *maréchaux.* Il créa bientôt une *nouvelle noblesse* héréditaire, la *noblesse impériale*, et il y eut des *princes*, des *ducs*, des *comtes*, des *barons* de l'empire. Les *formes de l'ancien régime* reparurent presque toutes. Mais la masse de la nation *idolâtrait* Napoléon et, fascinée par sa gloire, lui laissait faire tout ce qu'il voulait.

Le camp de Boulogne. — Dès la rupture de la paix d'Amiens, Napoléon réunit près de *Boulogne* une armée de 150,000 hommes, qu'il appela la *Grande-Armée* et que 2,000 bateaux plats devaient transporter en Angleterre. C'est là que furent distribuées les premières *croix de la Légion d'honneur*, ordre que Napoléon venait de créer. Ces préparatifs furent vains; nos flottes ne purent se réunir à temps pour ouvrir le passage à l'expédition.

Troisième coalition. — Nous allions avoir encore l'Europe à combattre; elle s'était déjà coalisée contre nous deux fois, en 1793 et en 1799. Une *troisième coalition* se forma en 1805, entre l'*Angleterre*, l'*Autriche*, la *Russie*, *Naples* et la *Suède.* Napoléon déjoua tous ces ennemis par la rapidité foudroyante de ses mouvements, força le général autrichien **Mack** à capituler à *Ulm*, entra dans *Vienne*, vainquit l'armée austro-russe à *Austerlitz* (2 décembre 1805). L'Autriche dut signer à *Presbourg* une paix désavantageuse. Un frère de Napoléon, **Joseph,** devint *roi de Naples;* un autre de ses frères, **Louis**, devint *roi de Hollande*. L'empire d'Allemagne fut détruit, et il n'y eut plus qu'un *empereur d'Autriche*. Les rois de *Bavière*, de *Wurtemberg* et d'autres princes de l'Empire formèrent une *Confédération du Rhin*, sous le protectorat de **Napoléon**, dont le pouvoir devint *colossal*.

Mais ces succès furent assombris par la défaite navale de *Trafalgar*, où la flotte française périt presque entière.

Quatrième coalition. — Il avait été convenu que la Prusse pourrait former, avec le reste de l'Empire, une *Confédération du Nord*, dont elle aurait la présidence. Napoléon s'y opposa. Il voulait asservir la Prusse à son alliance et la jeta ainsi dans les bras de la Russie. Ce fut la *quatrième coalition*. Les Prussiens furent vaincus à *Iéna* (1806). Napoléon entra à *Berlin*, occupa toute la Prusse, puis marcha contre les Russes, qu'il eut plus de mal à vaincre. Une terrible bataille eut lieu à *Eylau :* elle fut aussi incertaine que sanglante. Mais à *Friedland* (14 juin 1807), l'armée russe fut décidément vaincue, et le tzar **Alexandre** signa la paix à *Tilsitt*. C'est le roi de Prusse qui paya les frais de la guerre : il perdit près de la moitié de ses États. Un royaume de *Westphalie* fut créé en faveur d'un autre frère de Napoléon, **Jérôme**.

Blocus continental. — L'Angleterre ne désarmait pas. Napoléon essaya de la réduire par le *blocus continental*, c'est-à-dire qu'allié du tzar et maître de l'Europe, il voulut fermer tous les ports au commerce anglais. Ce blocus fut très pénible pour l'Europe et surtout pour la France, qui vit s'élever le prix de toutes les *denrées coloniales :* on payait six francs une livre de sucre. Les Anglais s'en prirent à un des alliés de Napoléon, le Danemark : ils bombardèrent *Copenhague* et capturèrent la flotte danoise.

Conquête du Portugal. Guerre d'Espagne. — C'est pour soustraire le *Portugal* à l'influence anglaise que Napoléon fit en 1807 la conquête de ce petit pays. Il se tourna ensuite, au mépris de toute justice, contre l'ancienne et fidèle alliée de la France, l'*Espagne*. Profitant de querelles de famille entre le roi d'Espagne **Charles IV**, son fils, et un favori, nommé **Godoï**, il fit franchir les Pyrénées à une armée de 80,000 hommes censément pour délivrer les Espagnols de la tyrannie de leur roi. Charles IV abdiqua et fut remplacé par son fils qui s'appela **Ferdinand VII**. L'armée française, commandée par **Murat**, n'en occupa pas moins *Madrid*. L'ancien et le nouveau roi d'Espagne eurent la naïveté de se confier à Napoléon, qu'ils allèrent trouver à Bayonne. Là se joua une comédie: Ferdinand VII renonça à la couronne et Charles IV transmit ses droits à Napoléon, qui proclama son frère **Joseph** roi d'Espagne; **Murat** remplaça Joseph sur le trône de Naples.

Justement irrités, les Espagnols se soulevèrent contre nous. Ce fut une *guerre atroce*, où l'armée française se battit courageusement pour une mauvaise cause, où le peuple d'Espagne défendit héroïquement son indépendance contre nous, comme nous avions défendu la nôtre contre lui en 1793. Une assemblée générale, ou *junte*, formée à Cadix, dirigea la résistance. Un général français, **Dupont**, capitula à *Baylen* avec 20,000 hommes. Le roi Joseph dut quitter Madrid. Cependant les Anglais débarquaient en Portugal et forçaient le général **Junot** à capituler avec 13,000 hommes. Napoléon dut se rendre luimême en Espagne avec des forces considérables. Il rétablit Joseph à Madrid, força les Anglais à se rembarquer, mais ne put soumettre les Espagnols, qui continuèrent contre nous une terrible *guerre de partisans*, et, en retenant au delà des Pyrénées une partie de nos forces, contribuèrent ainsi à la chute finale de Napoléon.

Cinquième coalition. — Voyant Napoléon occupé en Espagne, l'*Autriche* forma avec nos ennemis une *cinquième coalition*, à laquelle la *Prusse*, frémissante de son abaissement, menaçait de se joindre. Ce fut une guerre très sanglante, parce que nous n'avions pas seulement les rois à combattre, mais aussi les peuples. Napoléon entra encore dans Vienne, mais la bataille d'*Essling* fut meurtrière et indécise. Enfin les Autrichiens se virent écrasés à *Wagram* et la *paix de Vienne* (1809) ôta à l'Autriche *Cracovie*, la *Galicie* et ses provinces maritimes.

Rupture avec le pape. — Le pape **Pie VII** ne voulait pas se soumettre au blocus continental: Napoléon le fit enlever et le garda prisonnier à *Savone*, puis à *Fontainebleau*. Le *territoire romain* forma un département français, appelé le *Tibre*, dont la ville de *Rome* fut le cheflieu.

Napoléon et Marie-Louise. — Napoléon n'avait pas d'enfant. Il divorça avec sa femme Joséphine, épousa l'archiduchesse Marie-Louise, fille de l'empereur d'Autriche, et en eut un fils, qui reçut le nom de *roi de Rome* (1811) et ne régna jamais.

Extension colossale de l'empire français. — Les annexions à l'empire continuaient toujours. La *Hollande* et les *villes hanséatiques* avaient été incorporées à la France, qui, en 1811, comptait 130 départements. Au Nord, nous étions maîtres des bouches du Weser et de l'Elbe; au sud, nous possédions une partie de l'Italie.

Par les autres royaumes d'Italie, par la confédération du Rhin, par le trône de Joseph à Madrid, par des alliances avec la Prusse, l'Autriche et la Russie, Napoléon semblait tenir *toute l'Europe continentale* dans sa main.

Mais cette autorité ne reposait que sur la force. Les peuples, asservis par le nouveau Charlemagne, le détestaient. L'Espagne était plus que jamais insurgée, et les Anglais avaient de nouveau débarqué en Portugal. Partout l'esprit national s'éveillait contre nous, surtout en

Prusse. D'autre part, l'ambition de Napoléon s'exaltait encore. Il rêvait l'*empire universel*, et il résolut de faire la conquête de la Russie, bien que le tzar fût son fidèle allié.

Guerre de Russie. — L'armée que Napoléon fit marcher contre la Russie était la plus formidable qu'on eût vue: elle comptait plus de 600,000 hommes, Français, Hollandais, Italiens, Polonais, Allemands. L'invasion de la Russie eut lieu dans l'été de 1812. Les Russes reculèrent *dans l'intérieur*, afin d'attirer Napoléon dans leurs vastes plaines glacées et de l'y forcer à passer l'hiver. Après la sanglante bataille de la *Moscowa*, Napoléon entra

Passage de la Bérésina.

à Moscou : mais aussitôt cette ville fut *incendiée* par les Russes. Il fallut battre en retraite, par l'hiver, dans la neige, sous le feu de l'ennemi qui nous harcelait. Cette retraite fut longue, héroïque et désastreuse : presque toute l'armée y périt. Le passage de la *Bérésina*, que les Russes nous disputèrent, mit le comble à ce désastre : il ne resta plus de la *Grande Armée* qu'une colonne de fuyards. Napoléon, abandonnant ses soldats comme il les avait déjà abandonnés en Egypte, rentra précipitamment à Paris, où une conspiration, dirigée par le général **Malet**, avait failli renverser son trône.

Sixième coalition. — A la nouvelle de nos désastres

en Russie, *toute l'Europe tressaillit* **et** s'apprêta à secouer le joug de Napoléon. La Prusse avait **été la** plus maltraitée : c'est elle qui se déclara contre nous la première. Napoléon obtint du Sénat une levée de **conscrits**, battit les Prussiens et les Russes à Lutzen et dans **d'autres** rencontres. L'Autriche intervint et demanda à **Napoléon** de faire quelques concessions : on lui aurait laissé la **Belgique**, la rive gauche du Rhin, la Hollande et l'Italie. **Il** *refusa follement*, et l'Autriche entra dans la coalition. Vainqueur à *Dresde*, l'empereur fut battu à *Leipzig* : il fallut faire retraite sur le Rhin au milieu de l'Allemagne soulevée.

Le roi de Naples, **Murat**, beau-frère de Napoléon, s'était allié à l'Autriche. En Espagne nos affaires allaient de mal en pis. Le général anglais **Wellington** nous battit en plusieurs rencontres, franchit les Pyrénées et entra en France.

L'invasion. Chute de Napoléon — La France est envahie de tous côtés par plus de 700,000 Anglais, Russes, Autrichiens, Prussiens qui marchent sur Paris. Napoléon déploie tout son génie dans une *résistance désespérée*. Son plan est de battre *séparément* ces différentes armées avant qu'elles puissent se réunir. Il est vainqueur à *Brienne*, à *Champaubert*, à *Montmirail*, à *Montereau* : mais les envahisseurs sont trop nombreux. Ils s'avancent, malgré ces défaites, jusqu'à *Paris*, qui capitule. Napoléon abdique à *Fontainebleau* et reçoit la souveraineté de l'île d'*Elbe* (4 avril 1814).

Louis XVIII, placé sur le trône, signa avec les alliés le *traité de Paris*, qui réduisait la France à ses limites de 1792.

QUESTIONNAIRE.

1. Qu'est-ce que la constitution impériale ?
2. En quoi consista le despotisme de Napoléon ?
3. Parlez du camp de Boulogne.
4. Qu'est-ce que la bataille d'Austerlitz ?
5. Racontez la défaite de la Prusse en 1806.
6. Qu'est-ce que le blocus continental ?
7. Pourquoi la guerre d'Espagne fut-elle désastreuse ?
8. Racontez la défaite de l'Autriche en 1809.
9. Quels furent les démêlés de Napoléon avec le pape ?
10. Décrivez l'extension colossale de l'Empire français en 1811.
11. Racontez la campagne de Russie.

12. Racontez l'invasion de la France en 1814.
13. Quand et comment Napoléon abdiqua-t-il ?
14. Qu'est-ce que le traité de Paris ?

CHAPITRE III

LA PREMIÈRE RESTAURATION (1814-1815)

Sommaire. — Ramené par l'étranger et imposé à la France vaincue, **Louis XVIII** accorda, sous le nom *Charte*, une **constitution** assez libérale. Mais les *émigrés*, le *comte d'Artois* et le *clergé* lassèrent la France par leurs prétentions insolentes. On regretta bientôt Napoléon et la *première Restauration* dura peu.

Retour des Bourbons. — La France, épuisée d'hommes et d'argent, lasse du despotisme militaire, se laissa imposer par les alliés vainqueurs la royauté des Bourbons, dont le trône fut *restauré*, et c'est ce qu'on appelle la *première Restauration*, qui dura moins d'un an (1814-1815). **Louis XVIII**, appelé par un vote du Sénat, entra à Paris et prit le titre de *roi de France et de Navarre*. Les émigrés rentrèrent avec lui.

La Charte de 1814. — Louis XVIII octroya à ses sujets une constitution, qu'il appela *Charte*. Il s'y prétendait roi de droit divin, comme l'avait été Louis XVI. Le drapeau blanc était substitué au drapeau tricolore. La religion catholique redevenait *religion de l'État*. Mais la *liberté de conscience* était proclamée, l'*égalité* des Français entre eux était maintenue, la vente des *bien nationaux* consacrée. Le pouvoir législatif s'exerçait par *deux chambres*, celle des *pairs* et celle des *députés*. Mais le *suffrage universel*, dont Napoléon avait maintenu un simulacre, était aboli : pour être électeur, il fallait payer 300 francs de contribution directe. C'est ce suffrage *censitaire* qui nommait les députés, et nul ne pouvait être député s'il ne payait une contribution directe de mille francs. Cependant cette *Charte* rendait à la France quelques libertés essentielles, et elle fut assez bien accueillie, parce qu'il semblait qu'elle remplaçait le despotisme par un régime légal. On ne songeait plus alors à la République, et on préférait la *monarchie constitutionnelle* de Louis XVIII à la *dictature militaire* de Napoléon.

Fautes de Louis XVIII. — Mais cette Charte ne fut

pas appliquée sincèrement. Égoïste, indolent, Louis XVIII se laissa compromettre par son frère le comte d'Artois, par les émigrés, qui étaient rentrés en France irrités, ignorants, et, comme on disait, *n'ayant rien appris ni rien oublié*. La Charte leur semblait une concession détestable à l'esprit révolutionnaire ; ils auraient voulu rétablir l'ancien régime. Louis XVIII, plus sage qu'eux, voyait bien que la France ne renoncerait pas aux principes de 1789. Mais il fut entraîné par ces insensés à des mesures fâcheuses.

Les émigrés, qui avaient fait campagne contre la France, reçurent des grades dans l'armée et dans la marine. 14,000 officiers de l'armée impériale se virent mis en demi-solde. Les autres furent l'objet du dédain de la noblesse et de la cour.

La liberté de la presse, pourtant promise, fut entravée par la *censure*.

On inquiéta les possesseurs de biens nationaux par des paroles et par des lois.

Le clergé menaça la liberté de conscience.

Louis XVIII humilia l'honneur national devant l'étranger : il écrivit publiquement au régent l'Angleterre qu'il lui devait sa couronne.

Mécontentement de la France. — Bientôt on se mit à mépriser ce roi goutteux et impotent, qui avait été, disait-on, *ramené dans les fourgons de l'étranger*. L'insolence des émigrés parut intolérable. On craignit que la Charte ne fût qu'une vaine promesse, que le roi retirerait quand il le pourrait. On regrettait le drapeau tricolore ; on regrettait Napoléon lui-même, dont on se rappelait la gloire et dont on oubliait le despotisme. C'est ce mécontentement qui amena la chute de la première Restauration.

QUESTIONNAIRE.

1. Comment les Bourbons revinrent-ils en France ?
2. Qu'est-ce que la charte de 1814 ?
3. Expliquez comment Louis XVIII devint bientôt impopulaire.

CHAPITRE IV

LES CENT-JOURS (1815)

Sommaire. — En apprenant les fautes des Bourbons, Napoléon résolut de revenir en France. Il débarqua à l'improviste en Provence, fut accueilli avec enthousiasme et marcha vers Paris. Louis XVIII s'enfuit à Gand, et l'Empire fut rétabli, avec une constitution plus libérale. Mais toute l'Europe se coalisa contre nous. Napoléon fut écrasé à *Waterloo*, abdiqua de nouveau, se livra aux Anglais et fut emmené prisonnier à *Sainte-Hélène*. Louis XVIII remonta sur le trône.

Retour de l'île d'Elbe. — Quand Napoléon apprit les fautes des Bourbons et le mécontentement de la France, il résolut d'en profiter pour remonter sur le trône. Quittant secrètement l'île d'Elbe, avec 900 soldats qui l'avaient accompagné dans son exil, il débarqua au golfe Jouan, près de Cannes, le 1er mars 1815, et se présenta comme le défenseur de la Révolution contre le parti de l'étranger. Évitant la vallée du Rhône, dont les habitants étaient royalistes, il se dirigea sur Grenoble par les Alpes. Les soldats que Louis XVIII envoyaient contre lui reprirent la cocarde tricolore et se rallièrent à celui qui les avait si souvent conduits à la victoire. Bientôt Napoléon eut une armée sous ses ordres. Arrivé à Lyon, au milieu de l'enthousiasme public, il rétablit solennellement l'Empire. La maréchal Ney, envoyé par le roi contre celui qu'on appelait l'*usurpateur*, fit défection et se rallia à Napoléon, qui se dirigea vers Paris. Louis XVIII, abandonné de tous, s'enfuit à Gand, et Bonaparte rentra aux Tuileries le 20 mars 1815. Toute la France se soumit à lui.

L'Acte additionnel. — Si la France acclamait en Napoléon le défenseur de l'honneur national humilié par les Bourbons, elle n'entendait pas se soumettre de nouveau au despotisme. Par un *Acte additionnel aux constitutions de l'Empire*, Napoléon accorda les libertés promises par la Charte de Louis XVIII. Il y eut une *Chambre des pairs*, nommée par l'empereur, et une *Chambre des députés*, élue par des collèges de département et d'arrondissement. La liberté de la presse, la liberté de conscience, la liberté individuelle furent proclamées.

Bataille de Waterloo. — Les représentants de l'Europe étaient réunis au *Congrès de Vienne.* Napoléon eut beau offrir la paix : on ne l'écouta pas, et une coalition générale se forma contre lui. Il fallut recommencer la guerre, avec des forces insuffisantes. C'est la Belgique qui fut le théâtre de la campagne. D'abord vainqueur à Ligny et aux Quatre-Bras, Napoléon livra une grande bataille à l'armée anglaise à *Waterloo* (18 juin 1815). Il allait l'emporter, quand un corps prussien, commandé par **Blücher,** vint inopinément renforcer nos adversaires. Napoléon était perdu : ce ne fut pas seulement une défaite, mais une déroute épouvantable.

Seconde abdication de Napoléon. — L'empereur revint à Paris, abattu et découragé. La Chambre des représentants se tourna contre lui, parce qu'elle craignait qu'il ne s'emparât de la dictature. Elle lui demanda d'abdiquer : il céda et proclama son fils sous le nom de *Napoléon II.* Mais la Chambre ne tint nul compte de cette proclamation et forma un gouvernement provisoire, qui força Napoléon à partir pour Rochefort et négocia avec l'ennemi. Il était possible de résister, d'obtenir des conditions honorables : Paris fut honteusement livré aux alliés, qui y entrèrent sans condition. Louis XVIII fut rétabli sur le trône, et la France vaincue subit de cruelles rigueurs.

Napoléon à Sainte-Hélène. — On a vu que Napoléon avait dû se retirer à Rochefort. Pour éviter de tomber entre les mains des Bourbons, il demanda un asile aux Anglais et se rendit à bord du navire britannique le *Bellérophon.* Mais la coalition fut sans pitié pour lui. Elle le fit transporter dans une île isolée au milieu de l'océan Atlantique, à *Sainte-Hélène,* rocher nu, sous un climat affreux, où Napoléon fut gardé à vue comme un criminel. Il y mourut le 5 mai 1821. Ses infortunes finales et les rigueurs de l'Angleterre créèrent en France, au profit de son nom, une légende dont la liberté souffrira, trente ans plus tard, et qui ramènera le despotisme.

QUESTIONNAIRE.

1. Comment Napoléon revint-il de l'île d'Elbe ?
2. Qu'est-ce que l'Acte additionnel ?
3. Qu'est-ce que la bataille de Waterloo ?
4. Que devint Napoléon vaincu ?

CHAPITRE V

LES LETTRES, LES ARTS, LES SCIENCES SOUS LE CONSULAT ET L'EMPIRE

SOMMAIRE. — Les lettres languirent sous le despotisme de Napoléon. Mais il y eut, dans l'opposition, deux écrivains de génie, Mme **de Staël** et **Chateaubriand**. Les arts et les sciences furent cultivés à peu près par les mêmes hommes que sous la Révolution.

Les lettres. — Sous le despotisme impérial, la littérature en général n'a nulle liberté, et par conséquent nulle vérité, nulle force. Le versificateur **Delille** décrit pour décrire. La poésie et la prose imitent froidement la littérature du siècle de Louis XIV.

Ce sont les écrivains d'*opposition* qui, persécutés par Napoléon, maintiennent la gloire littéraire de la France. Il y a deux grands prosateurs, ennemis de Napoléon: **Mme de Staël**, critique et romancière, et **Chateaubriand,** qui composa le *Génie du Christianisme* et des romans historiques et poétiques, comme les *Martyrs*. Ajoutons que Napoléon lui-même, dans sa *Correspondance* et dans ses *Proclamations*, se montra parfois écrivain de génie.

Les arts. — Le *peintre* de l'épopée napoléonienne est **David,** qui avait aussi célébré la Révolution : son principal tableau est le *Couronnement de l'Empereur*, qu'on admire au musée du Louvre. Citons aussi **Gros, Girodet, Guérin, Prud'hon, Isabey.** Le plus grand *sculpteur* est l'Italien **Canova.** L'*architecture* célèbre les victoires de Napoléon par l'*Arc de triomphe du Carrousel*, par celui de *l'Étoile*, par la *colonne Vendôme*.

Les sciences. — L'impulsion donnée aux *sciences* par la Révolution continue avec les mêmes hommes. Citons en *médecine* et en *chirurgie*, **Pinel, Corvisart, Broussais** et **Larrey.**

QUESTIONNAIRE.

1. Quels furent les deux grands prosateurs du temps de de Napoléon ?
2. Quels furent les principaux peintres ?
3. Énumérez les plus célèbres monuments d'architecture de l'époque impériale.

SIXIÈME PARTIE

LA SECONDE RESTAURATION ET LA MONARCHIE DE JUILLET.
(1815-1848)

CHAPITRE PREMIER

RÈGNE DE LOUIS XVIII (1815-1824)

Sommaire. — La seconde *Restauration* a pour premiers résultats un traité aussi humiliant que ruineux pour la France, et la *Terreur blanche*, organisée par le parti *ultra-royaliste*. Ce parti, quelque temps contenu par la modération personnelle de Louis XVIII, arrive au pouvoir avec **Villèle** (1821), sert de son mieux la *Congrégation*, ainsi que la *Sainte-Alliance*, et se signale au dedans par de sanglantes exécutions, au dehors par une expédition en *Espagne* au profit de l'*absolutisme* (1823).

La seconde Restauration et le second traité de Paris. — Pour la seconde fois, les Bourbons n'étaient rentrés en France qu'à l'aide et à la suite des armées étrangères, qui nous firent payer cher leur rétablissement.

Déjà l'année précédente la France, perdant ses conquêtes, avait été réduite, à peu de chose près, à ses limites d'avant 1792.

Au contraire, les grandes puissances, comme la *Russie*, l'*Autriche*, la *Prusse* et l'*Angleterre*, réunies au *Congrès de Vienne*, s'étaient accrues sans mesure en prenant ce qu'elles trouvaient à leur convenance dans les dépouilles de **Napoléon** (traités de 1815).

Après *Waterloo*, elles nous traitèrent encore plus durement; d'abord notre pays fut, pendant plusieurs mois, mis au pillage par un million de soldats étrangers, parmi lesquels les *Prussiens* se montrèrent les plus rapaces et les plus brutaux.

Il nous restait cent mille bons soldats derrière la Loire. Les vainqueurs exigèrent que cette armée fût dissoute, et le misérable gouvernement de **Louis XVIII** y consentit.

Quand nous ne pûmes plus nous défendre, ils nous imposèrent le *traité de Paris* (20 novembre 1815), par lequel

nous perdions *Philippeville*, *Marienbourg*, *Sarrelouis*, *Landau* et *Chambéry*. Heureusement, ils n'avaient pas pu s'entendre : les *Allemands* auraient voulu qu'on nous prît aussi la *Flandre*, l'*Alsace*, la *Lorraine* et la *Franche-Comté*.

Le traité portait encore que 150,000 étrangers occuperaient à nos frais nos places fortes de l'Est et du Nord pendant cinq ans et que nous paierions diverses indemnités, qui nous coûtèrent plus d'*un milliard*.

La Sainte-Alliance. — Non seulement Louis XVIII consentit à tout, mais à la même époque il entrait dans la *Sainte-Alliance*, association formée par l'empereur de Russie, l'empereur d'Autriche et le roi de Prusse, et qui, au fond, avait pour but d'empêcher les peuples de réclamer ou de reprendre leurs libertés.

Les ultra-royalistes. — **Louis XVIII** était par lui-

même assez modéré. En rentrant en France pour la seconde fois, il avait remis en vigueur la *Charte* de 1814.

Mais, si le roi était modéré, ses amis ne l'étaient guère. Il y avait parmi eux beaucoup d'anciens émigrés qui, comme son frère, le **comte d'Artois**, haïssaient tout ce qu'avait fait la Révolution et voulaient, autant que possible, rétablir l'ancien régime. On les appelait les *ultra-royalistes* ou les *ultras*.

La Terreur blanche. — C'est à eux qu'est due la

Terreur blanche, persécution violente que, sous la protection des baïonnettes étrangères, ils firent lâchement subir aux anciens serviteurs de la *République* et de l'*Empire*.

C'est ainsi que des brigands royalistes purent, sans être punis, ensanglanter tout le Midi, assassiner à Avignon le *maréchal* **Brune**, à Nîmes et à Toulouse les généraux **Lagarde** et **Ramel**. D'autres vaillants soldats furent victimes de tribunaux impitoyables. Le général **Labédoyère** (1), les deux généraux **Faucher**, les généraux **Char-**

Massacres dans le Midi.

tran, **Mouton-Duvernet**, etc., furent fusillés. Le maréchal **Ney**, *le brave des braves*, l'homme le plus populaire de l'armée, subit le même sort. Le comte **Lavalette** n'évita l'échafaud que grâce au dévouement de sa femme, qui le fit évader la veille du jour marqué pour son exécution. Des lois rigoureuses permirent au gouvernement d'arrêter qui bon lui semblait, punirent des galères le fait de crier contre les Bourbons ou d'arborer un drapeau tricolore, envoyèrent en exil les anciens membres de la Convention qui avaient voté la mort de Louis XVI et créèrent les

(1) La jeune femme de Labédoyère alla se jeter aux pieds de Louis XVIII pour implorer sa grâce. Le roi lui répondit froidement qu'il ferait dire des messes pour le repos de l'âme de son mari.

cours prévôtales, qui pouvaient condamner à mort et faire exécuter immédiatement les citoyens accusés de complot contre le gouvernement. Ces cours firent en deux ans tomber beaucoup de têtes innocentes, notamment à *Grenoble* et à *Lyon*, où des conspirations insignifiantes furent réprimées avec une grande cruauté

Triomphe passager des royalistes modérés. — Cependant **Louis XVIII**, effrayé de ce qu'on lui faisait faire, avait renvoyé à la fin de 1816 la Chambre des députés, que dominaient les *ultras* et qu'on appelait la *Chambre introuvable.*

Mort du maréchal Ney.

La nouvelle Chambre se montra plus raisonnable, et peu à peu la Terreur blanche cessa.

D'assez bonnes lois furent votées sur les *élections* (1817), sur le *recrutement de l'armée* (1818) et sur les *journaux* (1819), auxquels on rendit un peu de liberté.

La seconde surtout était importante en ce qu'elle reconstituait nos forces militaires, désorganisées depuis 1815. Elle fut l'œuvre du maréchal **Gouvion-Saint-Cyr**, ministre de la guerre. Bien que trop peu démocratique, elle était cependant un progrès. Elle rétablissait le *tirage au sort*, portait que les soldats feraient six ans de service actif et six ans de service territorial, et que les deux tiers des grades inférieurs seraient donnés à l'ancienneté.

Le **duc de Richelieu**, premier ministre, remontra aux

puissances étrangères que le roi de France pouvait désormais se garder lui-même et obtint, au *congrès d'Aix-la-Chapelle*, que les troupes étrangères, qui auraient pu rester chez nous deux ans de plus, quittassent notre pays à la fin de 1818.

Mais les *libéraux*, parti resté fidèle à la Révolution et qui n'avait pas confiance dans les *Bourbons*, purent faire entrer à la Chambre des députés de grands citoyens et de grands orateurs, comme **La Fayette**, le général **Foy**, **Benjamin Constant, Manuel**.

Les *ultras* en étaient exaspérés. Aussi le **duc de Berry**, neveu du roi, ayant été assassiné en 1820, ils crièrent si fort que Louis XVIII, qui était vieux et malade, les laissa reprendre le pouvoir.

Ils firent une nouvelle loi sur les élections (la loi du *double vote*), grâce à laquelle les nobles et les riches leurs amis remplirent bientôt la Chambre des députés

Les Ultras au pouvoir. Ministère Villèle. — C'est surtout à partir de 1821 qu'ils furent maîtres du gouvernement, quand un des leurs, le comte **de Villèle**, fut devenu premier ministre.

La liberté de la presse fut de nouveau supprimée, ou du moins fort restreinte à cette époque. Quand on voulait publier un journal, il fallait demander l'autorisation au gouvernement, qui souvent la refusait, verser une grosse somme qu'on appelait le *cautionnement*, payer chaque jour des *droits de timbre* considérables, etc. En outre, le gouvernement supprimait fréquemment, au moyen de ce qu'on nommait la *censure*, les publications qui ne lui convenaient pas. Enfin il poursuivait les auteurs devant des tribunaux dévoués qui les condamnaient à la prison et à l'amende. C'est ainsi que furent incarcérés **Paul-Louis Courier**, pour ses spirituels pamphlets, et **Béranger**, pour ses chansons si patriotiques et si populaires.

L'instruction publique. — L'Université, c'est-à-dire le corps enseignant, était attachée au parti libéral. Elle fut aussi persécutée ; le gouvernement supprima de grandes écoles, comme l'*École normale supérieure*, et des *Facultés*, qui ne furent rétablies que longtemps après.

La Congrégation. — **Villèle** servait non seulement la noblesse, mais aussi la *Congrégation*. On appelait ainsi une société dirigée secrètement par celle des *Jésuites*, qui n'avait, pas plus qu'elle ne l'a encore, le droit d'exister en France. La Congrégation voulait rétablir chez nous les privilèges et la toute-puissance du clergé.

Le Carbonarisme. — Mais les libéraux n'entendaient pas la laisser faire. Ils organisèrent, eux aussi, une grande société secrète, le *Carbonarisme* ou la *Charbonnerie*, (ainsi nommée parce que ses membres s'étaient tout d'abord donnés pour des charbonniers), et qui avait pour but de renverser le gouvernement.

Ils avaient beaucoup d'amis dans l'armée. De là de nombreuses conspirations militaires, qui eurent lieu en

Expulsion de Manuel.

1821 et 1822, notamment celles de *Belfort*, de *Marseille* et de *Saumur*.

Toutes furent dénoncées par des traîtres, et elles amenèrent de nombreuses exécutions, par exemple celles du colonel **Caron**, du capitaine **Vallé**, du général **Berton**, etc. Les victimes les plus populaires à cette époque furent les **quatre sergents de La Rochelle**, braves jeunes gens qui n'avaient commis d'autre crime que d'appartenir au carbonarisme et qui furent de vrais martyrs de la liberté.

La Congrégation et les Ultras triomphants ne se contentèrent pas de terrifier leurs adversaires par des supplices, des destitutions, des condamnations de toute sorte.

L'expédition d'Espagne. — Ils décidèrent aussi le

vieux Louis XVIII à envoyer en Espagne une armée pour rétablir l'absolutisme royal et le gouvernement des prêtres.

Les Espagnols, sans renvoyer leur roi **Ferdinand VII**, lui avaient imposé une constitution et s'étaient donné un gouvernement libre.

Ferdinand fit semblant de se soumettre, puis il appela à son secours la Sainte-Alliance, qui, réunie au *congrès de Vérone*, chargea Louis XVIII de l'aider à se venger de ses sujets.

Le roi de France envoya au delà des Pyrénées son neveu, le **duc d'Angoulême**, avec cent mille hommes (1823).

Vainement, les libéraux protestèrent. Le plus énergique d'entre eux, **Manuel**, fut brutalement et contre tout droit chassé de la Chambre des députés par les Ultras.

L'expédition d'Espagne eut lieu. Ferdinand VII, rétabli dans son despotisme, se vengea des libéraux espagnols avec la dernière atrocité.

Comment pouvait-on croire chez nous, après cela, que le gouvernement des Bourbons, qui allait détruire chez les autres la liberté et l'égalité, fût disposé à les respecter en France, comme il l'avait promis?

QUESTIONNAIRE.

1. Quelles conditions la France dut-elle subir par les traités de 1815?
2. Que faut-il entendre par les *ultra-royalistes* ou les *ultras?*
3. Donnez quelques détails sur la *Terreur blanche*.
4. Qu'était-ce que la *Congrégation?* Qu'était-ce que le *Carbonarisme ?*
5. Qu'appelait-on *Sainte-Alliance?*
6. Pourquoi fut entreprise l'expédition d'Espagne?

CHAPITRE II

RÈGNE DE CHARLES X (1824-1830)

SOMMAIRE. — Le parti *ultra-royaliste*, encouragé par la faveur du nouveau roi, **Charles X** (1824), exaspère la nation en s'efforçant de reconstituer la puissance et les privilèges de la *noblesse* et du *clergé*.

Charles X, intimidé, semble un moment reculer avec le ministère **Martignac** (1828-1829). Mais il se décide bientôt à braver l'opinion en appelant **Polignac** aux affaires et, enhardi par la *conquête d'Alger*, publie les *ordonnances* illégales de juillet 1830. Aussitôt Paris se soulève et le roi doit quitter la France avec sa famille.

Charles X. Son caractère et sa politique. — Les amis de la liberté eurent lieu de s'inquiéter surtout quand, Louis XVIII étant mort (1824), la couronne passa sur la tête de son frère **Charles X** (l'ancien comte d'Artois), qui fut vraiment le roi des *ultras* et de la *contre-révolution.*

C'était un vieillard de manières gracieuses, mais peu intelligent, peu instruit, qui regrettait l'ancien régime et qui se vantait, disait-on, de n'avoir rien oublié ni rien appris depuis 1789. Il était entièrement dominé par la *Congrégation*. Il suivait les processions, et il n'eut rien de plus pressé, quand il fut devenu roi, que d'aller se faire *sacrer* à Reims suivant les usages oubliés et ridicules de l'ancienne monarchie (1825).

Il garda pour ministre **Villèle**, qui, voulant complaire aux ultras, se hâta de faire voter une loi qui accordait aux émigrés un *milliard d'indemnité* pour leurs biens jadis si justement confisqués.

Et pendant que la France devait enrichir ainsi ceux qui l'avaient combattue vingt ans dans les rangs de ses ennemis, on renvoyait de l'armée un grand nombre de vieux généraux qui avaient passé leur vie à la défendre.

Bientôt après Villèle, pour être agréable au clergé, fit voter une loi qui punissait de mort le sacrilège; pour l'être à la noblesse, il voulut rétablir le *droit d'aînesse* (1826). Mais la *Chambre des Pairs*, bien inspirée, fit heureusement échouer son projet.

Enfin il voulut en 1827 supprimer la *liberté de la presse*.

Il y eut un soulèvement général contre lui. De nouvelles élections eurent lieu à son désavantage. Des émeutes éclatèrent à Paris. Bref, Charles X n'osa pas le soutenir davantage.

Il prit pour ministres des royalistes modérés, comme **Martignac** (1828).

Il consentit même à publier des ordonnances contre les *Jésuites*. Mais il ne le fit qu'à contre-cœur. Et, à la première occasion, il retourna vers ses amis de prédilection.

Ministère Polignac. — En effet, au mois d'août 1829, Martignac fut remplacé par le prince **de Polignac**, qui était le chef des Ultras et un des serviteurs les plus dévoués de la Congrégation.

Comme on savait bien que ce ministre et ses collègues voulaient violer la Charte, tous les amis de la liberté, c'est-à-dire l'immense majorité des Français, se préparèrent à la résistance.

La Chambre des députés, dans une adresse au roi, lui

Bombardement d'Alger.

exprima son inquiétude. Elle fut renvoyée et bientôt après dissoute (mai 1830).

Expédition d'Alger. — Ce qui rendait Charles X si hardi, c'est qu'il espérait détourner la France de la politique intérieure en lui procurant au dehors quelque gloire militaire.

Déjà, par la victoire de *Navarin* sur la flotte turque (1827) et par l'occupation de la *Morée* (1828), il avait contribué à l'affranchissement de la *Grèce*, que le traité d'*Andrinople* venait de déclarer indépendante (1829).

Maintenant, il préparait une grande expédition contre le *dey* ou gouverneur d'*Alger*, qui, après avoir insulté notre consul, nous refusait réparation.

L'expédition eut en effet lieu au mois de juin 1830, et elle réussit à souhait.

Dès les premiers jours de juillet, Alger était au pouvoir des Français, qui, depuis, l'ont toujours gardé.

Les ordonnances de Juillet. — Les nouvelles élections n'en furent pas moins défavorables au ministère Polignac, qui crut alors pouvoir frapper un grand coup.

Il fit en effet publier par le roi les fameuses *ordonnances* de Juillet 1830, qui dissolvaient la nouvelle Chambre avant qu'elle eût siégé, supprimaient la liberté de la presse, changeaient la loi des élections, enfin violaient

Journées de 1830

ouvertement la Charte que Charles X avait tant de fois juré de respecter.

Chute de Charles X. — Aussitôt Paris tout entier se souleva, se couvrit de barricades. Le drapeau tricolore, *emblème* de nos gloires et de nos libertés, reparut aux mains du peuple et chassa de la capitale ce drapeau blanc qui ne nous rappelait que l'invasion ou l'ancien régime.

Après trois jours de combat (27, 28, 29 juillet), Paris était vainqueur. Une commission de gouvernement, à la tête de laquelle était **La Fayette**, siégeait à l'Hôtel de Ville.

Quand Charles X, retiré à *Saint-Cloud*, d'où il s'enfuit à *Rambouillet*, consentit enfin à révoquer ses ordonnances, à changer de ministres et alla jusqu'à abdiquer la couronne en faveur de son petit-fils, on lui répondit avec dédain : « Il est trop tard. »

On ne voulait plus ni de lui ni de ses enfants sur le trône. — Il y avait deux choses que le peuple français ne pouvait pardonner, qu'il ne pardonnera jamais à ces Bourbons, autrefois tant aimés : 1° d'abord d'avoir toujours été au fond du cœur *contre-révolutionnaires* ; 2° ensuite et surtout d'avoir *trahi leur pays*, d'être allés mendier contre lui le secours des étrangers, enfin de n'être rentrés par deux fois que grâce à nos défaites et sous la protection de nos ennemis vainqueurs.

QUESTIONNAIRE.

1. Quel était le caractère de Charles X ?
2. Quels furent sous ce roi les principaux actes du ministère Villèle ?
3. Quel fruit Charles X et Polignac espéraient-ils retirer de la prise d'Alger ?
4. Comment Charles X fut-il renversé ?
5. Qu'est-ce que la France reprochait et reproche encore aux Bourbons ?

CHAPITRE III

RÈGNE DE LOUIS-PHILIPPE (Première partie).

SOMMAIRE. — Le **duc d'Orléans**, profitant des circonstances, trouve le moyen de monter sur le trône sous le nom de **Louis-Philippe Ier** et sous le titre de *roi des Français*.

La Charte de 1814 est modifiée et devient un *contrat* entre la nation et le souverain, mais le droit de voter est refusé aux pauvres, le gouvernement est dominé par la bourgeoisie et la masse du peuple est écartée des affaires publiques.

Quelques améliorations sont introduites dans le régime de la *presse*, dans l'administration des *départements*, dans l'organisation de l'*armée* et de la *garde nationale*, mais sans porter atteinte aux privilèges de la classe riche.

L'*instruction publique*, négligée ou suspectée sous la Restauration, prend un grand développement sous la monarchie de juillet, qui donne en particulier, par la *loi de 1883*, un vigoureux essor à l'*enseignement primaire*.

Mais pendant dix ans, la nouvelle royauté est violemment attaquée au dedans par les partis *légitimiste*, *républicain* et *bonapartiste*.

Manœuvres du duc d'Orléans. La royauté de Juillet. — Après les journées de Juillet, **La Fayette,** qui était tout-puisssant, aurait pu fonder la *République*.

Mais c'était un vieillard vaniteux et crédule. Les amis du **duc d'Orléans** lui représentèrent en le flattant qu'il y aurait à cela du danger et que ce prince, devenu roi, serait le plus sûr appui de l'ordre et des libertés publiques.

Louis-Philippe, duc d'Orléans, appartenait à la famille de *Bourbon*. Il descendait d'un frère de Louis XIV. Il était fils de ce *Philippe-Egalité* qui, jadis, avait voté la mort de Louis XVI.

C'était un homme de cinquante-sept ans, intelligent, instruit, très fin et très ambitieux sous des apparences de bonhomie et de modestie.

Il avait une énorme fortune. Mais cela ne lui suffisait pas. Il voulait être souverain. Pour obtenir une couronne il avait autrefois offert ses services aux ennemis de la France, qui les avaient dédaignés (1).

Il avait été comblé de bienfaits par **Charles X,** ce qui ne l'empêcha pas de le trahir en lui prenant sa couronne.

Depuis longtemps il flattait les chefs du *parti libéral* et la *bourgeoisie*. Après les journées de Juillet, des banquiers comme **Laffitte, Casimir Perier,** des écrivains comme **Thiers, Guizot,** etc., le firent venir de la campagne, où il se cachait, à Paris, où un certain nombre de députés le nommèrent *lieutenant-général* du royaume.

La Fayette le reconnut comme tel. Il reçut le même titre de Charles X, qui croyait que Louis-Philippe resterait fidèle à son petit-fils.

Mais le duc d'Orléans ne voulait pas être simplement lieutenant-général. Il poussa quinze ou vingt mille Parisiens en armes à se porter sur *Rambouillet*, où était le vieux roi, et il l'obligea à s'embarquer pour l'Angleterre à Cherbourg avec toute sa famille.

Puis, il se fit proclamer *roi des Français* par la *Chambre des députés*, qui ne représentait que cent mille bourgeois sur une nation de trente millions d'âmes (7 août 1830).

La France ne fut pas autrement consultée.

(1) Depuis, et surtout quand il fut monté sur le trône, il s'efforça de faire croire que depuis sa jeunesse il avait toujours été fidèle à la France et au drapeau tricolore. Mais il reste des lettres de lui qui prouvent que, notamment pendant l'Empire, il n'avait jamais cessé de demander un commandement à nos ennemis.

La Charte revisée. — La Charte de 1814 fut, il est vrai, un peu revisée, c'est-à-dire changée, sur quelques points.

Il fut entendu qu'elle était un *traité* entre la nation et le roi. Ce dernier dut jurer de la respecter et il n'eut dans aucun cas le droit de faire des *ordonnances* contraires aux lois.

La dignité de *pair* cessa d'être *héréditaire* et ne fut plus que viagère. La Chambre des députés dut se renouveler en totalité tous les cinq ans.

Pour être député il ne fallut plus avoir que trente ans et payer que 500 francs de contributions. Mais les députés continuèrent comme sous la Restauration à ne pas recevoir de traitement. Les pauvres, quel que fût leur mérite, ne pouvaient ainsi remplir cet emploi.

On put être électeur à vingt-cinq ans et en payant non plus 300, mais 200 francs de contributions.

On eut ainsi de deux cent à deux cent cinquante mille électeurs. C'était encore bien peu. La grande majorité du peuple était toujours privée du droit de faire ses propres affaires. Et c'est pour n'avoir pas voulu écouter ses réclamations que Louis-Philippe finit par tomber.

La liberté de la presse fut rétablie dans une certaine mesure; elle fut, il est vrai, diminuée par les lois de septembre 1835, mais pas au point où elle avait été réduite sous la Restauration.

La liberté de réunion. — Pour être libre, il ne suffit pas de pouvoir écrire, il faut aussi pouvoir parler et pour cela pouvoir se réunir. Mais le droit de réunion et d'association, interdit par Napoléon, n'avait pas été rétabli après 1815 et même la monarchie de Juillet se montra, par la *loi de 1834*, encore plus sévère à son égard que l'Empereur ne l'avait été.

Administration départementale. — L'administration des *départements* était restée sous la Restauration à peu près telle que sous le Consulat et l'Empire. Sous la monarchie de Juillet, on permit aux communes d'élire leurs *conseils municipaux*, aux départements et aux arrondissements d'élire leurs *conseils généraux* et leurs *conseils d'arrondissements*. Les *préfets* furent ainsi un peu moins puissants. Mais ces petites assemblées n'avaient que des pouvoirs très peu étendus; et leurs membres, comme les députés, étaient nommés non pas par tous les citoyens, mais seulement par les plus riches.

Tendances du clergé. — Le *clergé*, très fort et très menaçant sous la Restauration, le fut un peu moins sous Louis-Philippe. Mais il continua tout de même à gagner du terrain. Il aspirait surtout à s'emparer de l'éducation de la jeunesse et à l'enlever à l'*Université*, pour former les nouvelles générations dans la haine de la Révolution et de la liberté.

Loi militaire de 1832. Garde nationale. — En ce qui concerne l'armée, la loi de 1832 obligea les conscrits à rester sept ans sous les drapeaux, en les dispensant du service territorial. Comme celle de 1818, elle admit le *remplacement* à prix d'argent. C'était un privilège tout à fait injuste en faveur des riches. Tout le monde doit défendre la patrie; et il est monstrueux que la fortune puisse dispenser de ce devoir sacré.

Derrière l'armée proprement dite; il y avait la *garde nationale*, qui, sous Louis-Philippe, put élire ses officiers et qui était chargée de maintenir la tranquillité publique; mais tous les citoyens n'en faisaient pas partie. C'étaient seulement les plus aisés. Là encore il y avait privilège pour la bourgeoisie.

L'instruction publique. — Le gouvernement de Louis-Philippe soutint contre le clergé et surtout contre les *Jésuites* les *collèges royaux* (ce qu'on appelle aujourd'hui les *lycées*), où l'Université élevait la jeunesse de la classe moyenne. Il en créa même un grand nombre de nouveaux.

La loi de 1833 et l'enseignement primaire. — Mais il s'honora surtout en organisant par la *loi Guizot* (1833) l'*enseignement primaire*, que l'Empire et la Restauration, très peu soucieux de l'instruction du peuple, n'avaient pas voulu développer.

Avant 1830 le gouvernement ne faisait à peu près rien pour les petites écoles, où le peuple apprend à lire. Elles étaient dominées par le clergé. On n'y apprenait presque rien. Les instituteurs étaient misérables, beaucoup fort ignorants. Un grand nombre de communes n'avaient pas d'école.

La *loi de 1833* voulut qu'il y en eût une dans chaque commune, qu'on y enseignât autre chose que la lecture et l'écriture, que les instituteurs fussent convenablement traités, mais qu'ils fissent preuve d'une instruction sérieuse. De nombreuses *Écoles normales* furent créées dans les départements pour former des maîtres.

Grâce à cette loi bienfaisante, plus de vingt mille écoles nouvelles furent fondées avant 1848 et le nombre des enfants qui recevaient l'instruction primaire augmenta de quinze cent mille.

Agitation intérieure. — La nouvelle royauté ne fut jamais bien solide. Dès le début plusieurs partis essayèrent de la renverser de vive force.

Les légitimistes. — Ce furent d'abord les *légitimistes*, qui prétendaient qu'il n'y avait pas d'autre roi légitime que **Henri V**, petit-fils de **Charles X**.

Après plusieurs conspirations, la **duchesse de Berry**, mère de ce jeune prince, vint elle-même en *Vendée* et s'efforça de soulever ce pays (1832). Elle n'y réussit pas, dut se cacher, et finit par être arrêtée. Louis-Philippe, son parent et son obligé, n'hésita pas à la déshonorer pour l'empêcher de recommencer.

Le parti républicain de 1830 à 1840. — Le parti *républicain* n'avait pas tardé à s'apercevoir qu'on s'était moqué de lui et que la nouvelle royauté ne ferait rien pour le peuple.

Aussi prit-il les armes à Lyon d'abord (novembre 1831), puis à Paris (juin 1832). Vaincu dans ces premières tentatives, il se souleva de nouveau dans ces deux villes et dans quelques autres en avril 1834. Mais il ne fut pas plus heureux. Un grand nombre d'insurgés furent tués et beaucoup d'autres furent jugés l'année suivante par la chambre des Pairs.

Des tentatives d'assassinat eurent lieu contre Louis-Philippe. Signalons notamment la *machine infernale* de **Fieschi** (1835), qui coûta la vie au maréchal **Mortier** et à beaucoup d'autres victimes.

Le roi en profita pour faire voter des lois très rigoureuses contre la presse (lois de septembre 1835).

Une nouvelle insurrection républicaine se produisit à Paris en mai 1839, sous **Barbès** et **Blanqui**. Mais elle échoua comme les précédentes.

Dès lors les républicains se montrèrent plus prudents. Mais ils ne renoncèrent pas à leurs espérances.

Il se formait du reste à côté d'eux, dans la classe ouvrière, qui souffrait et qui ne pouvait pas obtenir que son sort fût amélioré, un parti nombreux, qui devait leur venir en aide. C'était le parti *socialiste*.

Conspirations bonapartistes. — On voyait aussi reparaître le *bonapartisme*, auquel, pendant plusieurs années, on n'avait pas pris garde.

Débuts de Louis-Napoléon. — Napoléon était mort depuis 1821, son fils depuis 1832. Mais un de ses neveux, **Louis-Napoléon Bonaparte**, s'était mis en tête de rétablir l'Empire pour lui-même.

C'était un jeune homme froid et sans grands talents, mais très ambitieux et très tenace, et qui, comme son oncle, ne devait pas reculer devant la violence et le parjure pour s'élever au pouvoir.

Aidé de quelques aventuriers qui avaient leur fortune à faire, il vint en 1836 essayer de soulever la garnison de *Strasbourg*. Mais il échoua et fut arrêté.

Le gouvernement de Louis-Philippe eut le tort de lui faire grâce et le relâcha.

Aussi, quatre ans après, **Louis-Bonaparte** recommença-t-il sa tentative, à *Boulogne* (1840). Cette fois on le jugea et il fut condamné à la prison perpétuelle. Mais en 1846 il parvint à s'évader, et il devait encore reparaître, pour le malheur de la France.

QUESTIONNAIRE

1. Expliquez l'avènement au trône de Louis-Philippe d'Orléans.
2. En quoi la charte de 1814 fut-elle modifiée en 1830?
3. Que devinrent les libertés de la presse et de réunion sous le gouvernement de juillet?
4. Que devint l'administration départementale pendant la même période?
5. Donnez quelques détails sur la loi militaire de 1832.
6. Que fit la royauté de juillet pour l'instruction publique?
7. Quels furent particulièrement les effets de la loi de 1833 sur l'enseignement primaire?
8. Par quels moyens les partis légitimiste, républicain et bonapartiste essayèrent-ils de renverser le gouvernement de juillet de 1830 à 1840?
9. Débuts de Louis-Napoléon Bonaparte.

CHAPITRE IV

RÈGNE DE LOUIS-PHILIPPE (Deuxième partie).

Sommaire. — Au dehors, la *monarchie de juillet* commence par soutenir, très timidement, il est vrai, d'accord avec l'*Angleterre*, la cause de la liberté (en *Belgique*, en *Portugal*, en *Espagne*), puis se rapproche peu à peu de l'*Autriche* et de la politique *absolutiste*.

Humiliée par les grandes puissances au *traité de Londres* (1840), elle semble vouloir la paix à tout prix et devient en France très impopulaire.

La nation ne lui sait pas beaucoup de gré de la conquête de *l'Algérie*, qu'elle a poursuivie d'abord trop mollement et qu'elle n'achève que de 1841 à 1847.

Louis-Philippe se compromet par ses complaisances pour l'*Autriche*. Il se rend surtout odieux au peuple en se refusant obstinément à toute *réforme démocratique*, et le *roi des bourgeois*, comme avant lui le *roi des nobles et des prêtres*, est renversé par la *Révolution* (24 février 1848).

Politique extérieure de Louis-Philippe. L'alliance anglaise. — **Louis-Philippe**, menacé au dedans, s'était toujours montré très prudent, timide même, au dehors.

Loin de favoriser en Europe le soulèvement des peuples, qui, encouragés par la *révolution de 1830*, ne demandaient qu'à reconquérir leur *liberté* sur la *Sainte-Alliance*, il avait fait des avances aux souverains absolus, avait laissé la *Russie* écraser la malheureuse *nation polonaise* (1831), et, s'il avait occupé *Ancône* en 1832, c'était par mesure de précaution contre l'*Autriche* et non pour venir en aide aux patriotes italiens.

Dès le commencement de son règne, il s'était étroitement uni à l'*Angleterre*, parce qu'elle avait un *gouvernement parlementaire* comme la France.

Aussi avait-il pu favoriser la *nation belge*, qui, grâce à notre appui, put se rendre indépendante de la *Hollande* (1830-1831), mais que l'Angleterre empêcha de se donner à la France.

Ce fut aussi grâce à l'union des deux cours de Paris et de Londres et à la *Quadruple Alliance* de 1834 que le *Portugal* et l'*Espagne*, où le parti *absolutiste* luttait pour s'emparer du gouvernement, restèrent finalement au pouvoir du parti *constitutionnel* (1834-1839).

Mais l'Angleterre tirait d'ordinaire à elle tous les avantages de cette union.

Louis-Philippe et l'Autriche. — Louis-Philippe aurait mieux aimé une autre alliance, qui lui aurait fait pardonner par les vieilles monarchies son origine révolutionnaire.

Il se rapprochait, par exemple, de plus en plus de l'*Autriche*. Cette puissance ne demandait pas mieux que de le détacher de l'Angleterre. Mais quand il sollicita la main d'une princesse autrichienne pour son fils aîné, le **duc d'Orléans**, il fut repoussé avec dédain. Il ne put le marier qu'avec la fille d'un très petit prince allemand, le duc *de Mecklembourg* (1837).

La question d'Orient en 1840. Humiliation de la France. — L'Angleterre ne tarda pas, du reste, à s'unir aux autres grandes puissances (la *Russie*, l'*Autriche* et la *Prusse*) pour faire échouer sa politique en Orient.

La France soutenait depuis longtemps **Méhémet-Ali**, vassal peu docile du sultan, qui était devenu maître de l'*Égypte* et de la *Syrie*, et elle exerçait ainsi une très grande influence dans ces deux pays.

Les quatre puissances s'unirent à l'insu de la France, par le *traité de Londres* (15 juillet 1840), contre Méhémet-Ali, lui enlevèrent de force la Syrie et l'obligèrent à se soumettre au sultan.

Toute la France protesta contre cette insolence. Elle crut le moment venu de prendre sa revanche des *traités de 1815*.

Thiers, qui était premier ministre, poussait Louis-Philippe à la guerre. Mais Louis-Philippe avait trop peur de perdre sa couronne. Il renvoya Thiers et prît pour ministre **Guizot**, qui voulait la paix à tout prix. Il céda aux puissances, devant lesquelles la France ne lui pardonna jamais de l'avoir ainsi humiliée.

Il est vrai qu'à partir de cette époque il ne crut plus devoir ménager l'Angleterre autant qu'il l'avait fait jusqu'alors : c'est ce qui lui permit d'achever la conquête de l'*Algérie*.

Conquête de l'Algérie. — Pour ne pas mécontenter le gouvernement britannique, toujours jaloux de la France quand il la voit acquérir une nouvelle colonie, Louis-Philippe, pendant les premières années de son règne, n'avait envoyé que peu de troupes dans ce pays et n'en avait guère fait occuper que les côtes. Nos généraux y avaient formé quelques nouveaux corps, comme les *zouaves*, les *spahis*, les *chasseurs d'Afrique*; ils y avaient créé les *bureaux arabes*. Mais les ressources leur avaient manqué pour pénétrer dans l'intérieur de la contrée. On avait laissé le temps aux Arabes d'organiser la résistance. Ils avaient trouvé dans la personne d'**Abd-el-Kader** un chef jeune, actif et hardi, profondément dévoué à leur religion et qui, maître de l'Ouest du pays (*Mascara*, *Tlemcen*, etc.), soutint la lutte pendant quinze ans, parfois avec succès, contre les troupes françaises. C'est ainsi qu'à deux reprises, en 1834 et en 1837, nous dûmes par traité lui reconnaître la possession des pays dont il s'était emparé. D'autre part, nous avions beaucoup de peine à avancer dans l'Ouest de l'Algérie. Nous avions échoué en 1836 devant *Constantine*, qui ne fut prise qu'à la fin de l'année suivante. Enfin, à partir de 1840, nous poussâmes la guerre plus vivement. Le général (depuis maréchal) **Bugeaud**, nommé gouverneur général (1841), eut sous ses ordres jusqu'à cent mille hommes. C'était un vieux militaire, fort intelligent, qui sut adopter le genre de guerre convenable pour triompher des Arabes. Ses lieutenants, les **Changarnier**, les **Lamoricière**, les **Cavaignac**, etc., connaissaient admirablement l'Algérie. Abd-el-Kader fut

Abd-el-Kader.

rapidement refoulé vers l'Ouest. Allié aux Marocains, il ne réussit qu'à les faire battre à la journée de l'*Isly* (1844). Enfin après une résistance désespérée, il fut fait prisonnier en 1847. L'Algérie était conquise et on put commencer sérieusement à la coloniser. Abd-el-Kader, envoyé en France, fut remis en liberté en 1852, après avoir promis de ne jamais retourner en Algérie. Il est mort à Damas en 1883, sans avoir violé son serment.

Autres acquisitions coloniales. — La France acquit encore quelques autres possessions, moins impor-

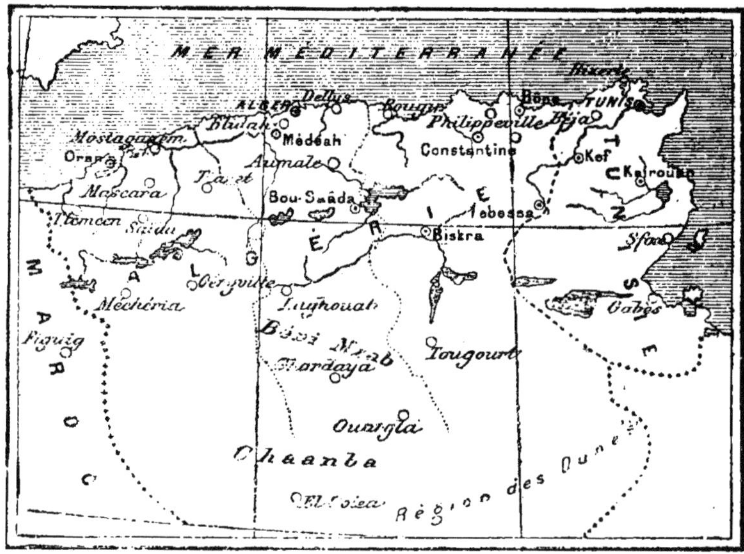

tantes, sous le règne de Louis-Philippe : par exemple, de petites îles près de *Madagascar* (1842), et le groupe des îles *Marquises* dans l'Océanie (1842). Elle fit aussi reconnaître son protectorat sur le groupe de *Taïti* (1843).

Rapports de Louis-Philippe avec l'Angleterre et avec l'Autriche. — Mais il s'ensuivit quelques démêlés avec l'Angleterre, devant qui l'on reprocha à Louis-Philippe de s'humilier encore (affaire *Pritchard*, affaire du *droit de visite*, 1844-1845).

Le roi des Français savait pourtant se montrer indépendant de cette puissance, quand il y trouvait personnellement son intérêt. C'est ainsi qu'il sut, en 1846, malgré l'Angleterre, marier à son gré la *reine d'Espagne* et sa sœur. Cette dernière épousa un fils de Louis-Philippe, le **duc de Montpensier**.

L'Angleterre lui en garda une profonde rancune et, dès lors, contrecarra sa politique dans toute l'Europe.

Mais Louis-Philippe et son ministre **Guizot** se rapprochaient de plus en plus de l'Autriche, parce qu'ils craignaient la Révolution qui se préparait en France et ailleurs, et que cette puissance, sous le ministre **Metternich**, était partout l'adversaire la plus acharnée de la Révolution.

Aussi lui permirent-ils, en 1846, de s'emparer, au mépris des traités, de *Cracovie*, seule ville de la malheureuse *Pologne* (1) qui fût jusque-là demeurée libre.

Ils allèrent plus loin; car, en 1847, ils s'unirent à Metternich et à son maître pour empêcher l'*Italie* de s'affranchir de la domination autrichienne, et la *Suisse* d'améliorer son gouvernement, et ils étaient sur le point d'envoyer des troupes dans ces deux pays quand éclata la Révolution de 1848.

Opposition de Louis-Philippe aux demandes de réforme à l'intérieur. — Au dedans, Louis-Philippe ne voulait rien accorder au peuple et ne faisait rien pour lui. Sans doute il favorisait le commerce, l'industrie, créait les premiers chemins de fer. Mais il ne travaillait que dans l'intérêt de ce qu'on appelait le *pays légal*, c'est-à-dire de deux cent mille bourgeois riches, qui seuls avaient le droit de voter dans les élections et par conséquent seuls prenaient part aux affaires publiques.

A eux étaient toutes les faveurs et toutes les places. Aussi soutenaient-ils de toutes leurs forces le gouvernement de Juillet.

Il était d'autant moins étonnant que la Chambre des députés fût toute dévouée à ce gouvernement, qu'on y laissait entrer un grand nombre de fonctionnaires, qui dépendaient absolument de lui.

Certains hommes politiques, partisans de la monarchie de Juillet, comme **Thiers**, **Odilon Barrot**, sentaient bien que la patience finirait par échapper au peuple si on ne lui faisait pas quelques concessions. Aussi demandaient-ils que le nombre des électeurs fût augmenté en adjoignant aux plus riches des hommes capables et

(1) Ce royaume avait été odieusement démembré au XVIIIe siècle par la Russie, l'Autriche et la Prusse. Napoléon l'avait reconstitué en partie. Mais en 1815, il avait été de nouveau partagé.

instruits, que les fonctionnaires fussent exclus de la Chambre, etc.

D'autres, comme **Ledru-Rollin**, plus hardis et qui voulaient la République, parlaient en faveur du *suffrage universel*, c'est-à-dire voulaient que tout citoyen français, pauvre ou riche, fût électeur.

Mais Louis-Philippe s'obstinait à refuser, même à ses amis, toute concession.

L'irritation devint d'autant plus vive contre lui en 1847 que, par suite de la disette, la misère était alors très profonde et que plusieurs faits prouvèrent combien certains

Banquets de 1848.

membres du gouvernement de Juillet étaient corrompus.

Révolution du 24 février 1848. — Alors eurent lieu dans beaucoup de villes des *banquets*, qui n'étaient que de grandes assemblées populaires où l'on prononçait des discours en faveur de la réforme.

Une réunion semblable devait avoir lieu dans le XIIe arrondissement à Paris en février 1848. Le gouvernement voulut l'empêcher. Il s'ensuivit des troubles graves et, finalement, dans la soirée du 23 février, une fusillade qui coûta la vie à beaucoup d'hommes et de femmes du peuple.

Aussitôt Paris se souleva, comme en 1830. Dès le matin du 24 février Louis-Philippe se vit perdu. Comme son fils aîné, le **duc d'Orléans**, était mort depuis 1842 (1), il voulut abdiquer en faveur de son petit-fils, le **comte de Paris**, âgé de dix ans.

Mais le peuple envahit la Chambre des députés. Le jeune prince ne fut pas reconnu roi. Toute la famille royale prit la fuite et se retira en Angleterre.

La République fut aussitôt proclamée; et, en attendant qu'elle eût une constitution ou que le peuple eût pu nommer ses députés, un *gouvernement provisoire* s'installa à l'Hôtel de Ville. Il était composé de très honnêtes gens, dont quelques-uns étaient des hommes de haute valeur : **Dupont de l'Eure, Lamartine, Ledru-Rollin, Arago**, etc.

QUESTIONNAIRE

1. Quels furent les résultats de l'accord du gouvernement de juillet avec l'Angleterre?
2. Pourquoi Louis-Philippe cherchait-il à se rapprocher de l'Autriche?
3. Quelle fut son attitude dans la question d'Orient en 1840?
4. Pourquoi la conquête de l'Algérie a-t-elle tant duré? Comment et quand a-t elle été achevée?
5. Quels furent les rapports de Louis-Philippe avec l'Angleterre et l'Autriche pendant les dernières années de son règne?
6. Causes de son impopularité.
7. Par quels incidents fut amenée la Révolution de 1848?

CHAPITRE V

LES LETTRES, LES ARTS ET LES SCIENCES de 1815 à 1848

SOMMAIRE. — La littérature française se transforme sous l'influence du *romantisme* et jette un très vif éclat dans la *poésie lyrique*, au *théâtre*, dans le *roman*. **Victor Hugo** est le principal chef de la nouvelle école.

L'*éloquence religieuse* et plus encore l'*éloquence politique*, entretenue par les débats des chambres, les *études historiques*, ravivées par les **Guizot** et les **Michelet**, les *études économiques* et *sociales*, sont particulièrement en honneur sous la Restauration et le gouvernement de juillet.

(1) Ce prince, âgé de 32 ans, avait péri à Neuilly, près de Paris, d'une chute de voiture.

La lutte des *romantiques* et des *classiques* se fait sentir dans les *arts*, notamment dans la *peinture*. La *musique française* s'illustre surtout dans l'*opéra-comique* et dans l'*opéra*.

Dans les *sciences mathématiques*, *physiques* et *chimiques*, *naturelles* et *médicales*, notre pays contribue pour une bonne part aux grandes inventions du XIXe siècle (télégraphie, machines à vapeur, chemins de fer, photographie, nouveaux produits chimiques, nouveaux procédés chirurgicaux, etc.).

Éclat de la littérature française de 1815 à 1848. — La période qui s'étend de 1815 à 1848 est une des plus belles époques de la littérature française qui, un peu *appauvrie et comme désséchée* vers la fin du XVIIIe et le commencement du XIXe siècle, a pris tout à coup, sous l'impulsion de quelques grands écrivains, une vigueur et un éclat incomparables.

Victor Hugo. Ses débuts. — Ce changement, que **Chateaubriand** et **Mme de Staël** avaient pu faire pressentir, est dû surtout à **Victor Hugo**, le plus grand poète de notre temps, qu'il a rempli de ses œuvres et de sa gloire. (Né en 1802, il est mort en 1885. La République lui a fait des funérailles solennelles au nom de la France et a voulu que ses restes fussent ensevelis au Panthéon.)

Victor Hugo, tout jeune encore, renouvela la *poésie française* dans tous les genres et sous toutes les formes. Il fut le chef de l'école *romantique*, qui a fini par triompher des préjugés et des routines de l'école *classique*.

Il se plaça au premier rang des poètes lyriques par ses *Odes et Ballades*, ses *Orientales*, ses *Feuilles d'Automne*, ses *Chants du crépuscule*, etc.

Autres poètes français de la même époque. — En même temps que lui brilla **Lamartine**, qui émut ses contemporains par les *Méditations*, les *Harmonies*, *Jocelyn*, etc.

Plus jeune, **Alfred de Musset** charma la génération de 1830, non seulement par des poésies légères et badines comme les *Contes d'Espagne et d'Italie*, mais par des poésies d'un caractère très élevé, comme ses *Nuits*.

Citons aussi les poésies philosophiques d'**Alfred de Vigny**.

Il ne faut pas oublier, dans un genre fort différent, **Béranger**, qui, après 1815, sut si bien par ses *Chansons* exciter dans l'âme de nos pères le patriotisme et l'amour de la liberté.

Le théâtre. — Au théâtre nous retrouvons **Victor Hugo,** qui fit une guerre acharnée à l'ancienne tragédie et la remplaça par le *drame romantique*, dont il a donné dans *Hernani*, *Marion Delorme*, *le Roi s'amuse*, *Ruy-Blas*, etc., les modèles les plus populaires et les plus achevés.

La prose française. — La prose française, à cette époque, ne fut pas non plus sans éclat. Le *roman* prit une grande et durable importance avec **Balzac, Victor Hugo, Alexandre Dumas, Georges Sand, Stendhal** ; l'éloquence, surtout l'éloquence parlementaire, brilla avec **Villèle, Royer-Collard, Manuel, Berryer, Thiers, Guizot, Lamartine** ; l'histoire avec **Augustin Thierry, Guizot, Thiers, Michelet,** qui la rendirent plus vraie, plus vivante, plus populaire et plus utile qu'elle n'était autrefois.

Lamartine.

Études économiques et sociales. — Les *économistes*, qui rêvent la liberté absolue du commerce entre les nations (ce qu'on appelle le *libre échange*), ont soutenu brillamment leurs idées dans des livres comme ceux de **Bastiat,** de **Michel Chevalier,** d'**Adolphe Blanqui.**

Des théoriciens, plus hardis que raisonnables, ont demandé dans leurs écrits, les uns (**Saint-Simon, Fourier, Cabet,** etc.), la suppression de la propriété privée et la mise en commun des produits du travail, les autres (comme **Proudhon**) l'égalité absolue des salaires et la suppression des gouvernements (l'*anarchie*).

Les arts en France de 1815 à 1848 (sculpture, peinture, musique, etc.) — Dans le domaine des *arts*, la France s'est aussi, comme en littérature, renouvelée pour ainsi dire elle-même.

Si l'*architecture* n'a rien inventé et s'est surtout attachée à réparer ou à imiter les monuments du moyen-âge, la *sculpture* s'est fait remarquer par sa grâce, son naturel, sa vigueur avec **Pradier**, **Rude** (auteur de la ***Marseillaise*** de l'Arc de Triomphe de l'Étoile), **David d'Angers** (à qui nous devons le fronton du Panthéon), etc.

Mais c'est surtout en *peinture* que la révolution a été profonde. Là aussi il y a eu des *classiques*, s'attachant surtout, comme **Ingres**, à la pureté du dessin, et des *romantiques*, plus nombreux et plus populaires, recherchant surtout l'expression et l'éclat du coloris, comme **Eugène Delacroix**, **Paul Delaroche**. Citons encore un peintre de scènes historiques, **Horace Vernet**, dont les principales œuvres décorent le palais de Versailles.

Les *dessinateurs*, comme **Charlet**, **Gavarni**, **Daumier**, etc., ont aussi contribué pour une bonne part à la gloire artistique de la France à cette époque.

Signalons enfin les progrès de la *musique*, qui s'est surtout exercée au théâtre, dans l'*opéra-comique* et dans l'*opéra*, composition d'une nature plus élevée, et qui a produit les chefs-d'œuvre toujours jeunes et applaudis de **Boïeldieu**, de **Rossini**, d'**Auber**, d'**Hérold**, d'**Adolphe Adam**, d'**Halévy**, de **Meyerbeer**, etc. En dehors du théâtre, **Berlioz**, longtemps mal jugé, s'est fait connaître par de grandes *symphonies* dans le genre des musiciens allemands (comme **Beethoven**).

Progrès des sciences. Découvertes. — En matière de *sciences*, la France n'a pas été inférieure à elle-même. Elle peut citer avec orgueil des *astronomes* comme **Arago**, comme **Leverrier** qui découvrit, en 1846, la *planète* Neptune par simple calcul, sans la voir.

En *physique* et en *chimie*, les beaux travaux d'**Arago**, d'**Ampère**, de **Chevreul**, etc., ont rendu possibles l'établissement des *phares* modernes, l'invention de la *télégraphie électrique*, celle des *bougies stéariques*, celle de nouveaux procédés de teinture, la fabrication de la soude et de la potasse à bon marché, la découverte d'un grand nombre de *corps simples*, la composition de nouveaux corps (sels, acides, etc.), appelés à rendre de grands services à l'agriculture, l'industrie ou la médecine.

Les études de **Lacépède**, de **Cuvier**, des deux **Geoffroy Saint-Hilaire**, de **Flourens** ont donné une puissante impulsion aux sciences naturelles, surtout à la *zoologie* et à la *géologie*, comme celles de **Magendie** et **Trousseau** à

la physiologie (ou étude des fonctions du corps) et à la *thérapeutique* (ou art de soigner les malades).

Nouvelles applications des sciences à l'industrie. — Dans les applications des sciences à l'industrie, qui ont, au XIXe siècle, transformé le monde en donnant aux hommes des moyens d'action cent fois plus nombreux et plus puissants que ceux dont ils avaient disposé jusque-là, notre pays est bien loin d'être resté en arrière.

C'est ainsi que l'invention des *chaudières tubulaires*, par **Marc Seguin**, en 1828, a rendu pratiques les machines à vapeur, qui, avant cette époque, n'étaient que d'une médiocre utilité. Dès lors sont devenus possibles les *locomotives* Stephenson (1829) et les chemins de fer qui, établis en Angleterre en 1830, chez nous en 1832, commencèrent à rendre de grands services après la création de nos grandes lignes en 1842. Les *bateaux à vapeur*, inventés dès le XVIIIe siècle par le Français **Jouffroy**, et déjà adoptés par les Américains et les Anglais, ne devinrent d'un emploi commun chez nous qu'après 1830.

La *télégraphie électrique*, créée par Morse d'après les travaux d'**Arago** et d'**Ampère**, fut dès 1845 considérablement perfectionnée par **Bréguet**.

L'*éclairage au gaz*, dont la première idée avait été donnée depuis longtemps par le Français **Lebon**, se répandit à Paris sous la Restauration.

Enfin, sans parler des grands progrès accomplis par nos savants dans la *mécanique* et dans les travaux de construction (ponts, viaducs, canaux, etc.), nous devons signaler une dernière invention, bien française, c'est celle du *daguerréotype*, accomplie en 1829 par **Niepce** et **Daguerre**, et d'où est sortie depuis la *photographie*.

Progrès de l'agriculture et de l'industrie. — Grâce au progrès des sciences, à de nouveaux instruments (comme la charrue Dombasle, les machines à vapeur, etc.), grâce aussi aux encouragements de l'État, l'agriculture gagna beaucoup en France. La *pisciculture*, autrefois ignorée, devint un art très productif.

Toutes les branches de l'industrie, notamment la construction des machines, le tissage des étoffes, la fabrication des produits chimiques, des faïences, porcelaines, verres, etc., prirent en France à la même époque un grand développement, que des expositions nationales qui avaient lieu à Paris tous les quatre ou tous les cinq ans permettaient de constater.

Le socialisme et la liberté du commerce. — Malheureusement l'emploi des machines, très coûteuses et que les gros capitalistes pouvaient seuls se procurer, mettait de plus en plus les ouvriers, agglomérés et pour ainsi dire enrégimentés dans de grandes usines, à la discrétion des patrons. Le travail libre leur devenait impossible. De là leur mécontentement et l'agitation *socialiste* qui règne encore aujourd'hui.

Une grande partie du public se plaignait aussi de ce que le commerce n'était pas suffisamment libre. Pour protéger certains propriétaires et certains fabricants français contre la concurrence des blés ou de certains produits étrangers, qui auraient pu faire baisser le prix de leurs propres blés ou de leurs propres produits, les lois empêchaient alors l'entrée en France de ces grains et de ces marchandises, on ne la permettait que moyennant des impôts énormes. Il en résultait que la masse de la nation payait fort cher ce qu'elle aurait pu avoir à bon marché. C'était un résultat du gouvernement de ce temps-là, qui, comme nous l'avons vu, avait surtout à cœur de favoriser la bourgeoisie.

QUESTIONNAIRE.

1. Quel fut le chef du romantisme français?
2. Indiquez les principales œuvres de la jeunesse de Victor Hugo (poésies, pièces de théâtre, romans).
3. Quels sont les autres poètes, auteurs dramatiques et romanciers français les plus célèbres de l'époque romantique?
4. Nommez les orateurs et les historiens les plus marquants de la même période.
5. Par qui principalement furent mises en honneur, de 1815 à 1848, les études économiques et sociales?
6. Quels furent alors les artistes français les plus illustres (sculpteurs, peintres, dessinateurs, musiciens)?
7. Faites connaître les grandes inventions dues aux savants français de cette époque dans les divers ordres de science et leurs principales applications.
8. En quoi les progrès de l'industrie ont-ils contribué à la naissance du *socialisme?*
9. De quoi se plaignaient les partisans de la liberté du commerce?

SEPTIÈME PARTIE

LA SECONDE RÉPUBLIQUE
LE SECOND EMPIRE
ET LA TROISIÈME RÉPUBLIQUE
(1848-1894)

CHAPITRE PREMIER

LA SECONDE RÉPUBLIQUE (1848-1852).

SOMMAIRE. — Le gouvernement provisoire établit le suffrage universel. Après lui, l'Assemblée nationale de 1848 donne au pays une constitution républicaine. Mais Louis Bonaparte, élu président de la République, s'allie au clergé, fait l'expédition de Rome et, profitant des fautes de l'Assemblée législative, renverse de fait la République par le coup d'État du 2 décembre 1851.

Le gouvernement provisoire. — La France avait applaudi à la révolution du 24 février. Le gouvernement provisoire se hâta de lui rendre les libertés qui lui manquaient sous Louis-Philippe, notamment les libertés de la presse et de réunion. Il abolit la *peine de mort en matière politique*, supprima l'esclavage dans nos colonies. Il élargit la garde nationale en donnant à tous les citoyens le droit d'y entrer.

Établissement du suffrage universel. — Mais sa principale innovation fut l'établissement du suffrage universel, c'est-à-dire du droit pour tout citoyen âgé de 21 ans de prendre part aux élections. Le peuple devint ainsi véritablement souverain. Le suffrage universel devait, il est vrai, au début surtout, commettre de grosses fautes et faire de mauvais choix, parce qu'il n'était pas assez éclairé. Il ne suffit pas que les citoyens aient le droit de voter, il faut qu'ils soient assez instruits pour comprendre les véritables intérêts du pays et pour ne pas être trompés, comme ils l'ont été si longtemps par Napoléon III.

Politique extérieure du gouvernement provisoire. — Pour éviter toute guerre, le gouvernement provisoire déclara qu'il ne favoriserait pas la Révolution qui, à l'exemple de la France, venait d'éclater dans une grande partie de l'Europe, notamment en **Italie**, en **Hongrie**, en **Autriche**, en **Allemagne**, etc.

La politique intérieure. — Au dedans il s'efforça de maintenir l'ordre dans les grandes villes, et, à la porte de l'Hôtel-de-Ville de Paris, Lamartine haranguait élo-

Lamartine à l'Hôtel de Ville.

quemment le peuple pour le calmer. On s'efforça aussi de remédier à la misère des classes ouvrières, qui était profonde, parce que le travail leur manquait.

Enfin le gouvernement provisoire fit élire par la nation une Assemblée chargée de donner à la France une *constitution* et il lui remit ses pouvoirs (4 mai 1848).

La commission exécutive. — L'Assemblée forma d'abord, sous le nom de *Commission exécutive*, un nouveau gouvernement, composé de **Lamartine**, **Arago**, **Ledru-Rollin Marie** et **Garnier Pagès**.

Mais bientôt elle fut attaquée par le parti *socialiste* qui, dès le 15 mai, envahit la salle de ses séances.

Les journées de Juin. — Elle en triompha ce jour-là ;

mais peu après les ouvriers sans travail qu'on avait réunis dans les *Ateliers nationaux*, apprenant que ces ateliers allaient être brusquement dissous, s'insurgèrent et pendant trois jours (23-26 juin) une horrible bataille ensanglanta les rues de Paris.

Le général Cavaignac. — Le général **Cavaignac** fut chargé du pouvoir à la place de la commission exécutive. Il triompha de l'insurrection, après laquelle on déporta beaucoup de prisonniers et on restreignit les libertés de la presse et de réunion. Une partie de la France, effrayée de ce qui venait de se passer, se dégoûta de la République.

Constitution de 1848. — L'Assemblée nationale fit pourtant une constitution républicaine, que la majorité du peuple accepta.

Cette constitution, quoique fort libérale, avait de graves défauts.

Elle donnait le droit de faire les lois à une seule Assemblée, élue par la nation, mais cette Assemblée ne pouvant pas plus *déposer* le président de la République que celui-ci n'avait le droit de la *dissoudre*, si un désaccord prolongé se produisait entre eux, il n'y avait guère que la force qui pût y mettre fin.

En outre, le Président de la République, élu pour quatre ans, devait être nommé directement par le suffrage universel, qui pouvait faire et qui fit effectivement un très mauvais choix ; si ce Président était (comme il fut) un ambitieux, il pouvait dire qu'il représentait à lui seul beaucoup mieux la nation que les membres de l'Assemblée et s'en prévaloir pour chasser cette dernière. Il eût été plus sage de le faire nommer, comme aujourd'hui, par les députés du pays.

Élection de Louis Bonaparte. — Le général **Cavaignac** était candidat à la *Présidence*. C'était un honnête homme, qui n'aurait pas trahi la République.

Mais il avait pour concurrent ce **Louis Bonaparte** qui, à deux reprises, avait déjà essayé de renverser le gouvernement de Juillet.

Ce personnage sut profiter de ce que le nom de Napoléon était redevenu très populaire. Il sut flatter à la fois le *clergé*, les *paysans*, la *bourgeoisie* et même le *parti socialiste*. Tous le regardèrent bientôt comme leur meilleur ami.

Aussi obtint-il plus de cinq millions de voix, tandis que Cavaignac n'en eut guère que quatorze cent mille.

Projets et menées du Président. — Devenu Président, il jura solennellement, devant l'Assemblée, le 20 décembre 1848, fidélité à la République et à la Constitution. Au fond il ne songeait qu'à violer son serment et à rétablir l'*Empire*.

Il commença par s'assurer l'appui de l'*Église* qui, par les évêques, les curés et les couvents, a tant d'influence sur le peuple.

Expédition de Rome. — Pour cela, il envoya d'abord en Italie une armée qui, contre tout droit, détruisit **la République romaine** après s'être emparée de **Rome**, où elle rétablit le *Pape* et où elle dut rester bien des années pour le garder ; car, si nos troupes l'avaient abandonné, ses sujets auraient aussitôt repris leur liberté (1849).

L'Assemblée législative et la réaction. — Ensuite il fit voter par l'*Assemblée législative*, qui venait de succéder à l'Assemblée constituante, une loi qui livrait en grande partie à l'Église l'enseignement de la jeunesse (1850). Le clergé put dès lors ouvrir des collèges que l'État n'inspectait pas. Il eut un droit de surveillance sur tous les instituteurs. Il put en outre faire entrer comme maîtres dans les *écoles primaires* des *religieux* et des *religieuses*, sans qu'ils eussent les grades qu'on exigeait des maîtres laïques.

L'Assemblée législative au fond n'était pas pour Louis Bonaparte. Mais elle n'était pas non plus pour la République. Elle se composait en grande majorité de *royalistes*, qui ne s'entendaient pas sur le choix du roi : les uns voulaient le **comte de Chambord**, petit-fils de Charles X, qu'ils appelaient **Henri V** ; les autres préféraient le **comte de Paris**, petit-fils de Louis-Philippe.

Mais tous s'entendaient pour combattre la démocratie, c'est-à-dire le parti du peuple. C'est ainsi qu'ils votèrent la loi du 31 mai 1850, qui enlevait le droit de vote à plus de trois millions de citoyens.

Le Président les laissa faire. C'était de leur part une lourde faute, dont il se promettait bien de profiter.

Projets et préparatifs de Louis Bonaparte. — Il se mit à flatter l'*armée*, sur laquelle il comptait pour s'emparer du pouvoir absolu, et à faire dans les départements de fréquents voyages, où il ne cessait de se présenter comme le meilleur ami du peuple, surtout des paysans et des ouvriers.

Il demanda le rétablissement du suffrage universel, que l'Assemblée repoussa, achevant par là de se rendre impopulaire.

Puis, ayant terminé en grand secret ses préparatifs avec un certain nombre d'hommes sans scrupules, tels que les **Persigny**, les **Morny**, les **Fleury**, les **Saint-Arnaud**, les **Magnan**, etc., il accomplit l'acte de brigan-

Mort de Baudin.

dage connu dans l'histoire sous le nom de *Coup d'État* du 2 décembre 1851.

Coup d'État du 2 décembre. — Dans la nuit du 1er au 2 décembre, les membres les plus influents de l'Assemblée législative (**Thiers**, **Cavaignac**, **Changarnier**, **Charras**, etc.) furent tout à coup arrêtés chez eux et incarcérés. L'Assemblée, que nul n'avait le droit de renvoyer, fut déclarée dissoute. Son palais fut envahi et occupé par un régiment; deux cent-vingt de ses membres, qui parvinrent à se réunir ailleurs dans la journée du 2, furent aussi conduits en prison par un bataillon de chasseurs. Quelques députés républicains, **Victor Hugo**, **Schœlcher**, **Jules Favre**, etc., essayèrent en vain d'organiser la résistance dans Paris. L'un d'eux, **Baudin**, se fit tuer glorieusement, le 3 décembre, sur une barricade, au faubourg Saint-Antoine, pour la défense des lois et de la liberté (1). Le lendemain 4, **Louis Bonaparte** lança ses troupes sur les boulevards, où elles mitraillèrent et fusillèrent à bout portant une foule inoffensive. Paris terrifié ne bougea plus. Dans les départements et surtout dans le Midi, de nombreuses tentatives furent faites pour défendre la République. Elles furent partout impitoyablement réprimées. Le Président exila un grand nombre de *représentants du peuple*, supprima presque tous les journaux républicains, força les autres à se taire, et fit arrêter plus de cent mille bons citoyens, dont dix mille furent transportés comme des forçats à **Cayenne** ou en Algérie. Après quoi il se vanta d'avoir sauvé la religion, la famille et la propriété, et il invita le suffrage universel, qu'il venait de rétablir, à lui donner pleins pouvoirs pour faire une nouvelle constitution.

Aucune opposition n'était possible ; du reste le peuple français était subjugué. Il donna plus de sept millions de suffrages au parjure qui venait de lui voler la liberté et qui devait plus tard le conduire à la ruine (21-22 décembre 1851).

QUESTIONNAIRE.

1. Qu'est-ce que le suffrage universel et comment a-t-il été établi ?
2. Expliquez et racontez les journées de juin.
3. Quels étaient les défauts de la constitution de 1848 ?
4. Quels étaient les projets de Louis Bonaparte en 1848 ?
5. Pourquoi ordonna-t-il l'expédition de Rome ?
6. Comment prépara-t-il le coup d'État du 2 décembre 1851 ?

CHAPITRE II

LE SECOND EMPIRE (Première partie) (1852-1860).

SOMMAIRE. — La constitution dictatoriale de 1852 permet à

(1) Comme il appelait le peuple aux armes, un ouvrier lui dit en ricanant : « Est-ce que vous croyez que nous allons nous faire tuer pour vous conserver vos vingt-cinq francs ? » Il faisait allusion au traitement de vingt-cinq francs par jour que les représentants recevaient depuis 1848. « Mon ami, répondit doucement Baudin, vous allez voir comment on meurt pour vingt-cinq francs ». Et un instant après, il tomba effectivement frappé à mort.

Louis Bonaparte de rétablir l'Empire. Napoléon III fait d'abord l'impolitique guerre de Crimée; puis, menacé par des conspirateurs, il concourt maladroitement à l'œuvre de l'unité italienne et, sans se faire un ami du peuple qu'il a affranchi, s'aliène le clergé, qui avait été jusque là son principal appui.

Constitution du 14 janvier 1852. — Après le *coup d'État*, la République n'existait plus que de nom. **Louis Bonaparte**, qui régnait par la terreur et qui avait abusé le peuple, publia et fit adopter sans peine la *Constitution du 14 janvier* 1852, qui rétablissait en grande partie les institutions du *Consulat* et de l'*Empire* et qui lui conférait une autorité à peu près absolue.

En effet, elle lui donnait tout d'abord le droit de nommer tous les fonctionnaires, de commander les armées de terre et de mer, de faire la guerre, la paix, les traités de commerce et de disposer à peu près en maître du trésor public.

Les ministres ne dépendaient que de lui et n'avaient aucun compte à rendre aux Assemblées.

Ces Assemblées étaient au nombre de trois : le *Conseil d'État*, le *Corps législatif* et le *Sénat*.

La première, dont les membres étaient nommés par le Président et ne faisaient rien sans sa volonté, avait seule le droit de présenter des *projets de lois*.

Le *Corps législatif* discutait et votait ces projets, mais il ne pouvait y rien changer sans la permission du *Conseil d'État*. Ces séances n'étaient pas publiées en détail. Du reste, cette Assemblée, composée des députés des arrondissements, ne pouvait guère compter que des serviteurs dévoués de Louis Bonaparte. Car dans chaque arrondissement l'administration avait un candidat *officiel* à la députation, qu'elle soutenait par tous les moyens, souvent par la menace, le mensonge et la corruption, tandis que les candidats de l'opposition n'avaient même pas de journaux pour eux et ne pouvaient pas se faire connaître dans des réunions publiques.

Enfin le *Sénat*, qui avait à examiner les lois votées par le *Corps législatif*, à recevoir les *pétitions*, etc., était aussi sous la main du Président, qui en nommait les membres, comme ceux du Conseil d'État.

Par suite de décrets qui complétèrent la constitution de

1852, les journaux ne pouvaient paraître qu'en payant un énorme *cautionnement* et un *droit de timbre* quotidien très considérable. Il fallait du reste qu'ils fussent autorisés par le gouvernement, et ils pouvaient à chaque instant être suspendus ou supprimés, soit par les *tribunaux correctionnels*, soit simplement par l'*administration*.

Enfin, non seulement les *sociétés secrètes*, mais toute association, toute réunion de plus de vingt personnes étaient sévèrement interdites.

Rétablissement de l'Empire. — **Louis Bonaparte** n'eut presque rien à changer à ce régime, quand, au lieu du titre de Président de la République, il prit celui d'*Empereur*, que le Sénat lui décerna complaisamment le 7 novembre 1852. Il se fit dès lors appeler **Napoléon III** (décembre 1852).

Mariage de Napoléon III. — Il épousa quelques mois plus tard une Espagnole, la comtesse **Eugénie de Montijo** (janvier 1853). De ce mariage naquit le 16 mars 1856, le **prince impérial Louis-Eugène**, qui devait, dans sa pensée, continuer sa race, et qui est allé, après la chute de l'Empire, périr misérablement à 23 ans sous les coups des sauvages du *Zoulouland*, en servant dans l'*armée anglaise*.

Guerre de Crimée. — Napoléon III avait déclaré bien haut : « L'Empire, c'est la paix. » Et à peine fut-il sur le trône qu'il se hâta de faire la guerre. Il sentait bien que, comme son oncle, il avait besoin de gloire militaire pour faire supporter à la France son despotisme.

C'est pourquoi, d'accord avec l'*Angleterre*, qui avait intérêt à défendre l'*Empire ottoman*, il envoya une grande armée et plusieurs flottes contre la *Russie*, qui venait d'attaquer cette puissance (1854).

C'est surtout *la Crimée* qui fut le théâtre de cette longue guerre. Nos troupes, commandées successivement par **Saint-Arnaud**, **Canrobert** et **Pélissier**, s'illustrèrent par les belles victoires de l'*Alma*, de *Balaklava*, d'*Inkermann*, de *Traktir* (1854-1855), mais elles souffrirent de cruelles épidémies autant que du feu de l'ennemi, et elles mirent une année à prendre *Sébastopol*.

Traité de Paris. — La paix, qui fut signée à *Paris* en 1856, nous parut très glorieuse. Mais elle n'était en somme profitable qu'à l'*Angleterre*. Pour cette puissance, qui ne lui en sut pas gré, Napoléon III avait sacrifié deux cent mille hommes et 1500 millions, et il avait mérité le ressentiment de la *Russie*, qui devait le montrer en 1870 en ne faisant rien pour sauver la France.

Bientôt il s'engagea dans une autre aventure.

Les conspirateurs italiens. — Les *patriotes italiens* lui en voulaient d'avoir détruit la *République romaine*. Ils avaient déjà conspiré plusieurs fois contre lui.

Le 14 janvier 1858, plusieurs d'entre eux, **Orsini**, **Pieri**, etc., lancèrent sur lui, à la porte de l'Opéra, des bombes qui tuèrent beaucoup de monde et dont il ne fut préservé que par miracle.

La loi de sûreté générale. — Il fit aussitôt, par la *loi de sûreté générale*, régner la terreur dans toute la France comme après le coup d'État.

Cette loi permettait au gouvernement de déporter sans jugement quiconque avait déjà subi une condamnation pour motifs politiques.

Guerre d'Italie. — Mais il avait peur des *Italiens* (1) et il résolut de faire quelque chose pour eux.

Il y était depuis longtemps poussé par **Victor-Emmanuel**, roi de *Sardaigne*, qui lui avait fourni des troupes pendant la guerre de Crimée, et surtout par son habile ministre **Cavour**, qui rêvait d'affranchir l'*Italie*, dominée par l'*Autriche* depuis 1815, et de réunir en un seul royaume les petits États dont elle était composée.

L'intérêt de la France n'était pas qu'il se formât à côté de nous une grande puissance ; de plus l'intérêt de Napoléon III n'était pas que le pape fût dépouillé de ses États, car très probablement le clergé s'en prendrait à lui et cesserait de le soutenir.

Mais **Cavour** lui fit croire que **Victor-Emmanuel** se contenterait du nord de l'Italie et que les Italiens ne pousseraient pas jusqu'au bout leur révolution.

Napoléon III conduisit donc cent mille hommes de renfort à la petite armée sarde et conquit rapidement la Lombardie sur les Autrichiens, par les victoires de *Magenta* et de *Solférino* (4-24 juin 1859).

Mais, menacé par la *Prusse* et voyant la nation italienne, que poussaient **Cavour** et **Garibaldi**, se soulever, il se hâta

(1) Avant de monter sur l'échafaud, Orsini, qui avait refusé de lui demander grâce, lui écrivit une lettre qui l'impressionna profondément et qui fut sans doute la raison déterminante de sa conduite ultérieure à l'égard des Italiens.

de faire la paix à *Villafranca* (juillet 1859), laissant encore la *Vénétie* aux Autrichiens.

Acquisition de Nice et de la Savoie. — Bientôt

toute l'Italie centrale se donna au roi de Sardaigne. Napoléon III ne pouvant l'en empêcher, y consentit, moyennant la cession de la *Savoie* et du *comté de Nice*, qui furent réunis à la France (mars 1860).

Le royaume d'Italie.—Peu de mois après, **Garibaldi** ayant conquis la *Sicile* et le *royaume de Naples*, qu'il remit à Victor-Emmanuel, et ce dernier ayant enlevé au pape la plus grande partie de ses États par la victoire de *Castelfidardo*, le roi de Sardaigne fut proclamé *roi d'Italie* (février 1861).

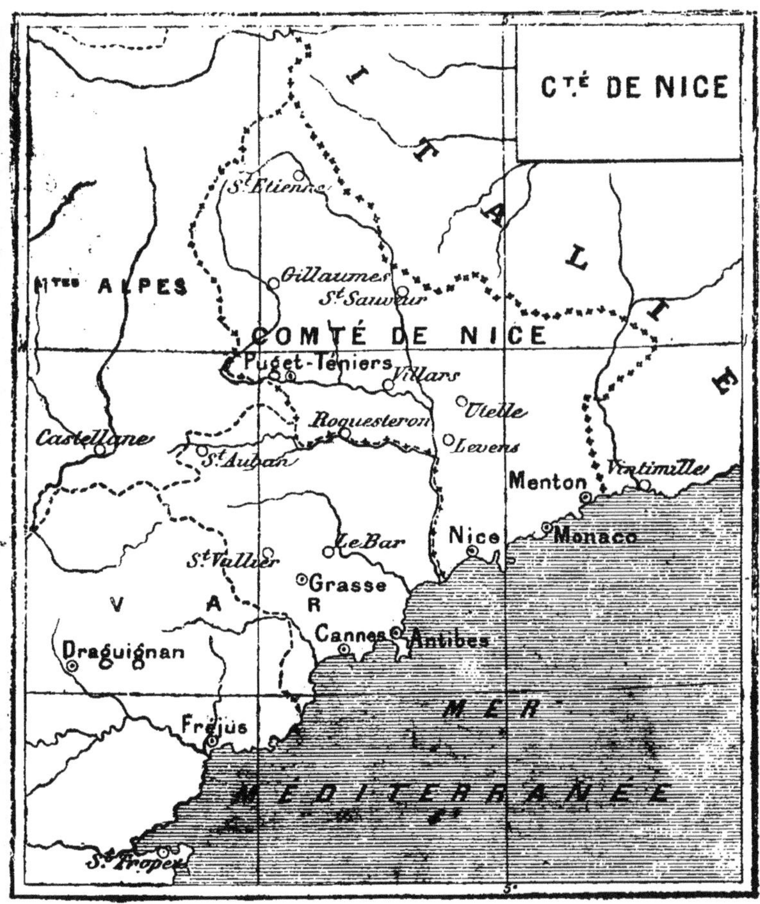

Il ne lui manquait, pour posséder tout ce grand pays, que la *Vénétie* et la *ville de Rome*, dont les Italiens voulaient faire leur capitale.

La Vénétie, il l'eut en 1866, grâce à l'alliance de la *Prusse*, qui écrasa l'*Autriche* à *Sadowa*. Cette alliance, Napoléon III, toujours imprévoyant, l'avait encouragée lui-même. Il espérait que Victor-Emmanuel se contenterait de la Vénétie et ne toucherait pas à Rome. Il le lui avait fait promettre par un traité de 1864, et deux ans plus tard il avait retiré ses troupes de cette ville.

Garibaldi (1). **Seconde expédition de Rome.** — Mais, dès 1867, **Garibaldi,** secrètement encouragé par le gouvernement italien, allait attaquer *Rome* avec ses volontaires. Napoléon III se hâta d'y envoyer de nouveau ses soldats, qui le repoussèrent, et nos troupes continuèrent d'occuper la ville, ce qui fut pour les Italiens une cause de grande irritation contre la France.

Le clergé se retourne contre Napoléon III. — D'autre part le *pape* et le *clergé* ne savaient aucun gré à Napoléon III de ce qu'il faisait pour eux. Depuis 1859 ils le regardaient comme un traître et, en France, l'Église commençait à attaquer l'Empire, qu'elle avait soutenu jusque-là.

Voilà ce qu'il en coûtait déjà à Napoléon III de n'avoir pas été honnête homme. La fortune allait dès lors lui faire payer cher les faveurs qu'il lui avait extorquées.

QUESTIONNAIRE.

1. La Constitution de 1852 était-elle républicaine ?
2. Pourquoi Napoléon III fit-il la guerre de Crimée et à qui profita-t-elle ?
3. Pourquoi fit-il la guerre d'Italie ?
4. Qu'est-ce que la loi de sûreté générale ?
5. La formation de l'unité italienne a-t-elle été avantageuse à la France ?
6. Dans quelles circonstances eut lieu la seconde expédition de Rome ?
7. Pourquoi le clergé se tourna-t-il contre Napoléon III ?

CHAPITRE III

LE SECOND EMPIRE (Suite et fin) (1860-1870)

Sommaire. — Napoléon III fait quelques concessions au parti libéral, cherche à détourner l'attention de la France de la

(1) Garibaldi (né en 1807, mort en 1882) était un hardi chef de partisans, qui, dès sa jeunesse, s'était voué à la cause de la révolution italienne. Après avoir guerroyé plusieurs années en Amérique, il avait en 1849 commandé l'armée de la République romaine, puis pris une part importante à la guerre de 1859. En 1860, il s'était embarqué à Gênes avec mille hommes et en trois mois était parvenu à soulever le royaume des Deux-Siciles.

politique intérieure par des expéditions lointaines, mais se rend très impopulaire par la déplorable guerre du Mexique. Le triste état où il a laissé l'armée ne lui permet pas de s'opposer en 1866 aux agrandissements de la Prusse. Il est entraîné malgré lui à de nouvelles concessions libérales et, débordé par l'opposition, essaie de regagner la faveur populaire en déclarant la guerre à la Prusse. Mais il est en peu de jours vaincu sur tous les points et le désastre de Sedan est immédiatement suivi de la chute de l'Empire.

Premières concessions de Napoléon III. — Napoléon III, sentant que l'*Église* se détachait de lui, se mit bientôt à faire des avances au parti démocratique, accorda une *amnistie* aux exilés en 1859 et, en 1860, crut devoir rendre quelques libertés, bien faibles, il est vrai, aux députés du pays.

C'est ainsi qu'il donna au *Corps législatif* et au *Sénat* le droit d'exprimer chaque année par une *adresse* à l'Empereur leur sentiment sur la politique du gouvernement. Il créa des ministres *sans portefeuille*, qui devaient porter la parole en son nom dans ces deux Assemblées, dont les débats, en outre, purent dès lors être publiés en entier (24 novembre 1860).

Il renonça aussi quelque temps après à la toute-puissance qu'il avait eue sur les finances et donna aux députés quelques facilités nouvelles pour le vote du *budget* (1861).

Progrès de l'instruction publique. — D'autre part, il montra une certaine sollicitude — au moins apparente — pour l'instruction publique.

Le personnel enseignant qui dépendait de l'État avait été jusqu'à cette époque traité fort durement, surtout dans les lycées, parce qu'il avait des idées libérales.

Il le fut avec plus de bienveillance à partir de 1863, sous le ministère de M. **Duruy**, qui voulait que l'instruction se répandît le plus possible dans toutes les classes de la société. Ce ministre rétablit des enseignements supprimés, comme celui de la *philosophie*, en créa qui n'existaient pas, comme celui de l'*histoire contemporaine*, en développa d'autres, comme celui des *langues étrangères*, favorisa les conférences publiques, les *cours d'adultes*, créa des bibliothèques populaires, améliora la condition des instituteurs et s'efforça de multiplier les écoles de filles. Il eût voulu que l'*instruction primaire* devint *gratuite* et *obligatoire*. Mais cette grande réforme était réservée à la troisième République.

Progrès de l'opposition. — Les concessions tardives de Napoléon III étaient très manifestement dues à la peur. Elles ne lui firent pas pardonner le *coup d'État* par les *républicains*, qui ne rêvaient que de renverser l'Empire, et ils ne profitèrent naturellement des facilités nouvelles qui leur étaient offertes que pour l'attaquer.

Au Corps législatif, un petit groupe de *cinq députés*, dont le plus éloquent était **Jules Favre**, ne cessa de harceler le gouvernement à partir de 1860 et devint très populaire.

Après les élections générales de 1863, l'*opposition* dans cette assemblée comptait déjà trente-cinq membres, parmi lesquels des hommes très influents, comme **Thiers**, **Berryer**, **Jules Simon**.

Expéditions lointaines. Colonies. — Napoléon III essayait de distraire la France de la politique intérieure par des guerres et des conquêtes lointaines. Il avait déjà, au commencement de son règne, achevé, par la campagne de la *Grande Kabylie*, la soumission de l'*Algérie*, qu'il ne sut pas, il est vrai, très heureusement administrer. Il avait aussi fait occuper en Océanie la *Nouvelle-Calédonie* (1853). Il étendit, grâce au colonel **Faidherbe**, nos établissements du *Sénégal*. Les accroissements de notre marine militaire, dont il renouvela l'armement en créant une grande *flotte cuirassée*, lui permirent d'envoyer en 1860 une expédition en *Chine*. De plus, il acquit, de 1859 à 1863, dans l'Extrême-Orient, la *Cochinchine*, avec le protectorat du royaume de *Cambodge*, qui en est tout voisin. Il essayait ainsi de reconstituer cet empire colonial que les fautes de Louis XV et les traités de 1815 avaient jadis réduit à si peu de chose.

Il venait encore d'envoyer assez inutilement des troupes en *Syrie* (1861), quand il entreprit une nouvelle guerre, moins juste, plus coûteuse que les précédentes, et qui devait finir par un désastre honteux.

Guerre du Mexique. — Poussé par **Morny** et par l'impératrice, il attaqua, sous prétexte d'obtenir des indemnités pour quelques Français, le gouvernement républicain du *Mexique* (1862). Nos troupes, qu'il fallut renforcer plusieurs fois, étant entrées à *Mexico* (1863), il se mit en tête d'y fonder un empire et le donna à l'archiduc **Maximilien d'Autriche**, qui alla s'y établir, mais qui, comme le pape à Rome, ne pouvait s'y maintenir qu'avec l'appui de nos soldats, puisque la nation mexicaine ne voulait pas de lui (1864).

Bientôt, les *États-Unis* exigèrent que les troupes françaises quittassent le Mexique (1865-1866). Napoléon III, qui ne voulait pas de guerre avec cette puissance, obéit platement ; et **Maximilien**, qui, par amour-propre, n'avait pas voulu suivre nos soldats, fut pris et fusillé par les **Mexicains** (juin 1867). Tel fut le résultat d'une guerre

Mort de Maximilien au Mexique.

qui avait duré cinq ans, coûté à l'État beaucoup d'hommes et beaucoup d'argent et ruiné un grand nombre de Français.

Événements de 1866. — Du reste, ce n'était pas le seul. Notre armée désorganisée et affaiblie par cette expédition n'avait pas permis à Napoléon III, en 1866, lors de la grande guerre entre la Prusse et l'Autriche, d'intervenir, soit pour empêcher la Prusse de trop s'agrandir en Allemagne, soit pour obtenir au moins comme compensation des cessions de territoires à la France.

D'ailleurs **M. de Bismarck**, le grand ministre prussien, l'avait leurré de belles promesses pour qu'il restât neutre, ce qu'il fit.

Après la victoire de la Prusse, qui établit sa domination sur *toute l'Allemagne*, Napoléon III réclama plusieurs *provinces de la rive gauche du Rhin.* Comme on savait qu'il n'avait pas assez de troupes pour les conquérir et que, du reste, il était fort malade, on lui refusa tout, en se moquant de lui.

Affaire du Luxembourg. — Il ne put pas même obtenir en 1867 l'annexion du *Luxembourg*, qui lui était pourtant cédé par son souverain. La Prusse menaçait de l'attaquer, et il n'était pas prêt à se défendre. Il recula.

L'armée sous le second empire. — C'est ici le lieu de dire quelques mots de l'armée, que Napoléon III avait, par négligence et impéritie, laissée peu à peu s'affaiblir, se désorganiser, se corrompre, bien qu'elle fût le principal appui de son gouvernement.

Après le coup d'État, il avait presque entièrement supprimé la *garde nationale.* Elle n'avait été maintenue que dans quelques villes; tout le monde ne pouvait plus en faire partie et les officiers étaient nommés par le gouvernement.

L'*armée active* avait continué à se recruter en vertu de la loi de 1832. Le *remplacement* était maintenu. Seulement, sous prétexte d'y pourvoir, le gouvernement avait créé, en 1855, la *Caisse de dotation de l'armée.* Le conscrit qui voulait se faire remplacer n'avait qu'à y verser une certaine somme. Mais il arriva bien vite que l'État employa à d'autres usages les fonds de la caisse; les remplacements ne se firent plus et le nombre de nos soldats diminua rapidement.

Après 1866, quand on vit, un peu tard, quelle était la puissance militaire de la Prusse, on voulut reconstituer l'armée. De là, la loi de 1868, en vertu de laquelle les conscrits devaient tous servir : les uns, cinq ans dans l'*armée active* et quatre ans dans la *réserve*, les autres cinq ans dans ce qu'on appela la *garde nationale mobile.* Mais on admettait encore le remplacement dans l'armée active. Du reste, on ne mit pas grand zèle à appliquer cette loi; et la garde nationale mobile n'était pas encore de fait organisée au moment de la déclaration de guerre en 1870.

Certains changements avaient eu lieu sous l'Empire dans l'artillerie, où les obus, c'est-à-dire des projectiles creux destinés à éclater, avaient remplacé les boulets pleins, et où l'on avait commencé à se servir de *canons rayés*. Malheureusement la France s'était laissé devancer par la Prusse dans l'usage des canons se chargeant par la culasse et dans le perfectionnement des obus.

On avait depuis 1858 des *fusils rayés* dans toute l'armée. Mais, bien que les Prussiens se servissent du *fusil à aiguille* depuis 1841, nous ne l'adoptâmes nous-mêmes qu'en 1866.

Le gouvernement impérial ne s'était pas assez préoccupé de transformer la *tactique* et surtout de modifier les fortifications de nos places, ce qui était nécessaire depuis que la portée des canons avait plus que triplé ou quadruplé. C'est une négligence que nous avons payée cher en 1870 et 1871.

Nouvelles concessions de Napoléon III. L'Empire libéral. — Napoléon III comprenait bien que toutes les humiliations qu'il venait de subir l'avaient rendu fort impopulaire. Il se sentait presque perdu. Aussi crut-il devoir faire de nouveaux sacrifices à la démocratie.

C'est ainsi qu'en 1867 il consentit à ce que les membres du Corps législatif et du Sénat pussent, dans certains cas, *interpeller* ses ministres, c'est-à-dire les obliger de s'expliquer sur les actes du gouvernement, et à ce que les ministres allassent se défendre devant eux.

Puis, il lui fallut en 1868 consentir, d'une part, à ce que les journaux parussent sans autorisation et ne pussent plus être supprimés par l'administration; d'autre part, à ce que les conférences et les réunions publiques — non politiques — pussent avoir lieu sans permission, — mais sous la surveillance et l'autorité de la police.

L'opposition en 1869. — Le résultat de toutes ces concessions fut que les républicains purent l'attaquer ouvertement et qu'après les élections de 1869 l'opposition compta au Corps législatif 90 membres. **Gambetta**, le grand orateur, qui devait tant faire pour la *patrie* et pour la *République*, venait d'y entrer.

Nouvelle constitution (1870). — Napoléon III fit encore un pas de plus. D'accord avec le Sénat (1869-1870), il transforma presque entièrement la *Constitution de 1852*. Désormais les ministres devaient rendre compte de leurs actes devant les Chambres, qui pouvaient les forcer de se retirer ou les mettre en accusation. Le Corps législatif avait le droit de proposer des projets de loi et de discuter librement le budget. Enfin l'empereur paraissait accepter pleinement le *régime parlementaire*. Mais on remarquait qu'il ne voulait pas que certains de ses ministres, comme ceux de la guerre et de la marine, fussent soumis aux Chambres, qu'il prétendait toujours représenter personnellement la nation, avoir le droit de lui faire appel quand il le jugerait bon, etc. Aussi ne pouvait-on croire qu'il fût sincèrement converti à la liberté. Du reste, l'épreuve du nouveau régime ne dura que quelques mois.

Le ministère Ollivier et le plébiscite. — Napoléon III avait appelé au ministère des libéraux, d'anciens opposants, comme **Émile Ollivier** (2 janvier 1870).

Il fit approuver la nouvelle constitution par le suffrage universel, qui lui donna encore sept millions de voix (8 mai 1870). Mais on l'approuvait surtout parce qu'il disait qu'on resterait en paix, et juste à ce moment il ne songeait qu'à la guerre.

Déclaration de guerre à la Prusse. — Comme on le voyait vieux et malade, on se disait dans son entourage que, s'il venait à mourir, son fils ne régnerait pas, à moins que l'Empire n'eût remporté quelque beau succès militaire sur les *Allemands*.

On voulait donc les attaquer à tout prix. C'était de la folie. Car ils étaient formidablement armés et nous l'étions nous-mêmes fort mal. Nous n'avions ni arsenaux ni magasins, nos places n'étaient pas en état de défense, nos régiments n'avaient que la moitié de leur effectif, nous n'avions pas un corps d'armée organisé, et, si nos généraux étaient très braves, ils étaient aussi très présomptueux et très ignorants.

On fit cependant la guerre, sous prétexte d'empêcher un parent du roi de Prusse de devenir roi d'Espagne. Et on se mit dans son tort en ne se contentant pas des concessions que faisait le roi de Prusse. Les Allemands voulaient que Napoléon III eût l'air de les provoquer, de leur chercher querelle. Et il commit cette lourde faute.

Il commença la guerre sans aucune alliance. Il aurait pu avoir celle de l'*Autriche* et de l'*Italie*. Mais ces deux puissances ne voulaient pas marcher l'une sans l'autre et l'Italie mettait comme condition que nous lui laisserions prendre *Rome*.

Le *parti clérical* et l'*impératrice*, qui le représentait à la cour, empêchèrent jusqu'au bout Napoléon III de faire cette concession. C'est ce qui le perdit. Il paya en 1870 le mal qu'il avait fait en 1849. Malheureusement le châtiment qui lui était dû retomba aussi sur la France, qui était innocente.

Les premières défaites. — La guerre une fois déclarée (15 juillet), Napoléon III alla se mettre à la tête de son armée, qui était tout à fait insuffisante (deux cent mille hommes à peine), dans le plus grand désordre et la plus grande pénurie.

Il eut le tort de la disséminer sur une ligne de 80 lieues, en huit corps qui ne pouvaient se soutenir et dont les chefs étaient jaloux les uns des autres.

Les Allemands au contraire avaient déjà de trois à

Reichshoffen.

quatre cent mille hommes en campagne et marchaient serrés pour pouvoir nous écraser par le nombre.

Aussi, dès le 5 août, une division française fut-elle surprise et battue à *Wissembourg*.

Le 6, le corps de **Mac-Mahon** glorieusement défait à *Reichshoffen*, se retira en désordre. En quelques jours l'*Alsace* et la *Lorraine*, sauf les places fortes, furent occupées.

A ces nouvelles Paris et la France furent consternés. **Ollivier** renversé fut remplacé au ministère par le général **de Palikao** (10 août). L'Empereur, qui n'entendait rien à la guerre, dut cesser de commander.

Le maréchal **Bazaine** s'était retiré sous *Metz* avec la plus grande partie de nos forces. A la suite de violents combats, à *Borny*, à *Gravelotte* (14-16 août), il y fut complètement bloqué

Désastre de Sedan. — **Mac-Mahon**, qui avait rapidement réuni cent mille hommes à Châlons, reçut l'ordre de se porter à son secours. Il partit avec l'Empereur. Mais il perdit du temps, changea plusieurs fois de route. Bref, lui aussi se laissa cerner à *Sedan* ; là eut lieu le 1er septembre une bataille décisive, où il fut blessé et où nous eûmes le dessous.

On proposait à **Napoléon III** d'essayer de percer les lignes prussiennes. Il aima mieux se rendre au roi de

Napoléon à Sedan.

Prusse avec 86,000 soldats, 10 000 chevaux et 650 canons (2 septembre).

Ainsi finissait par la honte cet Empire qui avait commencé par le crime.

Voilà ce qu'il en coûtait à la France de n'avoir pas su garder sa liberté.

Révolution du 4 septembre. — A Paris, quand on apprit ce désastre, tout le monde se leva. L'impératrice, qui y était restée comme *régente*, prit la fuite. Le *Corps législatif* fut envahi par la foule; et les députés républicains de la Seine (**Jules Favre**, **Gambetta**, **Jules Ferry**, **Emmanuel Arago**, **Crémieux**, **Garnier-Pagès**, **Glais-Bizoin**, **Pelletan**, **Jules Simon**, **Ernest Picard**, **Rochefort**), allèrent à l'Hôtel de Ville, où ils formèrent le *gouvernement de la Défense nationale* (4 septembre 1870).

QUESTIONNAIRE.

1. Pourquoi Napoléon III fit-il, à partir de 1860, des concessions au parti libéral ?
2. Quel était son but en multipliant les expéditions lointaines et notamment en entreprenant la guerre du Mexique?
3. Quel fut le résultat de cette guerre ?
4. Pourquoi Napoléon III ne put-il rien obtenir de la Prusse après Sadowa ?
5. Qu'était devenue notre armée sous le second Empire ?
6. Qu'entend-on par l'*Empire libéral ?*
7. Pourquoi Napoléon III déclara-t-il la guerre à la Prusse ?
8. Dans qu'elles circonstances se produisit la Révolution du 4 septembre ?

CHAPITRE IV

LA TROISIÈME RÉPUBLIQUE
(Période de fondation)
(1870-1875)

SOMMAIRE. — Après la révolution du 4 septembre, le gouvernement de la *Défense nationale*, inspiré surtout par **Gambetta**, organise de nouvelles armées et dispute pendant cinq mois le sol national à l'étranger. Mais la France vaincue doit céder l'*Alsace-Lorraine* et payer 5 milliards à la *Prusse* (1871). Nos malheurs sont encore augmentés par la guerre civile de la Commune (mars-mai 1871). Thiers, appelé au pouvoir, assure l'évacuation de notre territoire et organise nos forces militaires. Le parti de l'*ordre moral* le renverse, il est vrai, le 24 mai 1873 pour l'empêcher de fonder la *République*. Mais l'Assemblée nationale ne peut réussir à créer un gouvernement monarchique et, après de longs débats, est obligée de donner à la France la constitution républicaine de 1875.

Le gouvernement de la Défense nationale. — A la nouvelle du désastre de **Sedan**, il n'y eut dans notre pays qu'un cri d'indignation contre **Napoléon III** et son gouvernement. Dans la plupart des villes le peuple se souleva dès le 4 septembre et prononça sa déchéance en acclamant la *République*. En un jour la France entière, saisie de dégoût, abandonna pour jamais l'*Empire*.

Il s'agissait maintenant de sauver l'*honneur national* par une vigoureuse résistance à l'invasion.

C'est la tâche que remplit le nouveau gouvernement.

Notre situation était alors presque désespérée. Les puissances étrangères, parmi lesquelles Napoléon III n'avait pas su se faire une seule alliée, furent sollicitées par **Thiers** d'intervenir en notre faveur : elles ne voulurent rien faire pour nous.

Jules Favre et Bismarck. — **Jules Favre** alla demander à M. **de Bismarck** à quelles conditions il ferait la paix. Le ministre prussien exigea dès cette époque (septembre 1870) l'**Alsace** et la **Lorraine.**

Jules Favre déclara, aux applaudissements de toute la France, que nous ne céderions *ni une pierre de nos forteresses ni un pouce de notre territoire.*

Proclamation de la République, 1870.

État de la France en septembre 1870. — Mais comment combattre ? Nos armées régulières étaient captives ou bloquées. Nous n'avions guère plus à mettre en ligne que la *garde nationale* et la *garde mobile*, des troupes sans expérience et presque sans armes.

L'ennemi était maître de **Strasbourg** (27 septembre). Il venait, après le combat de **Châtillon**, d'investir **Paris** ; enfin, **Crémieux**, **Glais-Bizoin** et **Fourichon**, délégués du gouvernement de la Défense nationale en province, n'avaient pu l'empêcher de s'emparer d'*Orléans*.

C'est alors que le gouvernement envoya à Tours Léon **Gambetta** avec pleins pouvoirs pour le représenter dans les départements.

Gambetta. Ses débuts. — **Gambetta**, fils d'un épicier

de *Cahors*, avait grandi dans la haine de l'*Empire* et du *despotisme*. Avocat à Paris, il s'était rendu populaire à la fin de 1868, en célébrant dans un procès retentissant la mémoire de **Baudin**, tombé en 1851 pour la défense des lois, et en flétrissant de sa haute éloquence les auteurs du *coup d'État*. Depuis, il était entré au Corps législatif comme député de Marseille et de Paris. Patriote et républicain, il voulait à la fois *délivrer son pays de l'invasion* et *fonder en France la liberté*. Son cœur était aussi généreux que son esprit était élevé. La France était pour lui, comme il le disait, une religion. Son ardeur et sa fougue ne l'empêchaient pas d'avoir la finesse et le bon sens d'un vieux politique. On peut

Gambetta.

Gambetta en ballon.

dire qu'il fut pendant plusieurs mois l'âme de la patrie.

Gambetta et les nouvelles armées. — Il ne put sortir de *Paris* qu'en ballon (8 octobre). Arrivé à *Tours*, où il s'établit pour organiser la défense, il appela auprès de lui des aides pleins de zèle et de talent, notamment M. **de Freycinet**, qui rendit alors de grands services dans la création des *nouvelles armées* et dans la direction de la guerre.

Grâce à eux, il sut en quelques semaines, à la grande surprise des Allemands, lever, équiper, armer d'énormes quantités de troupes.

L'armée dite **des Vosges**, commandée par **Garibaldi**, qui était venu nous offrir ses services, fit campagne en *Bourgogne*, où elle se maintint glorieusement jusqu'à la fin de la guerre.

Garibaldi.

L'armée **de la Loire**, sous d'**Aurelle de Paladines**, battit les Bavarois à **Coulmiers** (9 novembre) et reprit Orléans.

Malheureusement, ce général indocile ne voulut pas, pendant plusieurs semaines, poursuivre sa marche en avant.

Trahison de Bazaine. — Or la *trahison* de **Bazaine** (1), qui, sans avoir rien fait pour débloquer **Metz**, venait de livrer cette place avec toutes ses forces (173 000 hommes, 3 000 chevaux, 1 665 canons, 278 000 fusils, etc.), venait de

(1) La conduite de ce maréchal avait déjà été très suspecte au Mexique, où il avait grandement contribué à la perte de Maximilien. — S'il resta dans l'inaction à Metz, c'est qu'il voulait conserver son armée, à la tête de laquelle il espérait que les Allemands le laisseraient se retirer dans l'intérieur de la France et dont il comptait se servir pour s'emparer du gouvernement. Les ennemis l'entretinrent longtemps dans cette illusion, puis, quand ils virent qu'il n'avait plus de vivres, exigèrent qu'il se rendit sans conditions. — Bazaine fut plus tard (1873) jugé par un conseil de guerre et condamné à mort. Son exécution eût été d'un salutaire exemple. Mais sa peine fut commuée en détention perpétuelle, et on le garda si négligemment qu'au bout de quelques mois il parvint à s'évader.

permettre à l'armée qui l'avait assiégé de marcher au secours des Bavarois.

Nouveaux malheurs. — D'autre part, le général **Trochu**, qui commandait à **Paris** et qui ne voulut ou ne sut jamais utiliser le bon vouloir des quatre ou cinq cent mille gardes mobiles et gardes nationaux dont il disposait, venait d'échouer dans une tentative de sortie à **Champigny** (30 novembre-2 décembre).

Il en résulta que d'**Aurelle de Paladines** fut écrasé à **Patay et Artenay** (2-3 décembre), qu'il reperdit Orléans et que son armée fut coupée en deux par l'ennemi

Mobile de 1870.

Gambetta à Bordeaux. — **Gambetta** dut se transporter avec son gouvernement a *Bordeaux*. Mais il ne renonça pas à la lutte.

Derniers efforts de nos armées — Il put encore organiser trois armées : celle **du Nord**, qui, sous **Faidherbe**, battit les Allemands à **Bapaume** et les empêcha d'arriver à Lille ; la **seconde armée de la Loire**, commandée par **Chanzy**, qui, reculant pas à pas vers l'Ouest, fit subir des pertes énormes aux Allemands ; et l'**armée de l'Est**, que **Bourbaki** devait mener en *Alsace* pour débloquer *Belfort* et menacer l'ennemi de lui couper la retraite.

Mais une panique fit perdre à **Chanzy** la grande bataille du **Mans** (10-12 janvier 1871). **Bourbaki**, défait à **Héricourt** (15-18 janvier), se laissa refouler en *Suisse*, où ses troupes furent désarmées. Dans le même temps, Faidherbe subissait aussi un échec à Saint-Quentin. Trochu n'était pas plus heureux à **Buzenval** (19 janvier). Enfin Paris, qui n'avait plus de vivres, devait capituler (28 janvier), et le *gouvernement de la Défense nationale*, qui y était enfermé, avait le tort de signer un armistice non seulement pour cette ville, mais pour toute la France.

Gambetta et l'Assemblée nationale. — Gambetta voulait toujours continuer la lutte. Il avait encore six cent mille hommes à mettre en campagne, de l'artillerie, de l'argent. Mais tout le monde en France était découragé. On ne l'écouta pas, et il renonça au pouvoir.

La France élut, le 8 février 1871, une *Assemblée nationale*, qui se réunit à *Bordeaux* et qui commença par confier le gouvernement à **Thiers**, parce qu'elle savait qu'il voulait la paix.

Paix avec l'Allemagne. — En effet Thiers en conclut les préliminaires le 1er mars et le traité définitif fut

Le Mont Valérien.

signé à **Francfort** le 10 mai suivant. Par ce traité, qui est encore aujourd'hui le deuil de la France, nous devions payer aux Allemands *cinq milliards*, les laisser occuper pour trois ans à nos frais nos *départements de l'Est*, enfin, ce qui était plus douloureux encore, leur céder **Metz, une partie de la Lorraine et toute l'Alsace**, moins la vaillante ville de **Belfort**, que le colonel Denfert-Rochereau défendit jusqu'à la fin de la guerre et que nous pûmes heureusement conserver.

La Commune. — A tous ces désastres succéda la *guerre civile*. L'*Assemblée nationale* était en majorité royaliste et elle affichait hautement sa haine de la République. Une partie de la population de Paris, craignant une restauration monarchique et cédant aussi à de funestes entraînements, se souleva le 18 mars contre l'*Assemblée*, qui s'était transportée à *Versailles*, où le

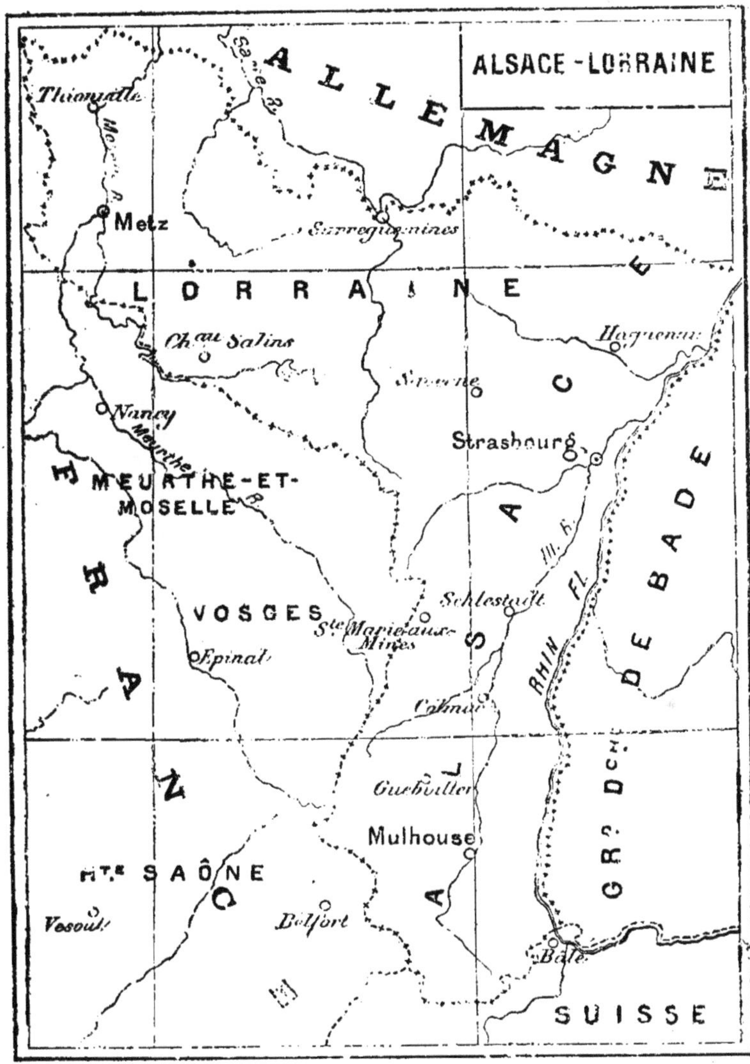

gouvernement dut se réfugier. Paris fut gouverné par une autorité insurrectionnelle, qui s'appela la **Commune**.

C'est alors qu'eut lieu une *guerre civile*, que la présence des Prussiens rendit encore plus douloureuse et plus funeste. Le second *siège de Paris* dura deux mois, et, quand les troupes du gouvernement rentrèrent dans la capitale, elle fut pendant huit jours (21-28 mai) ensanglantée par d'affreux combats. Les incendies et les exécutions ordonnés par la Commune, les terribles rigueurs de l'armée victorieuse, l'effusion du sang français, rendent le souvenir de cette époque odieux aux bons citoyens. Un très grand nombre d'insurgés furent fusillés. Plus de dix mille, condamnés ensuite par les *Conseils de guerre*, furent *déportés* et beaucoup ne purent rentrer en France qu'en 1880.

Glorieuse capitulation de Denfert-Rochereau.

Thiers et l'évacuation du territoire. — Thiers s'occupa ensuite de nous refaire des *finances*, une *armée*, des *places fortes*. Sa tâche la plus pénible fut d'assurer le paiement de la rançon promise aux Allemands. Il y réussit et, grâce aux deux *emprunts* de 1871 et 1872, nos ennemis, payés plus tôt qu'ils n'espéraient l'être, durent achever, dès le mois de septembre 1873, d'*évacuer notre territoire*.

Réorganisation militaire de la France. — Dans le même temps, Thiers travaillait avec ardeur à donner à la France une organisation militaire en rapport avec ses besoins et avec son nouveau régime politique.

Dans un pays où tous les citoyens sont égaux et où tous sont électeurs, il faut aussi que tous soient soldats.

Grands et petits, riches et pauvres doivent également défendre leur patrie.

La *loi de 1872* était déjà un grand progrès. Elle décidait que les conscrits serviraient cinq ans dans l'*armée active*, quatre dans la *réserve de l'armée active*, cinq dans l'*armée territoriale* et six dans la *réserve de cette dernière*. Mais elle autorisait une moitié d'entre eux à ne faire qu'un an de service actif; en outre un certain nombre de jeunes gens pouvaient jouir du même avantage, s'ils étaient bacheliers ou s'ils passaient un examen et s'ils versaient une somme de 1 500 fr.

Thiers.

Cette loi constituait encore une charge trop lourde pour les uns, un *privilège* injuste pour les autres. Elle n'était pas assez démocratique, et elle demandait des améliorations qui lui ont été apportées depuis.

Il ne suffit pas d'avoir beaucoup de soldats ; il faut aussi savoir s'en servir. Instruite par ses désastres, la France a voulu depuis 1871 que son armée fût toujours prête à entrer en campagne. Elle en a formé *dix-huit corps* (sans compter le 19e, qui est en *Algérie*), qui occupent chacun une région déterminée, qui sont toujours organisés et qui pourraient en quelques jours être mobilisés, c'est-à-dire marcher à l'ennemi avec tous leurs hommes et tout leur matériel.

Elle a compris l'emploi que l'on pouvait faire à la guerre des découvertes modernes. Elle a créé, par exemple, des compagnies militaires de *chemins de fer*, de *télégraphistes*, d'*aérostiers*, etc. Elle a institué de nouvelles écoles militaires. Enfin, grâce à des camps retranchés et à des forteresses dont la construction a coûté plusieurs milliards, elle a rendu presque impossible aux armées étrangères de forcer notre frontière ou de bloquer notre capitale.

Accroissement de notre marine. — La préoccupation de notre défense du côté de la terre n'a pas empêché la République d'augmenter et de perfectionner chaque année nos forces maritimes. D'énormes dépenses ont été faites depuis vingt ans pour reconstituer notre *flotte cuirassée*, à laquelle ont été joints il y a peu d'années un grand nombre de *torpilleurs*.

Thiers et l'Assemblée nationale. — Cette œuvre patriotique, à laquelle Thiers s'était consacré avec toute l'activité d'un jeune homme, n'était pas encore achevée, quand il fut écarté du pouvoir. L'*Assemblée de Versailles*, qui s'était servie de lui pour faire la paix et pour assurer l'évacuation de notre territoire, se hâta de le renverser dès qu'elle crut n'avoir plus absolument besoin de son concours.

Cette Assemblée avait été élue en un jour où la France ne savait trop ce qu'elle faisait. Car, bien que le pays voulût la *République*, il l'avait composée pour les deux tiers de *réactionnaires* qui la haïssaient.

Cette majorité, en donnant le pouvoir à Thiers, avait pensé qu'ancien ministre de Louis-Philippe, il travaillerait en dessous, avec elle, à rétablir la monarchie.

Mais Thiers, outre qu'il ne voulait plus être au second rang, était assez bon *patriote* pour comprendre qu'agir ainsi, c'était exposer notre pauvre France à de nouvelles révolutions, et que la *République* seule pouvait lui donner l'ordre, le repos et la prospérité.

Dès que la majorité s'aperçut qu'il voulait fonder définitivement la République, elle commença à l'attaquer avec autant d'ingratitude que de violence.

Chute de Thiers. Mac-Mahon président. — Le 24 mai 1873, elle le renversa du pouvoir et le remplaça par le maréchal de **Mac-Mahon**, brave militaire, mais politique peu avisé, grâce auquel elle espérait pouvoir préparer tranquillement une nouvelle *Restauration* de la royauté.

Gouvernement de l'« Ordre moral ». — Cette majorité était très *cléricale*. Aussi favorisa-t-elle l'Église de toutes façons, tant au dedans qu'au dehors. Le résultat le plus clair de sa politique fut de nous brouiller avec l'*Italie*, qui s'était emparée de *Rome* en 1870 et que le parti au pouvoir en France menaçait de reprendre cette ville pour la rendre au *pape*, comme en 1849.

Elle se vantait de représenter en France l'*ordre moral.* Et c'était elle seule qui le troublait.

Les partis en 1873. — Elle se composait, heureusement pour la République, de trois partis qui s'entendaient à peu près pour la combattre, mais dont chacun ne voulait rétablir la monarchie que pour lui seul.

Les *légitimistes* voulaient mettre sur le trône, sous le nom de **Henri V**, le **comte de Chambord**, petit-fils de Charles X.

Les *orléanistes* étaient partisans du **comte de Paris**, petit-fils de Louis-Philippe.

Enfin les *bonapartistes* comptaient rétablir l'*Empire* en faveur de **l'ex-prince impérial**, fils de Napoléon III (ce dernier était mort en Angleterre le 9 janvier 1873).

Affaire de la « fusion.» — Un moment les orléanistes, qui représentaient la monarchie constitutionnelle, semblèrent près de s'entendre avec les légitimistes. Le comte de Paris, dont le bisaïeul avait voté la mort de **Louis XVI** (1), dont l'aïeul avait volé sa couronne à Charles X et déshonoré la mère du comte de Chambord, alla s'humilier devant ce dernier, afin que celui-ci, qui n'avait pas d'enfants, voulût bien le reconnaître pour son héritier.

Mais le comte de Chambord déclara que, s'il devait être roi, il ne voulait pas qu'on lui fît de conditions à l'avance et qu'il entendait rentrer en France avec le *drapeau blanc* (2).

La *fusion* ne fut plus possible. L'Assemblée, en attendant mieux, dut se contenter de décider que le maréchal de Mac-Mahon exercerait ses pouvoirs pendant sept années (novembre 1873).

Politique de Thiers et de Gambetta. — Comme les trois partis réactionnaires s'entendaient de moins en moins, comme le nombre des républicains grossissait de plus en plus dans l'Assemblée, **Thiers** et **Gambetta**, qui maintenant marchaient d'accord, travaillèrent avec le plus grand succès, pendant l'année 1874, à discipliner leurs amis et à profiter de la désunion de leurs adversaires.

(1) Le comte de Paris est l'arrière-petit-fils du duc d'Orléans qui prit en 1792 le nom de *Philippe-Égalité*, se conduisit en démagogue forcené et, député à la Convention, vota la mort de son parent Louis XVI.

(2) Le drapeau blanc est aux yeux de la France l'emblème de l'ancien régime et de la contre-révolution. Sa réapparition dans notre pays aurait été le signal de la guerre civile. Mac-Mahon disait lui-même à cette époque que, s'il était arboré à une fenêtre, tandis que le drapeau tricolore flotterait en face, les *chassepots partiraient d'eux-mêmes.*

Triomphe de la République.— Ils amenèrent enfin cette Assemblée, qui ne pouvait fonder de monarchie d'aucun genre, à constituer en 1875 une *République*, qu'elle espérait, il est vrai, renverser un jour, mais que les républicains tenaient en attendant et qu'ils ont toujours su garder depuis.

Constitution de 1875. — La Constitution de 1875 est encore aujourd'hui la nôtre. Il est vrai qu'elle a été plusieurs fois un peu retouchée (notamment en 1884). Elle partage les pouvoirs entre un haut magistrat, appelé le *Président de la République*, et deux assemblées, le *Sénat* et la *Chambre des députés*.

Le *Président* est nommé pour sept ans par les deux Assemblées réunies. Au bout de ses sept ans il peut être réélu.

Il nomme les *ministres*, mais il ne doit rien ordonner sans eux, et ils sont *responsables* devant les Chambres, ou Assemblées, c'est-à-dire que celles-ci peuvent leur demander compte des actes du gouvernement, les obliger à se retirer et même les mettre en accusation.

Le Président et les membres des deux Chambres peuvent également proposer des projets de loi. Mais aucune loi n'est valable que si elle a été votée par les deux Chambres.

Si le Président et les ministres ne s'entendent pas avec la Chambre des députés, ils peuvent la dissoudre, mais seulement avec la permission du Sénat, et ils doivent en faire élire une autre à bref délai.

Le Sénat se compose de 300 membres, dont au début 75 avaient été nommés par l'Assemblée nationale pour toute leur vie et devaient être remplacés quand il y aurait lieu par le Sénat lui même. Depuis 1884 tous les Sénateurs sont élus par les départements. Ils le sont pour neuf ans et tous les trois ans un tiers des départements procède à ses élections. Dans chaque département les sénateurs à nommer sont élus par les *députés*, les *conseillers généraux*, les *conseillers d'arrondissement* et les *délégués* des *conseils municipaux*.

LaChambre des députés est renouvelée tous les quatre ans. Ses membres sont élus directement par le *suffrage universel*, à raison d'un par arrondissement et par cent mille habitants.

On voit que, sous le régime actuel, c'est la nation qui est vraiment souveraine et qui se gouverne elle-même, puisque rien ne se fait, directement ou indirectement, que par ses élus.

QUESTIONNAIRE.

1. Quelle fut la tâche du gouvernement de la Défense nationale?
2. Quelle était la situation de la France en septembre 1870?
3. Origine et débuts de Gambetta.
4. Par quelles armées la France fut-elle défendue à la fin de 1870? En nommer les généraux.
5. Pourquoi Gambetta se transporta-t-il à Bordeaux?
6. Quel fut le résultat de ses derniers efforts?
7. A quelles conditions la France dut-elle traiter en 1871
8. Qu'est-ce que la *Commune?*
9. A quoi s'appliqua Thiers pendant son gouvernement de 1871 à 1873?
10. Pourquoi fut-il renversé?
11. Comment l'Assemblée anti-républicaine de 1871 fut-elle amenée à fonder la République?
12. Qu'est-ce que la Constitution de 1875? En expliquer le mécanisme et le fonctionnement.

CHAPITRE V

LA TROISIÈME RÉPUBLIQUE
(Période constitutionnelle)
(1875-1894)

SOMMAIRE. — Les *monarchistes* et les *cléricaux* essaient encore vainement sous **Mac-Mahon** (1877) de renverser la République, qui s'affermit sous **Grévy** (1879) et sous **Carnot** (1887) par le développement des libertés intérieures, par les progrès de l'instruction, par l'amélioration de notre régime militaire et par l'accroissement de notre puissance au dehors. De fâcheuses divisions permettent au général **Boulanger**, secondé par la réaction, de la troubler encore pendant quelque temps (1887-1889), mais elle triomphe encore de ses ennemis et les réduit enfin tous à une entière soumission. **Carnot**, odieusement assassiné, est remplacé par **Casimir Périer**.

Retour offensif de l'«Ordre moral».—Malgré l'établissement de la nouvelle constitution, les adversaires de la République n'avaient pas renoncé à leurs espérances. Les deux Assemblées qu'elle avait instituées furent élues pour la première fois en 1876. Le *Sénat* fut d'abord réactionnaire. Mais la *Chambre* fut en très grande majorité républicaine.

Les partis *monarchistes* et *cléricaux*, qui avaient encore beaucoup d'influence sur le maréchal de **Mac-Mahon**, parvinrent à la faire dissoudre en 1877, et un ministère dirigé par MM. **de Broglie** et **de Fourtou** travailla de toutes ses forces à amener des élections défavorables à la République.

Il échoua complètement. **Thiers** mourut au milieu de cette crise. Mais **Gambetta**, plus populaire que jamais, soutint et fit triompher la cause républicaine.

La France ne voulait pas de ce qu'elle appelait le *gouvernement des curés*. Elle le prouva bien par les élections du 14 octobre 1877. On songea, dans l'entourage du maréchal, à un *coup d'État*. Mais on comprit bien vite que l'armée ne marcherait pas.

Nouveau triomphe de la République.— Gambetta avait dit que le Président de la République devrait *se soumettre ou se démettre*. Il se soumit d'abord en prenant un ministère républicain (déc. 1877). Et il se démit ensuite, quand, grâce à de nouvelles élections, la majorité du Sénat eut cessé d'être réactionnaire (janvier 1879).

Présidence de Grévy. — **Jules Grévy**, vieux et ferme républicain, fut alors appelé à la Présidence.

On put, dans les années qui suivirent, voter ou préparer de bonnes lois démocratiques et entreprendre de grands travaux d'utilité publique.

Développement des libertés publiques. — Le suffrage universel, que les hommes de l'*Ordre moral* avaient essayé de séduire ou de violenter, recouvra toute sa liberté.

Le *droit de réunion*, rétabli en 1875, a été encore considérablement étendu depuis cette époque. La loi a assuré en 1884 aux corps de métiers celui de former des associations ou *syndicats professionnels* pour la défense de leurs intérêts particuliers.

La *presse*, si durement traitée sous l'Empire, est devenue absolument libre, surtout grâce à la loi de 1881, c'est-à-dire que nul n'est empêché de fonder un journal et d'y soutenir la politique qui lui plaît. L'écrivain qui viole la loi est poursuivi devant le *jury* ; il est jugé par ses concitoyens. Comme il ne faut plus ni fournir de *cautionnement* ni payer de *timbre*, les journaux peuvent être vendus à très bon marché. Un très grand nombre ne coûtent qu'un sou. Aussi sont-ils extraordinairement répandus. Il n'y a pas un village où l'on ne soit ainsi chaque jour instruit des affaires publiques.

Progrès de l'instruction publique. — Comme le suffrage universel est maître de la France, il faut qu'il sache ce qu'il fait et par conséquent qu'il soit instruit.

Il n'y a pas eu de gouvernement en France qui ait plus fait pour l'*instruction du peuple* que la troisième République. Elle dépense cent millions par an pour l'enseignement primaire, tandis que la Restauration n'y consacrait que cinquante mille francs.

Elle a voulu que chaque commune eût au moins *deux écoles*, une de garçons et une de filles ; et elle les a voulues salubres, grandes et bien bâties.

Chaque département a maintenant ses *écoles normales* d'instituteurs et d'institutrices. Deux *écoles normales supérieures* (celles de Saint-Cloud et de Fontenay) leur fournissent des professeurs.

L'enseignement primaire est depuis 1881 et 1882 *gratuit*, parce qu'il ne faut pas que les pauvres soient empêchés de s'instruire ; *obligatoire*, parce que dans un pays où tout le monde vote, il faut que tout le monde sache lire et écrire ; *laïque*, parce que la religion a sa place à l'église et non à l'école, et que l'instituteur ne doit pas avoir la charge d'un prêtre.

La République a créé un grand nombre d'écoles primaires *supérieures*, où l'on reçoit une instruction plus étendue que dans les simples écoles communales.

Dans l'enseignement *secondaire*, qui est encore plus élevé, elle a fondé beaucoup de *lycées* nouveaux, rendu les études plus pratiques et plus utiles, et mis l'instruction à la portée des femmes en instituant des *lycées* et des *collèges de jeunes filles*.

Sans porter atteinte à la liberté légitime, elle a interdit le droit d'enseigner à des *congrégations religieuses* qui, comme celle des *Jésuites*, n'existent qu'au mépris des lois.

Elle a généreusement développé l'enseignement supérieur, c'est-à-dire celui des *Facultés*, créé des cours et des écoles que la science réclamait, et rendu partout le travail plus libre et plus actif.

Enfin, elle a donné à l'*Université* le droit de se gouverner pour ainsi dire elle-même par les *Conseils académiques*, les *Conseils généraux des facultés* et le *Conseil supérieur de l'instruction publique*, qui sont élus par elle.

Nouvelle loi militaire. — La République a aussi puissamment développé l'œuvre d'organisation militaire entreprise sous le gouvernement de Thiers.

La *loi de 1889*, plus équitable, plus républicaine que celle de *1872*, porte que tous les conscrits, sauf les exemptés et les dispensés (qui devront payer une taxe à l'État) et sauf un petit nombre de jeunes gens auxquels une trop longue interruption de leurs études serait funeste et auxquels on n'impose qu'un an de service actif, feront *trois ans* de service dans l'armée active, puis sept ans dans sa réserve, six ans dans l'armée territoriale et neuf ans dans la réserve de cette armée.

De cette façon le service dure en tout vingt-cinq ans au lieu de vingt, et la France peut réunir un bien plus grand nombre de soldats. Elle en aurait ainsi en totalité plus de *3,700,000* en cas de besoin.

Division du parti républicain. — Après son triomphe sur l'*Ordre moral*, le parti républicain commença malheureusement à se diviser. Il y eut d'un côté les *opportunistes*, qui marchaient toujours derrière **Gambetta**, de l'autre, les *radicaux*, qui avaient pour principal chef **M. Clémenceau.**

Fin de Gambetta. — **Gambetta**, appelé au ministère (1881), n'y resta que fort peu de temps. Il mourut jeune encore, le 31 décembre 1882, pleuré de la France, qui lui fit de solennelles funérailles (1).

Les prétendants. — Sa mort enhardit les prétendants au trône, surtout les bonapartistes. Le **prince impérial** avait péri à vingt-trois ans dans le *Zoulouland* en 1879. C'était maintenant le prince **Jérôme**, cousin de Napoléon III, qui visait à rétablir l'Empire.

On le mit quelque temps en prison (1883) et on n'eut pas de peine à l'obliger à rester tranquille. Du reste, son propre fils, **Victor**, ne tarda pas à se séparer de lui et à se poser pour son propre compte en prétendant.

Mais, le **comte de Chambord** étant mort en août 1883, la plupart des légitimistes se rallièrent aux **princes d'Or-**

(1) Plusieurs monuments ont été élevés à sa gloire, tant à Paris que dans les départements. Il n'est presque pas une de nos villes où son nom n'ait été donné à une place ou à une rue.

léans, qui devinrent plus redoutables que par le passé.

La division entre les républicains ne faisait malheureusement que s'aggraver.

Ministère Ferry. Politique coloniale. — Le ministère fut longtemps dirigé par **Jules Ferry**, que les radicaux combattaient vivement. Sans parler de plusieurs réformes intérieures, auxquelles il avait attaché son nom, il voulait surtout accroître la *puissance coloniale* de la France. Dès 1881, il avait établi notre protectorat **sur la Tunisie** par le *traité du Bardo.* Puis il entreprit la conquête du **Tonkin**, qui fut plus difficile qu'il ne l'avait

Le traité du Bardo.

pensé (1883), mais qui s'opéra néanmoins. Il travaillait aussi à faire reconnaître le protectorat français à **Madagascar**.

Toutes ces expéditions coûtaient cher. Les radicaux reprochaient à Ferry d'affaiblir la France, disant qu'elle avait besoin de toutes ses forces contre l'Allemagne. Ils parvinrent à le renverser, à la nouvelle d'un échec militaire éprouvé par nos armes au Tonkin (mars 1885).

Nouvelles intrigues des prétendants. — Les élections qui eurent lieu quelque temps après (octobre), encouragèrent quelque peu les ennemis de la République.

Les princes s'agitèrent. Le **comte de Paris** se comportait notamment comme un véritable prétendant.

On fut obligé d'expulser de France les chefs des familles qui avaient autrefois occupé le trône et leurs fils aînés (1886).

Mais à peine s'était-on pourvu contre ce danger qu'on faillit tomber dans un pire.

Le Boulangisme. — Le général **Boulanger**, ministre de la guerre, militaire très obscur, sans talents véritables, qui n'avait pour lui que sa belle prestance et une ambition éhontée, séduisit une partie du peuple français par ses fanfaronnades, parla imprudemment de guerre, de revanche, etc.

Il compromit si fort le gouvernement qu'il fallut l'écarter du ministère (1887).

Il se mit alors à conspirer avec les pires ennemis de la République, les *cléricaux*, les *orléanistes*, les *bonapartistes*. On dut lui enlever son commandement militaire et, après jugement, le mettre à la retraite (1888).

Présidence de Carnot. — Par suite de scandales dont il était innocent, mais qui avaient rejailli jusque sur lui, **Grévy** avait donné sa démission. Il avait été remplacé comme président de la République, en décembre 1887, par **M. Carnot.**

Ce dernier, petit-fils du célèbre Carnot, portait un grand nom républicain et le portait dignement. Sa présence au pouvoir contribua beaucoup à arrêter le *boulangisme*, parti d'aventuriers qui ne pouvaient inspirer confiance aux honnêtes gens.

Fin du Boulangisme. — Boulanger se fit élire député dans plusieurs départements, et même à Paris, proposa de changer la constitution, répandit beaucoup d'argent. Il aspirait si visiblement à la *dictature* qu'on dut enfin couper court à ses menées en lui faisant son procès.

Il prit aussitôt la fuite (avril 1889). Quelque temps après (août), il fut condamné à la *déportation* avec deux de ses complices.

Les élections de 1889, sur lesquelles cette faction avait compté, tournèrent à sa confusion. Depuis, **Boulanger** a fini misérablement par le suicide dans un cimetière, près de Bruxelles (1891).

Affermissement de la République. — Les adversaires de la République ne se sont pas encore tenus tout à fait pour battus. En 1890, le jeune **duc d'Orléans**, fils du comte de Paris, est rentré en France malgré la loi de 1886 qui lui interdisait notre territoire. Justement condamné, il a été, après quelques mois de prison, recon-

Cliché Pierre Petit.

M. Carnot, tué président de la République le 24 juin 1894.

duit à la frontière, et il n'est pas probable qu'il recommence, bien que, depuis la mort de son père (septembre 1894), il se soit posé à son tour en prétendant au trône de France.

Plus récemment, à la fin de 1892, à propos de quelques hommes politiques qui s'étaient laissés corrompre par les entrepreneurs du *Canal de Panama*, les adversaires du gouvernement se sont encore coalisés à grand bruit contre la République, qu'ils ont pendant plusieurs mois accablée d'outrages et de menaces. Elle n'en a pas moins triomphé avec éclat aux dernières élections générales (août-septembre 1893).

Cliché Pierre Petit

M. Félix Faure, président de la République.

Ses ennemis, après tant d'échecs, commencent à déclarer qu'ils se rallient à elle. C'est le parti le plus sage qu'ils aient à prendre.

Assassinat de M. Carnot. Élections de M. Casimir Perier et de M. Félix Faure. — M. Carnot, magistrat populaire, était presque au terme de son mandat, dont il n'entendait ni demander ni accepter le renouvellement, quand il fut assassiné à Lyon (24 Juin 1894), au milieu d'un fête publique, par un odieux fanatique italien, nommé Caserio. La France et le monde civilisé le pleurèrent. La République lui fit des funérailles nationales et lui décerna les honneurs du Panthéon, que son aïeul avait déjà reçus en 1889.

Ce tragique événement n'ébranla pas, d'ailleurs, nos institutions. Dès le 27 juin, sans aucun trouble, la Chambre des Députés et le Sénat, réunis en Assemblée nationale à Versailles, nommèrent président de la République M. Jean **Casimir Perier** (petit-fils du ministre de Louis-Philippe). Plus récemment, ce dernier ayant cru devoir se démettre, l'élection de son successeur, M. **Félix Faure** (député du Havre et ministre de la marine) s'est également accomplie dans un calme parfait.

Bienfaits de la République. — La République nous a donné la paix, l'ordre et la liberté. Elle a rétabli l'armée, les finances de l'État, reconstitué par de formidables travaux la défense du pays. Nous lui devons de grandes et riches colonies (**Tunisie, Tonkin**) qui se sont encore accrues dans ces dernières années par notre établissement au **Congo**, par l'extension de nos possessions du **Sénégal** jusqu'au Niger et par l'occupation du royaume de Dahomey (1892-1894) et de Tombouctou. Actuellement (1895), elle revendique les armes à la main les droits de la France sur la grande île de **Madagascar**.

Si en Europe nous sommes toujours menacés par la triple alliance de l'*Allemagne*, de l'*Autriche* et de l'*Italie*, le gouvernement actuel prépare l'alliance de la *France* et de la *Russie*, qui serait plus que suffisante pour y faire contre-poids.

On voit tout ce que le régime républicain a fait pour la France au dedans et au dehors. Calme, forte et libre sous sa protection, l'on comprend qu'elle n'en veuille plus d'autre.

QUESTIONNAIRE.

1. Que firent les ennemis de la République pour la renverser en 1877?
2. A quelle époque la République commença-t-elle a s'affermir?

3. Comment les libertés publiques s'affermirent-elles à partir de 1879?
4. Qu'est-ce que la République a fait pour l'enseignement?
5. En quoi la loi militaire de 1889 constitue-t-elle un progrès?
6 Quels furent les premiers résultats de la division du parti républicain?
7. Dites ce que vous savez du ministère Ferry.
8. Qu'était-ce que le général Boulanger? Racontez ses intrigues et sa fin.
9. De quelles difficultés la République a-t-elle encore triomphé?
10. Comment périt M. Carnot? Quels ont été ses successeurs?
11. Qu'est-ce que la France doit à la République?

CHAPITRE VI

LES LETTRES, LES ARTS ET LES SCIENCES

Depuis 1848 jusqu'à nos jours.

SOMMAIRE. — La *poésie* brille surtout, grâce à **Victor Hugo**. L'*art dramatique* se transforme avec **Augier**, **Dumas fils**, **Sardou**, le *roman* avec **Daudet**, **Zola**, etc.; l'*éloquence judiciaire* et *politique* brille d'un très vif éclat. L'*histoire* étend ses recherches et devient de plus en plus savante.

L'*architecture* se fait remarquer par la grandeur et la hardiesse de ses constructions. La France tient toujours le premier rang pour la *sculpture*. En *peinture*, elle produit de nouvelles écoles. En *musique*, elle continue à s'inspirer de l'étranger.

Dans l'ordre *scientifique*, la France s'illustre par de grandes découvertes, notamment par celles de **Pasteur** et par les applications qu'elle en fait. Il en résulte pour elle un accroissement rapide de production agricole et industrielle, ainsi que de puissance commerciale, et, par suite, un notable accroissement de la richesse publique.

Les lettres. — De 1848 à 1870, la *littérature proprement dite* n'aurait pas brillé en France d'un très vif éclat, si plusieurs grands écrivains de l'époque précédente, encore vivants, n'eussent produit des œuvres nouvelles, égales en valeur à celles de leur jeunesse. Sous la troisième République, il semble que la liberté lui ait donné une énergie et une activité nouvelles.

Poètes. — **Victor Hugo** n'a jamais été plus grand poète que dans ce recueil des *Châtiments*, qu'il publia au commencement de l'Empire et où il flétrissait avec tant d'éloquence et tant d'énergie l'auteur du coup d'État.

Expulsé de France comme républicain, il avait juré de

Victor Hugo.

n'y rentrer qu'avec la République. En effet, il resta près de dix-neuf ans en exil (1). Mais il ne se laissa pas oublier,

(1) Dans une des plus belles pièces des *Châtiments*, le poète s'exprimait ainsi à propos des exilés de décembre 1851, dont quelques uns avaient faibli :

S'ils ne sont plus que mille, eh ! bien, j'en suis ; si même
Ils ne sont plus que cent, je brave encore Sylla ;
S'il en demeure dix, je serai le dixième,
Et s'il n'en reste qu'un, je serai celui-là.

car après les *Châtiments* il fit paraître plusieurs recueils de poésies lyriques, épiques ou légères, comme les *Contemplations* (1856), la *Légende des siècles* (1859), les *Chansons des rues et des bois* (1865), qui ajoutèrent encore à sa gloire. Plus tard il a retracé dans l'*Année terrible* les douleurs de l'invasion et de la guerre civile ; il a enfin laissé, dans l'*Art d'être grand-père*, l'*Ane*, *Pitié suprême*, des témoignages éloquents de sa tendresse pour les enfants, les faibles, les malheureux.

Au-dessous de lui nous devons citer **Sully-Prudhomme**, **Leconte de Lisle**.

L'art dramatique. — L'*art dramatique* s'est depuis longtemps et peu à peu écarté du romantisme. On a cherché davantage la vérité et le naturel. Le drame et la comédie tendent à se confondre dans les œuvres les plus célèbres de **Ponsard**, d'**Emile Augier**, d'**Alexandre Dumas** fils et de **Victorien Sardou.** Mais certains auteurs, comme **Eugène Labiche**, se sont appliqués encore uniquement et avec grand succès, à faire rire le public des petits travers de la nature humaine.

Chansonniers. — Les chansonniers, tels que **Pierre Dupont** et **Gustave Nadaud**, se sont inspirés surtout des sentiments du peuple.

Romanciers contemporains. —L'art du *roman*, qui s'était élevé si haut de 1815 à 1848, garda tout son prestige et toute sa vogue sous le second Empire, grâce surtout **Victor Hugo**, qui publia en 1862 le livre si populaire et si touchant des *Misérables*, à **Alexandre Dumas** et à **George Sand**, ainsi qu'à un grand nombre d'écrivains plus jeunes, parmi lesquels **Cherbuliez**, par sa finesse et son élégance, **Edmond About**, par son esprit et sa gaîté, se firent particulièrement remarquer.

Le public se passionna aussi à cette époque pour les romans *nationaux* d'**Erckmann-Chatrian** et pour les romans *scientifiques* de **Jules Verne**.

De nos jours, le roman, plus spirituel et plus fin avec **Alphonse Daudet** et **Paul Bourget**, plus coloré, plus brutal et plus triste avec **Emile Zola**, s'est attaché surtout à l'observation des mœurs ou à la peinture exacte des diverses classes de la société (ouvriers, commerçants, paysans, banquiers, etc.).

Orateurs. — L'éloquence eut de beaux jours au barreau avec **Lachaud**, **Allou**, **Jules Favre** ; ce dernier se fit remarquer aussi comme *orateur politique*, à côté des **Jules Simon**, des **Ernest Picard**, et des grands orateurs d'autrefois (**Thiers**, **Berryer**, etc.), que l'on put entendre soit sous la seconde République, soit dans la dernière moitié du second Empire. De nos jours la tribune française a été illustrée par les **Gambetta**, les **Clémenceau**, les **Jules Ferry**, les **Challemel-Lacour**.

La *philosophie* s'est appliquée, beaucoup plus qu'à l'époque antérieure, à l'étude des sciences et des choses réelles. Le positivisme, fondé par **Auguste Comte**, a gagné du terrain grâce aux grands travaux de **Littré**, de **Taine** et bien d'autres encore.

Historiens. — En *histoire*, nous avons vu **Michelet**, **Thiers**, **Guizot** achever leurs œuvres commencées ou en entreprendre de nouvelles. L'antiquité grecque et romaine, le moyen âge et les temps modernes, les antiquités égyptiennes et orientales ont été étudiés, racontés ou décrits avec passion et avec beaucoup plus de fidélité qu'autrefois. Nombre d'écrivains se sont attachés à bien faire connaître la grande Révolution, qui, calomniée par ses ennemis, était fort mal jugée du public ou presque absolument ignorée. Nos principaux historiens contemporains s'appellent **Renan**, **Duruy**, **Fustel de Coulanges**, **Sorel**.

Géographes. Économistes. — Nombre de voyageurs français ont étendu le domaine de la géographie. Les résultats les plus récents de cette science ont été magistralement exposés par **Elisée Reclus**. Beaucoup d'*économistes* se sont efforcés par leurs écrits d'éclairer le peuple et le gouvernement sur leurs véritables intérêts en ce qui touche au commerce et à l'organisation de la société.

Architecture. — L'*architecture, de 1848 à 1870*, a couvert Paris et nos grandes villes de constructions privées ou industrielles (usines, halles, gares de chemins de fer) qui étonnent par leur hardiesse, leur grandeur, leur commodité, quelquefois aussi par leur élégance. Elle a produit des monuments grandioses et étonnants, comme le *palais du Trocadéro*, la *galerie des Machines* (élevée au Champ-de-Mars à Paris pour l'Exposition de 1889) et la fameuse *Tour Eiffel*.

Sculpture. — La *sculpture française* a produit les chefs-d'œuvre de **Carpeaux**, de **Frémiet**, de **Guillaume**. De nos jours surtout, elle a peuplé nos villes de statues ou de groupes destinés à rappeler au peuple français ses gloires les plus pures. **Chapu, Falguière, Dalou,** nos contemporains, ne se sont pas montrés inférieurs à leurs devanciers.

Peinture. — La *peinture d'histoire* s'est soutenue avec **Meissonier, Neuville, Detaille,** qui ont retracé les scènes glorieuses ou touchantes de notre défense nationale. La peinture dite *de genre*, avec **Bastien-Lepage,** l'art du *portrait* avec **Hippolyte Flandrin, Bonnat, Carolus Duran,** etc., n'ont rien perdu de leur distinction et de leur éclat. **Gustave Courbet,** en s'appliquant à reproduire la nature, même avec ses laideurs, a créé l'école dite *réaliste*. **Manet,** visant surtout à l'effet produit par les couleurs, est le chef de l'école *impressionniste*. Le *paysage*, autrefois dédaigné, a fait la gloire de **Corot,** de **Millet** (auteur de l'*Angélus*), de **Rosa Bonheur.** Enfin, comme dessinateur, **Gustave Doré** a été sans conteste le premier artiste de son temps.

Musique. — En *musique*, les Français, tout en restant maîtres de leur art, se sont inspirés des compositeurs allemands (Wagner) et italiens (Verdi). De là les opéras et opéras-comiques de **Félicien David, Ambroise Thomas, Gounod,** etc. Un étranger naturalisé, **Offenbach,** a créé chez nous l'*opérette*, genre de pièce légère et gaie.

Sciences mathématiques. — Dans l'ordre des sciences, la France a produit de nos jours des *mathématiciens* de premier ordre, les **Puiseux,** les **Hermite,** les **Bouquet,** les **Poincaré,** etc. Elle peut s'enorgueillir des travaux de ses *astronomes*, **Foucault, Faye, Janssen,** etc., sur la terre, le soleil, les planètes, les étoiles, les comètes, le spectre solaire.

Physique, chimie. — La *physique* et la *chimie* se sont enrichies des grands ouvrages de **Pouillet,** de **Regnault,** de **Dumas,** de **Wurtz,** etc., — des études de **Becquerel, Jamin** sur la lumière, de **Ruhmkorff** (inventeur de la *bobine* qui porte son nom) sur l'électricité, de **Henri Sainte-Claire-Deville** sur l'aluminium, de **Berthelot** sur la fermentation des matières sucrées ou alcooliques, et de beaucoup d'autres savants sur les matières explosives (dynamite, picrate de potasse), les produits de la houille, les engrais.

Sciences naturelles. — Les *sciences naturelles* ont fait aussi de grands progrès dans la même période. En zoologie on a comparé plus soigneusement qu'autrefois la structure des animaux. **Lacaze-Duthiers, Pouchet, Milne-Edwards, Blanchard** ont étudié minutieusement les animaux marins, les insectes. D'autres, comme **Robin, Pasteur,** se sont attachés aux infiniment petits, aux *mi-*

Pasteur.

crobes, qu'il est si utile de connaître pour prévenir ou combattre tant de maladies.

C'est par l'étude persévérante des microbes que Pasteur a trouvé le moyen de prévenir, au moyen de vaccins nouveaux, des maladies terribles et meurtrières, comme le *charbon* et la *rage*.

L'histoire naturelle de l'homme est devenue, grâce aux **Broca**, aux **Quatrefages**, une science particulière, en l'honneur de laquelle ont été créées la *Société d'anthropologie*, la *Société d'ethnographie*, etc.

Sciences médicales. — Dans l'ordre des *sciences médicales*, **Claude Bernard** par ses recherches sur les sucs organiques et sur les fonctions du système nerveux, **Pasteur** par ses premières études sur les virus, **Gratiolet**, **Paul Bert**, ont préparé une véritable révolution. Des fléaux meurtriers, comme la fièvre typhoïde, la phtisie, le choléra, ont commencé à être mieux connus et mieux traités. L'*hygiène*, qui, par des précautions et un régime bien entendu, prévient tant de maladies, est devenue, grâce aux **Tardieu**, aux **Michel Lévy**, aux **Bouchardat**, une véritable science. La *chirurgie* française, illustrée par **Nélaton**, **Sédillot**, **Verneuil**, ne se borne plus à rendre les opérations moins douloureuses par l'*anesthésie*, qui endort le patient; elle s'efforce, et avec succès, par l'application de matières *antiseptiques* sur les plaies, d'empêcher la pourriture et l'infection qui étaient si souvent funestes aux malades.

Applications des sciences. — La France a contribué de nos jours avec l'activité la plus féconde à ces merveilleuses applications des sciences qui seront peut-être la principale gloire du XIXe siècle.

Le *téléphone*, le *phonographe*, inventions étranges, qu'on eût prises au moyen âge pour de la sorcellerie, ont reçu dans notre pays les plus grands perfectionnements. Il en est de même de la *photographie*, qui rend chaque jour aux arts et aux sciences d'inappréciables services. Des savants français, comme **Marcel Dépret**, ont travaillé avec succès à construire des voitures électriques, qui se passent de chevaux et de vapeur. On a utilisé l'électricité pour l'éclairage et, grâce à ce procédé, on en viendra bientôt à n'avoir plus besoin de gaz. On commence à l'employer aussi pour se servir à distance des forces nécessaires à l'industrie, comme celles des chutes d'eau.

Machines à vapeur. — C'est principalement à utiliser les *machines à vapeur* qu'on s'est attaché à dater de 1848 en France, comme dans les pays voisins. Outre qu'elles ont pénétré dans presque toutes les industries et qu'elles en ont décuplé la puissance, elles ont permis de créer ces *chemins de fer*, qui ont rendu les communications et les transports si rapides et si faciles en comparaison de ce qu'ils étaient autrefois.

Il n'y avait que 2,000 kilomètres de voies ferrées en France avant 1848 ; il y en avait 17,000 en 1870. Il y en a aujourd'hui près de 40,000.

La *navigation à vapeur* s'est développée dans le même temps avec beaucoup d'activité. On construit de grands paquebots *transatlantiques*, c'est-à-dire destinés à traverser l'Océan, et l'on accomplit en quelques semaines ou même quelques jours des voyages qui demandaient autrefois des mois et presque des années.

Canal de Suez. — C'est aussi à notre époque qu'a été percé **l'isthme de Suez** par un canal inauguré en 1869 et qui épargne des milliers de lieues aux navires qui se rendent d'Europe dans l'extrême Orient (1).

Agriculture. — L'*agriculture*, encouragée comme l'industrie par la facilité des transports, éclairée par l'*Institut agronomique*, par des écoles et des sociétés spéciales, a augmenté considérablement en France la production des céréales, des vins, des betteraves, etc. Grâce au progrès des sciences, nos vignes, détruites en partie, il y a quinze ou vingt ans, par le *phylloxera*, ont été ou préservées, ou reconstituées, étendues et cultivées de telle sorte que la France produit presque autant de vin qu'avant l'invasion de ce fléau et en produira bientôt davantage.

Industrie. — Les sciences ont donné aussi une impulsion extraordinaire à l'*industrie*, qui n'a jamais été plus florissante en France qu'à notre époque et qui, surtout en ce qui concerne la fabrication des tissus, du fer, de l'acier, des machines, a pris, grâce à la facilité nouvelle qu'elle a de se procurer de la houille à l'extérieur, une importance inouïe jusqu'alors. La valeur des objets fabriqués chaque année par notre pays s'élève à plus de quinze milliards, c'est-à-dire dix ou douze fois plus qu'avant 1789. L'industrie française a prouvé sa puissance et sa prospérité par les *Expositions universelles* qui eurent lieu à Paris en 1855, en 1867, en 1878 et surtout en 1889. Plus de vingt-cinq millions de visiteurs sont venus admirer cette dernière de toutes les parties du monde.

(1) Il fallait en effet, avant ce grand travail, pour se rendre par mer dans l'Inde, dans l'Indo-Chine ou en Chine, faire presque entièrement le tour de l'Afrique, dont on doublait la pointe méridionale au cap de Bonne-Espérance.

Commerce. — Le *commerce* avec l'étranger avait été, jusque sous le second empire, gêné par des lois qui empêchaient certaines marchandises d'entrer en France et qui soumettaient les autres à d'énormes droits de *douanes*. Il n'en fut plus de même quand la France eut conclu avec l'*Angleterre* d'abord (1860), puis avec la plupart des puissances européennes, des traités qui supprimaient ces empêchements ou prohibitions et réduisaient ces taxes à très peu de chose. Bien qu'à une époque plus récente la plupart des droits de douane aient été relevés, notre commerce avec l'étranger, déjà si considérable en 1870, a augmenté presque de moitié depuis cette époque. Notre commerce intérieur est favorisé par un grand nombre de routes qui n'existaient pas à cette date et par les chemins de fer, qui se sont multipliés et étendus comme on a pu le voir plus haut.

Progrès de la richesse publique. — Aussi la richesse ou le bien-être se sont-ils beaucoup accrus dans toutes les classes de la société. C'est pour cela que la France supporte sans se ruiner les énormes charges que lui a values la funeste guerre de 1870.

La fortune publique, prodigieusement grossie par le travail, s'est augmentée d'ailleurs d'autant plus vite que, grâce aux mines d'or et d'argent d'Amérique, d'Australie, etc., qui ont longtemps produit, depuis 1848, au moins un milliard par année, et grâce à de puissants établissements de crédit, les uns anciens, comme la Banque de France, les autres nouveaux, comme le *Crédit foncier*, etc., on a eu pour des entreprises importantes de grandes quantités d'or ou de valeurs de confiance qui en tenaient lieu.

Embellissement des villes. — Il faut signaler l'embellissement extraordinaire de nos grandes villes et surtout de Paris, qui s'est transformé sous le second empire et la troisième république en une cité nouvelle et est devenu comme la capitale du monde civilisé.

Condition actuelle et besoins de la classe ouvrière. — La condition des ouvriers s'est améliorée sensiblement, grâce à l'accroissement de leurs salaires, au droit qui leur est reconnu depuis 1864 de se *coaliser*, c'est-à-dire de s'unir, et de se *mettre en grève*, pour obtenir l'augmentation de leurs salaires, grâce aussi à la multiplication des *sociétés coopératives*, des sociétés de *secours mutuels*, des *caisses d'épargne*, grâce enfin à la faculté qu'ont les corps de métiers de former des associations ou syndicats pour la protection de leurs intérêts.

La classe ouvrière doit aussi beaucoup aux œuvres d'*assistance publique* (hôpitaux, asiles d'aliénés, orphelinats, crèches, asiles de nuit, etc., etc.), pour lesquelles l'État et les communes ont de nos jours fait tant de sacrifices.

Mais elle réclame encore, par la voix du *parti socialiste*, d'autres améliorations à son sort. Les Chambres, qui représentent le peuple, rechercheront ce qu'il est possible de faire pour elle. Et les améliorations justes s'accompliront, mais pacifiquement. Dans une république, où tout le monde contribue à l'élection des députés, le peuple n'a plus besoin de s'insurger pour se faire rendre justice, et il n'en a pas le droit. Il doit avoir confiance dans les députés qu'il a lui-même nommés. S'il n'en est pas content, il en nommera d'autres. Mais s'il avait recours à la force, il se révolterait vraiment contre lui-même et il serait indigne de la liberté.

QUESTIONNAIRE.

1. Quelles sont les dernières œuvres de Victor Hugo ?
2. Nommez les principaux poètes français contemporains.
3. Comment l'art dramatique s'est-il modifié à notre époque?
4. Quels ont été nos principaux romanciers depuis 1848 ?
5. La France a-t-elle eu de nos jours de grands orateurs?
6. Développement des études historiques pendant la même période.
7. L'architecture française contemporaine (indiquez les monuments les plus remarquables).
8. Quels ont été, depuis 1848, nos principaux sculpteurs, peintres ou musiciens?
9. Progrès des sciences dans notre pays depuis 1878. Grandes découvertes.
10. Dites ce que vous savez de M. Pasteur.
11. Les sciences naturelles et les sciences médicales en France à notre époque.
12. Principales applications des sciences dans notre pays.
13. Quel a été pour nous le résultat de la multiplication des machines à vapeur ?
14. Importance du canal de Suez.
15. Qu'est-ce que la France a gagné depuis 1848 sous le rapport de l'agriculture et de l'industrie ?
16. Développement actuel du commerce dans notre pays.
17. La fortune publique s'est-elle accrue ? Comment ?
18. La condition des classes ouvrières s'est-elle améliorée ?

TABLE DES MATIÈRES

INTRODUCTION.

Résumé de l'histoire de France jusqu'à l'avènement de Louis XI.

PREMIÈRE PARTIE.

Progrès de la Royauté française de 1461 à 1559.

DEUXIÈME PARTIE.

La Royauté et les guerres civiles (1559-1661).

TROISIÈME PARTIE.

Apogée et décadence de la Royauté (1661-1789).

QUATRIÈME PARTIE.

La Révolution Française (1789-1799).

CINQUIÈME PARTIE.

Le Consulat, l'Empire, la première Restauration et les Cent-Jours (1799-1815).

SIXIÈME PARTIE.

La seconde Restauration et la Monarchie de Juillet (1815-1848).

SEPTIÈME PARTIE.

La seconde république, le second empire et la troisième république (1848 1894).

FIN DE LA TABLE DES MATIÈRES.

480-95. — CORBEIL. Imprimerie ED. CRÉTÉ.

www.ingramcontent.com/pod-product-compliance
Ingram Content Group UK Ltd.
Pitfield, Milton Keynes, MK11 3LW, UK
UKHW020545180726
13838UKWH00001B/44